中央财经大学 税收筹划与法律
Central University of Finance and Economics   Research Center For T

中国税收与法律智库·财税实战

智库总主编：蔡 昌

U0598670

税务稽查
案例分析与点评

THE CASE ANALYSIS AND
REVIEW OF AUDITING INSPECTION

庄粉荣　王忠汉 ◎著

中国法制出版社
CHINA LEGAL PUBLISHING HOUSE

中国税收与法律智库·财税实战与案例系列

编委会

主　任：蔡　昌

副主任：施政文　邓远军　蔡　磊

编委会成员：宫　滨　杨志清　谭光荣　黄洁瑾

　　　　　　戴　琼　徐风照　蔡承宇　周金华

　　　　　　倪臻荣　庄粉荣　李梦娟　刘定杰

总　序

智库缘起

税收事关企业的命脉、百姓的福祉和国家的未来。当今，在十八届四中全会的指引下，税收已进入法治的快轨道。税收也开始走到依法治税的前沿地带，这是中国税收真正走向民主和法制的前提。在习近平主席倡导的国家治理体系及治理能力现代化背景下，税收也更多地走向国家税收治理，在保障国家税收收入和保护纳税人合法权益的双重目标下，建立税收诚信机制，不断降低税制运行成本，形成一个促进税收治理的有效环境，以推进税收治理现代化目标的实现。

税收与法律的融合是时代发展的必然。征税主体必须依据法律的规定征税，纳税主体必须依法律的规定纳税，这就是所谓的税收法定原则。税收法定原则肇始于英国，现已为当今各国所公认，其基本精神在各国宪法或税法中都有体现。为了更好地增进税收与法律的融合发展，不断推进税收与法律在中国的发展，为经济发展和社会进步提供智库资源，我们荟萃中国财税领域的知名学者、财税专家和社会精英组成智库编委会，组织编撰出版了这套大型系列丛书——《中国税收与法律智库》，定位于为我国的经济发展和税收事业提供专业知识与智力支持。

智库特色

《中国税收与法律智库》以中央财经大学税务学院和税收筹划与法律研究

中心为依托，邀请国内知名权威人士、专家学者和实务界精英撰写系列反映社会经济发展且具有指导意义的的财税著作。我们根据著作的内容和定位不同，将智库分为学术研究系列、财税实战与案例系列、研究报告系列等三大系列，每一系列有针对性的读者群，力求形成一个立体网状的财税类专业智库。本套智库具有以下特色：

其一，源于理论探索与实践应用，推崇原创性。本智库面向广大财税部门、理论研究者、财税实务工作者及相关群体，以原创性为主要特征，力求提供理论前沿、新知与经验，强调创新与继承发展的辩证统一。

其二，内容简明清新，以简驭繁，推崇简约化。我们并不强调每本书的知识容量和庞杂性，并不要求面面俱到，而是细分品种、类别、专题，真正做到内容简明扼要，体现出厚积薄发的知识含量。

其三，学科领域的交叉、碰撞，推崇融合性。科学的发展以交叉融合为特征，社会科学也不例外，财税领域更是如此。财税理论与实践融合管理学、会计学、经济学、法学等多个学科的前沿发展，为经济发展服务和社会实践服务。

致谢

这套智库丛书欢迎社会各界加盟，参与智库推广，撰写相关著作，提供宝贵建议。读者有任何方面需求，敬请与我们联系：taxplanning_CUFE@163.com。

在这里，也祝愿大家开卷有益，关注财税，获取新知，融入财税大潮！

《中国税收与法律智库》编委会

中央财经大学税收筹划与法律研究中心

CONTENTS 目录

第一章　报表分析业务稽查案例分析

案例 1　侥幸心理是产生税务危机的心理根源

一些企业在税收问题上弄虚作假，采取了试探性的实施方法，如果检查人员粗心大意或业务技能不过硬就很容易被蒙混过关。为了说明问题，我们在这里引用上海普誉财务咨询有限公司提供的一则案例：

◎ 稽查案例

新源股份有限公司在多年前实行了股份制改制（全部为个人股东），为了快速扩张，在无资金投入的情况下，股东大会决定，以公司结余的资本公积转增股本并分配到各股东名下。2012 年 11 月，新源股份有限公司作了"借：资本公积 2,620 万元，贷：实收资本 2,620 万元"的会计处理。

◎ 稽查过程

2013 年 7 月，当地主管税务稽查局检查组至新源股份有限公司检查，当检查员钟岩看到了上述会计处理时，甲公司财务部徐经理拿出国家税务总局《关于股份制企业转增股本和派发红股征免个人所得税的通知》（国税发〔1997〕198 号），《通知》规定："股份制企业用资本公积金转增股本不属于股息、红利性质的分配，对个人取得的转增股本数额，不作为个人所得，不征收个人所得税。"

钟岩查阅了新源股份有限公司股东大会决定、被检查年度资本公积相关明细账户及会计处理凭证，对照国税发〔1997〕198 号文件的规定，初步判断此转股事项似乎不涉及个人所得税的问题。

那么，这里真的不缴个人所得税吗？

如果我们再对照国税函〔1998〕289 号文件，就可以发现，该文件对国税发〔1997〕198 号文件已进行了补充说明：国税发〔1997〕198 号文件中所表述的"资本公积金"是指股份制企业股票溢价发行收入所形成的资本公积金。将此转增股本由个人取得的数额，不作为应税所得征个人所得税。而与此不相符合的其他资本公积金分配个人所得部分，应征个人所得税。

钟岩再次打开资本公积明细账户后，看到账页上写的就是"股票溢价"，这让钟岩一愣，新源股份有限公司怎么可能发行过股票呢？

但徐经理解释说，国税函〔1998〕289 号文件没有明确"股票溢价发行收入"一定是上市公司的股票溢价发行收入，他们公司虽然没有上市，但股东所持股份同样属于对股东发行的股票，所以，他们公司的"股票溢价"应该属于国税函〔1998〕289 号文件所规定的范畴。

针对徐经理的辩解，钟岩解释说，征税和不征税都必须有税法明确的规定，不应该凭企业自己的推理来执行。

紧接着，钟岩又看到新源股份有限公司会计报表上被检查年度年初的资本公积数近 3,000 万元，而盈余公积只有 20 多万元。钟岩仔细查阅后发现，就在被检查年度前一年的 10 月，甲公司作了如下会计处理："借：盈余公积 2,350 万元，贷：资本公积——股票溢价 2,350 万元"。

徐经理解释说这是公司董事会决定的，财务上只是遵照执行。但钟岩分析说，董事会能有几位懂财务的呢？如果财务上不把此转账的利弊向董事解释清楚，董事会怎么可能轻易作出此转账决定呢？再说这样处理的后一步就涉及因转增股本带来的个人所得税纳税问题，所以，希望财务上能主动作出合理的解释。徐经理见钟岩一语中的，只好承认了问题的实质。

原来，甲公司之所以作上述会计处理，一是因为仅看到了国税发〔1997〕

198 号文件关于股份制企业用资本公积金转增股本不征收个人所得税的规定，没有看到国税函〔1998〕289 号文件的补充解释。二是由于甲公司盈余公积余额很大，而资本公积余额很小，为了逃避用盈余公积转增股本带来的大额个人所得税，便在前一年的 10 月将结余盈余公积中的 2,350 万元预先"潜伏"到"资本公积——股票溢价"，一年后见无人关注，便又自作聪明转入了实收资本。结果，新源股份有限公司因此不仅要继续代扣代缴应缴纳的个人所得税，而且还被处以应缴税款一倍的罚款。

◎ 案例分析

做税收筹划的人多了，涉税风险也就随之而来，特别是一些朋友带着侥幸心理做筹划，其风险就难以控制。笔者在专著《纳税筹划大败局》一书中收录了如下两则被认为具有"高难度"的筹划案例：

实例之一：新源股份有限企业（母公司，制造企业）将自己名下的一块地（约 300 亩）注入其子公司（房地产开发企业）B 企业，用于增资扩股。该地块是三年前以 1,000 万元取得的，在注资时，当地资产评估机构评估其公允价值为 3,000 万元。母公司按成本价作如下核算：借记长期股权投资 1,000 万元，贷记无形资产 1,000 万元；子公司按评估价作如下核算：借记无形资产 3,000 万元，贷记实收资本 3,000 万元。

实例之二：甲企业是沿海某市的一家大型机床生产企业，2008 年 3 月 28 日将本公司账面原值为 1,000 万元，已提折旧 800 万元的机床、现金 200 万元、应收账款 300 万元，应付账款 300 万元以及公司员工 10 人转让给西部某县的一家子公司乙企业，而在乙公司入账时，设备价款则按 1,000 万元作为固定资产计提折旧，其他项目则按转出金额入账。

上述两个案例存在一个共同的问题，就是财产转移过程中，入账财产的成本被明显地虚增了。对于财产转出企业来说，隐瞒了收入，而对于接受企业而言，则增加了投资成本，影响到未来的企业所得税。类似的现象，目前有越来越多的趋势。他们为什么要如此操作呢？有关企业的财税负责人道出了天机：这是他们进行税收筹划的策略。

他们非常有理由如此操作，因为他们研究了目前税务管理的手段和特点。对于日常财产转让交易，都是一对一的行为，价值确认比较简单，在此过程中操纵财产价值比较困难。但是在资产重组过程中，由于财产的转移与其相关联的债权、负债和劳动力结合在一起，操作转让财产的价值就比较隐蔽。更主要的是，日常财产转让都要求开具发票，而在资产重组过程中则没有这个要求，这就给人们操作财产价值、进而操作税收留下了空间。

他们操作得非常成功，特别是甲企业的筹划，由于两个企业不在同一个区域，而目前的税务管理是按区域划分的，相关问题往往不容易被税务机关发现。因此，两个企业资本运作和重组以后经营正常，税务稽查也没有发现其中的问题。只是他们的运气不好：两年以后，其相关资料被举报人分别送到税务稽查部门的案头，相应的问题才暴露出来……

就与股权投资和股权转让有关的资产受让而言，对于上述涉税事项的税务管理，到目前为止还没有文件作出具体的操作性规定。在实务过程中，企业发生此类行为，只是依据股权投资和股权转让合同作为核算相应资产的依据，部分地区如果再严格一点，就是要求有关企业提供会计师事务所的评估报告。换一句说，与股权投资和股权转让有关的资产的涉税处理，可以不依据发票处理。事实上，由于股权投资和股权转让业务往往属于免税事项，目前各地税务机关一般都不要求相关企业提供发票，主管税务机关也不为股权投资和股权转让相关的资产转让提供发票。可以说，这里是税务管理的薄弱环节之一。这就为少数存有侥幸心理的纳税人实施逃避纳税留下了管理上的漏洞。

许多朋友进行税收筹划热衷于寻找政策"漏洞"和税务管理的"软肋"，还美其名曰"打擦边球"，还有一些学院派学者利用"渔网理论"为这种"打擦边球"式的筹划做辩护。地球人都知道政策有"漏洞"，税务管理有"软肋"，纳税人如果能适当运用，可能会让税务机关"无奈"。但是笔者认为，利用"漏洞"和"软肋"侥幸"打擦边球"有风险，因为作为纳税人，你无法掌握其操作的分寸。而且更主要的是，一旦侥幸得手，后面的涉税风险往往会更大。税收筹划的本意是要规避涉税风险，而侥幸地让有关企业的涉税风险越来越大的筹划，又有什么意义呢？

◎ 稽查建议

在具体实务过程中检查人员必须注意，诸如新源股份有限公司的税收舞弊问题有金额大和时间长两个特点，而且往往表面上与税收无关，但检查人员如果仔细看，就会发现一定存在异常的会计处理，检查人员需要将同一账户中出现的相隔时间虽很长，但金额相同或合计后金额相等的事项联系起来分析，就比较容易看出疑点。

案例 2　报表分析发现问题苗头

对财务报表进行分析，了解有关企业的基本情况，然后再对重点内容进行重点突破，找到疑问并确认问题，这是税务检查人员通常采用的方法。比如对增值税的审核，税务检查人员一般会结合企业的增值税纳税申报表和企业在一定期限内的税收负担情况进行综合分析，具体操作情况我们引用上海普誉财务咨询有限公司提供的一个案例来展示说明。

◎ 企业情况

春风汽车销售服务有限公司是某汽车集团在华东地区最大的一级代理商，注册资金200万元。该公司成立于2009年6月，经过三年多在上海的发展，已初步呈现规模。2013年10月因其销售业务量较大，且单台车辆销售额超过10万元，于是向当地主管税务机关申请批准使用十万元版防伪税控增值税发票。由于该公司2014年1~3月连续三个月出现"负申报"，且销售收入变动与应纳税额变动长期出现负增长，于是，主管税务机关将其纳入稽查的范围。

◎ 案头分析

税务稽查人员首先对春风汽车销售服务有限公司的会计报表及有关纳税资料进行了分析，主要思路如下：

1. 销售收入变动与税收负担率变动的对比分析

春风汽车销售服务有限公司，2014 年 1~3 月累计销售额 2,474.84 万元，比上年同期增长了 3%；1~3 月实际入库增值税为 0 万元，税收负担率为 0%，且期末尚有留抵 28.06 万元。上年同期实际缴纳税款 2.65 万元，税收负担率 0.11%。同期相比应纳税额下降了 100%。此变动情况充分反映了其销售收入变动与税收负担率变动为负增长，纳税情况出现异常，必须对其异常情况作进一步的评税分析。

2. 商业企业毛利率分析法

一般说来，商业企业在其进项税额取得正常、销项税额计算正确的情况下（不考虑上期留抵、购进存货大于销售货物和非增值税发票抵扣因素），正常的应纳税额应为毛利率的 17%，而春风汽车销售服务有限公司 2014 年 1~3 月毛利率达到 3.03%，毛利额为 74.96 万元，无上期留抵税款，正常的应纳税额应为 12.74 万元，而该企业 1~3 月连续负申报，税收负担率为 0%。则可能存在购进存货大于销售货物或有滞后申报销售收入的情况。

3. 从企业存货增减变动与进项税额变动对比分析

企业存货的增减变动是影响当期应纳税金的一个重要因素，通过对企业会计报表资料的审阅，春风汽车销售服务有限公司 2014 年期初存货为 657.96 万元，而至 3 月末，存货已达到 917.89 万元，存货净增加数为 259.92 万元，合理增加进项税金 44.18 万元。因此可排除滞后销售收入的可能，但必须对进项税额的抵扣时限和合法性进行审阅。

4. 商业企业应付账款与进项税额变动分析

通过以上几方面的分析，税务稽查人员判定当期进项税金大于销项税金是该企业 1~3 月负申报的主要原因，税务稽查人员对其初期应付账款和期末应付账款变动情况进行了分析。该企业年初应付账款余额为 0 万元，2014 年 3 月末应付账款余额为 435.40 万元。由此反映出该企业期末应付账款余额之大，必然存在购进的存货未付款而实施抵扣进项税款的情况。

◎ 稽查过程

当地主管税务机关的稽查部门按照一定的程序对该企业的增值税纳税情

况进行了检查。纳税检查人员到企业现场，通过对有关账册凭证的检查和询问了解到，该公司从深圳某大型商场购进一批货物，增值税专用发票已经开具给春风汽车销售服务公司，而所购货物近期并未入库，其发票于当期实施抵扣进项税金74万元，从而使得该企业2014年1~3月进项税额大于销项税额，造成连续三个月负申报的情况。

购进了什么货物？为什么不及时入库？经过反复质询，该企业负责人承认虽然与对方签订了业务合同，并预付了购货订金，对方也将销售发票开出，但是由于种种原因，公司不再准备继续履行合同。由此可见，春风汽车销售服务公司2014年1~3月违反了增值税管理规定，有偷税之嫌。经过检查人员对企业进行政策宣传，该企业承认了自己在进项税金抵扣上的违规行为，主动提出予以纠正，自行补报增值税74.62万元。

当地主管税务机关对该企业的偷税行为处以所偷税款0.5倍的罚款，同时加收了滞纳金。

◎ 案例点评

税务检查人员对春风汽车销售服务有限公司的会计报表及有关纳税资料进行分析和检查，发现其当期存在未按规定取得增值税专用发票从而增加进项税金的情况，促使其自觉补报增值税74.62万元，揭开了该企业连续三个月负申报的面纱。

回顾本案的检查过程，税务稽查人员主要是通过对企业的资产负债表与增值税纳税申报表比对分析，找到问题的苗头的。资产负债表与相关附表之间的数据存在一定的勾稽关系。分析人员可以利用它们之间的这种关系，分析报表填列的正确性，找出报表的数据错误，进而发现涉税问题。在稽查实务过程中，人们对纳税申报表的阅读和理解比较容易把握，但是，对企业的资产负债表的审核不好理解，因此笔者在这里利用有关资料对其做一个重点提醒。

资产负债表是纳税人按月向税务机关报送的法定会计报表之一，是纳税人必须履行的法定义务。税务机关进行纳税评估、税务稽查选案，都要通过审查会计报表找到纳税人违反税法的疑点和线索。掌握资产负债表的审查方法，可以提高税收征管的质量和效率。

对会计报表的审查，可以按下列步骤和方法进行。

第一，审查会计报表左方和右方最后一行的累计金额是否相等。该报表的设计原理是：资产＝负债＋所有者权益，即左方和右方最后一行的累计金额必须是相等的。如果不相等，说明会计报表编制是错误的，税务机关不能受理，要退还纳税人，要求其重新编制该表。

第二，审查资产负债表中填列具体项目是哪些。通过会计报表填列项目的多少，可以知晓纳税人生产经营活动具体范围和内容，为税收征收管理提供信息。

第三，审查资产负债表左方和右方是否有负数金额的情况。资产负债表的左方或者右方项目中出现负数金额，一般情况下都是违背数字变化规律的，说明纳税人编制报表不符合要求，甚至存在错误。左方资产出现负数，说明支出大于收入，或者说明资产的折旧或者摊销金额大于资产的历史成本金额；报表右上方的负债出现负数，说明已经支付的金额大于应当支付的金额，是不正常的。出现这种情况时，要进一步检查相关的会计账簿和凭证，查明原因，最后明确是否对税收产生影响，如果已经影响到税收，应当依法进行纳税调整。

第四，审查资产负债表，要变报表的静态数字为动态数字。将纳税人报送的不同时期的报表放在一起，将各项目不同时期的数字组成一个动态数列，根据数字的变化情况进行审查，有比较才有鉴别，才容易发现问题。

第五，审查资产负债表要联想。资产负债表上的数字来源于纳税人的会计凭证和会计账簿，是纳税人会计凭证和会计账簿数字核算结果的真实反映，如果发现资产负债表中某个项目数字有问题，要联想到会计凭证和会计账簿，找到存在问题的原因，对税收产生哪些影响，税法是怎样规定的。

该报表的具体的审查方法如下：

审查资产负债表中的资产项目。以固定资产为例，介绍资产的检查方法。将纳税人本期的资产负债表与以前各期资产负债表进行比较分析，如果纳税人的固定资产项目金额有增加，要联想到增加的渠道有哪些。固定资产增加的渠道有：外购、自建、接受投资、接受捐赠、融资租赁、资产置换等，同时要想到固定资产计税基础确认是否正确，哪些固定资产可以计提折旧，哪些固定资产不能计提折旧，固定资产计提折旧年限确认是否正确，计提折旧的方法是否符合税法规定，计提折旧的时点是否正确，计提折旧的金额是否正确等。反之，如果审查资产负债表了解到纳税人固定资产项目金额减少幅度较大，就应当联想到该报表上的固定资产项目金额是折余价值，即固定资产净值，固定资产项目金额的减少有可能是计提折旧造成的，但是一般情况下每月折旧金额比较均衡，减少幅度相对较小，如果减少幅度很大，就应当想到固定资产减少的原因有哪些。固定资产减少的情况有：对外转让固定资产、融资性出租固定资产、提前报废固定资产、与其他企业置换资产、对外捐赠固定资产、对外投资固定资产等。这些业务中大多数涉及税收问题，要——梳理清楚。

审查资产负债表中的负债项目。以应付账款、预收账款、应交税费、应付利息为例，介绍负债项目的审查方法。运用比较分析方法，将纳税人本期资产负债表的负债项目金额与以前各期资产负债表中的负债项目金额进行比较分析。审查中如果发现企业应付账款项目数字增加，要联想到应付账款增加的原因。该项目增加的原因主要是购进货物尚未付款的业务，从审查监督角度看，要注意纳税人是否有隐藏收入的问题。审查中如果发现预收款项增加较多，就要审查企业是否已经发出货物，增值税和消费税相关税法规定，纳税人采取预收货款方式销售货物，其纳税义务的发生时间为发出货物的当天，如果纳税人已经发出货物，没有减少该项目数字，就有可能存在应计未计收入、应提未提流转税的问题，有的业务还会影响到企业所得税的计算。审查中如果发现应交税费项目数字较大，且时间较长，应当审查纳税人其他会计核算资料，核实是否存在拖欠税款的问题。审查中如果发现应付利息项目金额有增加，就要详细审查企业纳税人筹集资金的有关合同，审查借入资金的来源、借款期限、利率标准等，看纳税人计提的应付利息是否正确。对于非流动负债项目的审查方法可以按照上述方法进行。

审查资产负债表中的所有者权益项目。所有者权益项目包括：实收资本（股本）、资本公积、盈余公积、未分配利润。实收资本是投资者投入资本形成法定资本的价值，其增加或减少是要经过法定程序才可以变动的，审查中如果发现该项目有增减变化，要审查其是否有相关的法律文件，资本增减变化的原因，资本的来龙去脉等。资本公积是企业收到投资者的超出其在企业注册资本（或股本）中所占份额的投资以及直接计入所有者权益的利得和损失等，审查中如果发现该项目有增加或者减少，就要查明变化的原因，特别要注意纳税人是否有隐藏应税收入的问题。盈余公积是指企业按照规定从净利润中提取的各种积累资金，审查中如果发现该项目金额有增加，要审查其增加的来源渠道是否合规，是否有将应税收入直接计入该项目的问题。未分配利润是企业留待以后年度进行分配的结存利润，相对于所有者权益的其他部分来讲，企业对于未分配利润的使用分配有较大的自主权，审查该项目如果发现该项目金额有增加，要审查其增加的来源渠道，是否有将应税收入直接计入该项目的问题。

案例 3　报表引路　实地核查落实问题

因此作为纳税检查人员一般会用怀疑的眼光看待企业编制的会计报表，合理地利用已有的会计报表事项，作为税务稽查的工具，科学分析，合理判断，找出认识问题的突破口。这里我们引用上海普誉财务咨询有限公司提供的部分案例来作说明。

◎ 企业情况

为了进一步强化税务管理，某市税务局稽查分局对中兴机械制造有限公司的增值税纳税情况进行了检查。在进入企业现场检查之前，税务检查人员先通过税务管理网络系统调取该企业的纳税申报资料和其他附报资料进行分析，以便找到检查的切入点。

中兴机械制造有限公司是增值税一般纳税人，主要从事柴油机部件的铸造业务，属于铸造行业。企业的规模不大，其账面固定资产原值为 3.02 万元。通过对企业的《增值税纳税申报表》、《增值税纳税申报表附列资料》同专用发票存根联、进项税额抵扣凭证、专用发票领用存原始记录等资料的审核，2014年1月至9月申报主营业务收入9,423,896.10元，销项税额1,602,062.37元，本期进项税额1,374,130.64元，应纳增值税227,931.73元，已纳增值税416,173.81元，期末留抵税额188,242.08元，税收负担率2.42%。这个税收负担水平比某省的行业参照税收负担（"普通机械制造业"参照税收负担4.90%）要低50%。是什么原因导致该企业的税收负担水平低呢？检查人员从该企业的生产情况来进行具体分析。

企业提供的生产情况有关资料显示：该企业主要生产柴油机配件——机体、飞轮等产品，主要耗用的原材料是生铁、废铁等金属材料。2014年1~9月底共购进并领用生铁、废铁等金属材料326.874吨，扣除生产销售的机体、飞轮319.21吨，尚有76.64吨没有说明去处。

◎ 稽查过程

于是，检查人员到该企业现场，要求财务人员提供有关资料并说明情况。该企业的财务人员则反映，本企业的增值税专用发票已经被收缴，公司已经有两个月没有正常生产和经营了，所以无法提供相应的说明资料。这个信息从该企业的税务管理员那里也得到了证实。

那么，这个企业需要不需要进行深入的检查？如果需要进行深入的检查，怎样才能打开这个企业的信息缺口，了解到企业当前的基本情况呢？检查人员认为，那些有情况的企业，其往往就存在问题。于是，他们通过CTAIS系统查询该企业检查期间的财务报表信息，结合企业的材料和产成品账的相关数据进行分析：

该企业检查期间影响增值税的主要因素为：期初存货1,723,847.95元，期末存货4,889,055.62元，增加3,165,207.67元，增长183.61%，累积沉淀了53.8万元税款。这从一定程度上说明企业当期增值税的税收负担低存在其客观合理性。但是，报表所显示的另一组数据又引起了检查人员的注意：该企业本期的期初预收账款余额为0元，而期末预收账款为2,501,218.27元，增加2,501,218.27元。预收账款为什么会突然增加这么多呢？再看企业"不能正常生产和经营"期间的其他资料，税务检查人员发现，该企业在此期间还增加了增值税进项税额，并且存在留抵税款。这些增加数说明什么问题？检查人员将前面所做原材料耗用资料与预收账款资料结合起来分析，归纳出如下几个疑点：

1. 扣除生产销售的机体、飞轮等产品外尚有 76.64 吨生铁、废铁没有注明去向，是否存在销售商品未开具发票并申报销售的问题？

2. "资产负债表"反映预收账款期末数 2,501,218.27 元，是否存在销售收入挂往来的问题？

3. 下脚料收入是否申报纳税？

为了排除疑问，检查人员与企业负责人和财务负责人到生产经营现场进行实地核查，并对有关情况进行了询问。通过检查和了解，检查人员了解到如下情况：

原来，中兴机械制造有限公司是一家改制企业。原企业是某市中兴铸造厂，存在欠税没有结清。主管税务机关对该企业进行税收款清理，发现企业经营情况发生变化，于是要求改制后的企业承担原企业的应纳税款。而改制后的企业负责人认为本企业不应承担这个税款，于是双方各执一辞，税款清理工作陷入僵局。为了保证税款入库，主管税务机关就采用"以票控税"的办法，并于 2014 年 7 月 15 日收缴了中兴机械制造有限公司的发票。

由于中兴机械制造有限公司的产品是某柴油机有限公司配套的，该柴油机有限公司购进的配件扣抵增值税率为 17%，而产品是整机，其适用税率为 13%，属于"高扣低征"企业，累积了大量的增值税进项税金。该柴油机有限公司并不在乎中兴机械制造有限公司销售的产品没有增值税专用发票。所以，在中兴机械制造有限公司没有增值税专用发票的情况下，仍能够与该企业发生正常销售。

从中兴机械制造有限公司来说，公司收到了销货款，但是无法开具发票，所以会计人员就将收到的销货款通过预收账款来进行核算。

而 76.64 吨废铁已经在"营业外收入"中反映，并申报缴纳了增值税 82,637.25 元。

至此，问题已经非常清楚，该公司账面出现的预收账款 2,501,218.27 元，实际上就是该企业发生的销售额。对此，该企业的负责人和财务人员也没有异议。于是确认该企业偷逃增值税 363,424.84 元。

◎ **案例点评**

正如前述分析，企业的会计报表综合反映一段时间内的企业经营行为、资产负债情况以及现金流动情况。一般情况下，通过会计报表项目内容的分析以及各表的数据勾稽关系的核对，能够反映企业的业务内容和经营情况。由于会计报表的编制经过了五道编制过程，即从经济业务本质到原始凭证，从原始凭证到会计凭证，从会计凭证到账目，从账目到会计报表，从报表到合并报表，上述环节经过了人为的修饰，即事项的处理经过主观的判断，所以从纳税检查的角度，企业的会计报表是不可信的。但是借贷记账方法本身有着特殊的作用即能够为企业的经济运行轨迹留下痕迹。任何经济事项只要入账，就会留有痕迹，从这点出发会计报表能够反映其入账的经济事实，即便部分企业规避一些规则，如窜用账户，不按规定编制报表等。

通过对以上案例的分析和介绍，我们发现该企业由于操作不当从而产生了很大的涉税风险。规避涉税风险的办法就是根据本企业的产品特点和生产状况如实地进行涉税业务处理。对于部分"高扣低征"的企业而言，其自身的产品本来就存在税收优惠，企业没有必要通过少报销售等手段进行偷税。而且，对于五金产品制造企业来说，由于部分部件和配件与产品之间存在一定的对应关系，税务检查人员如果掌握了这个对应关系，就可能将问题检查出来。

案例4 分析报表，运用常规方法破解企业长亏不倒之谜

随着税收征管改革的不断深入，税务稽查也有了新的内容。在涉税风险分析方面，增加了一个纳税评估环节，这是值得人们探讨的方面。目前有些税务机关进行的纳税评估工作给我们提供了很好的工作经验，这里我们引用一个纳税评估案例与读者交流：

◎ 企业情况

某市江边纺织有限公司，2010 年 1 月注册成立，注册资本金 50 万元，2010 年 5 月正式投产，主营涤纱的生产销售，一般纳税人，所得税采用查账征收。

评估对象确定汇算清缴受理人员在接受企业报送的 2010 年度所得税申报表时，发现该公司 2012 年度实现销售 974 万元，全年亏损 32 万元；通过一户式查询，发现该企业自开业以来，企业规模呈跳跃式发展，而企业连年亏损。2010 年企业实现销售 302 万元，亏损 18 万元；2011 年度实现销售收入 625 万元，亏损 16 万元，企业 2012 年增值税税收负担为 1.44%，与江苏省国税局发布的同行业预警税收负担 3.5%，相差 2 个百分点。综合上述疑点信息，受理人员初步判断该公司存在漏作销售、多列成本等涉税问题的嫌疑，预计金额较大，在填列《纳税评估选案建议书》，经部门领导审批后，建议转入评估人员实施评估。

◎ 案头评析

2013 年 4 月 6 日，评估分析人员通过 CTAIS2.0 和 STAIS8.0 一户式系统查询企业历年各类报表进行比对审核分析。

首先审核分析了该公司 2012 年度《增值税纳税申报表》及附表、《企业所得税纳税申报表》、《资产负债表》、《损益表》等申报资料，对其中涉及成本、费用、税前列支金额较大的数据分别从常规合理性、数据逻辑性等方面分析，发现该公司上报的财务数据存在以下一些疑点：

1. 不符合常规的疑点

整体经营状况反映不正常。该公司成立 3 年来累计亏损额 66 万元。2011 年注册资本为 50 万元，在经营状况极度不佳的情况下，2012 年度公司仍大幅度增加注册资本 150 万元，且 2012 年度比 2011 年度销售增长 47%，主营业务利润率为负数，其收入、成本核算值得怀疑。

其他业务收支科目异常。该公司为纺织类企业，利润报表显示主营业务销售值近 1,000 万元，而其他业务收入及其他业务支出均无发生额。根据常规，纺织行业在生产过程中正常都会产生部分废次品、边角料，废次品、边角料率占产值的 1%~2.5% 左右。

"应付账款"、"长期应付款"科目异常。公司连年亏损，自有资金短缺，2011、2012 年度"应付账款"科目均无余额，而 2012 年度账面"长期应付款"科目突然增加到 159 万元（2011 年度无发生额），往来核算过程可疑。

2. 理论数据计算的逻辑性疑点

财务收支可疑。公司账面反映短期借款 2011 年期末 75 万元、2012 年期末 115 万元，2012 年末长期应付款 159 万元，而公司 2012 年度财务费用总额 1.3 万元，该部分支出仅相当于年均不到 20 万元借款应支付的利息。

应付工资余额反映异常。该公司员工 65 人，2012 年末应付工资余额 37 万元，约相当于全体员工 5 个月的未发工资额。而 2012 年末账面货币资金余额为 98 万元。

收入成本核算可疑。2012 年公司累计主营业务收入 974 万元，主营业务成本却达到 981 万元，主营业务利润 –9 万元，主营业务利润率为 –0.95%，主营业务成本利润率 –0.94%。而纺织行业的行业毛利率在 6%~10% 左右。

补充采集数据并再评析：

针对上述疑点，分析人员决定从以下几方面补充采集数据，从中寻找问题突破口：

（1）成本核算的准确性。首先，采集主要产品每月的原料投入数量，对应当月的成品入库量，计算出单位产品的吨耗，分析各月的主要原料投入是否有异常，同时与同行业比较，是否存在虚假投料现象。结合应付工资余额较大，核对工资及工资附加费用计提金额的依据。其次，看有无隐瞒入库成品数量，减少入库成品数量，造成账面库存产品单价高于销售价问题。

（2）收入核算的真实性。结合该公司往来科目、货币资金科目、其他业务收支科目异常的情况，重点查核隐瞒未开票销售收入的情况，是否存在接受外单位购货款，因无须开票，空挂负债类往来户现象。同时考虑账面借款类科目未支付利息的不正常现象，核对借款合同及具体借款人，是否存在向个人出售产品、不提供发票、取得货款空挂借款现象。同时，追查废次品销售收入的去向。

◎ 约谈交流

鉴于该公司报表及采集表存在疑点，评估人员对企业负责人和会计分别进行了约谈，让被约谈人对所列约谈提纲逐条进行了解释说明。

企业负责人和会计解释说，公司购买原料结算货款时，除部分通过银行支付外，其余均以现金形式结算，导致 2012 年度"应付账款"科目无发生额，在现金日记账账面余额不足支付货款时，先开出借款收据，向个人借款存入现金账，形成了对方科目"长期应付款"2012 年度猛增 159 万元的非正常现象，其中向法定代表人借款 123 万元，其他人员 36 万元。

对于账面没有废次品及下脚料销售的现象，被约谈人员无法进行解释。在约谈人员的政策宣传下，企业主动提供了 2012 年销售回花、回丝、扫地花、废纱的记录。记录中共有 5 笔销售，总金额 203,460 元未入账，财务处理中将取得的废次品销售现金收入 203,460 元记载为向企业法定代表人个人借款。公司 2008 年总销售收入 974 万元，而销售成本 983 万元，属于非正常现象。在约谈过程中，对于其原辅料投入过程核算基本正确的情况下，为什么计算其投入产出率远低于行业正常水平，企业的解释不能完全消除疑点。

◎ 实地核查

为了进一步确认有关疑点，评估人员按照工作流程到该企业现场进行了实地核查。主要采取以下几种方法，对企业提供的账证资料进行了实地核实：

将收入账与货币资金、应收账款进行总额调节比对；将销售成本明细账的数量与收入明细账核对；核查企业销货退回及折让等特殊业务的处理是否正确；分析了企业各月销售成本与收入比例及趋势是否合理；审核企业存货领用及发出业务是否正确。

经实地核查发现，公司主产品 16S 涤纱库存实物虽然与财务、保管成品数量记录一致，至 2013 年 3 月底结存数量均为 36.2 吨。在剔除 4 月份的生产销售因素，实地实施盘点后，其 2013 年 3 月底实际 16S 涤纱库存数量为 45.7 吨，实存数比账载记录数多 9.5 吨。多出的 9.5 吨涤纱无入库记录，企业无合理解释。再核对入库单号码时，发现每月入库单的流水号码均有 2~3 个号码缺失，财务和保管账中无反映。在核查人员一再追问后，会计才将未入账的入库单交出。企业 2013 年度在成本费用投入真实的情况下累计隐瞒应入库成品涤纱 53.46 吨，计算不含税销售收入 69.6 万元，应缴增值税 11.8 万元。该部分销售对象均为个体经营户，未开票销售，同样未入账的现金销售收入 81.46 万元也计入注有企业法定代表人名字的"长期应付款"中。这种往来款挂入"长期应付款"后，不需要支付借款利息，同时导致按照借款总额计算的借款利息等财务费用异常。

◎ 评估结果

通过现场核查，发现该企业存在隐瞒收入 69.6 万元问题，于是督促该企业纠正。在该笔收入合并调整后，该公司实际主营销售收入 1,044 万元，主营成本 980 万元，主营业务税金及附加 3 万元，主营业务利润 61 万元，加上出售废次品的利润 17.4 万元，减去管理和财务费用 22.5 万元，营业利润 56 万元，利润总额 56 万元，应补缴所得税 18.5 万元，同时应补缴增值税 14.8 万元。调整后该公司年所得税率 1.75%，增值税税收负担为 3.6%，主营业务利润率为 5.8%，基本符合公司实际情况。

◎ 案例点评

通过生产和经营的实际情况分析，我们可以发现部分企业的主观税收违法行为，其实质还是体现在少作收入，多列成本。损益表中反映企业当期的经营情况，如果少作收入，在利润表中肯定不会体现，多列成本费用无法有针对性地进行判断，所以会计报表的税收分析关注的重点不在损益表中，而是更主要的在资产负债表，因为借贷记账方法科目中，对应的科目不是损益类科目就是资产负债表类科目。对于本案而言，就是在企业的往来账户中找到了突破口。

附：报表分析的主要思路和方法

一、资产负债表及有关附表的分析

（一）对会计报表填列内容的分析

资产负债表是总括反映纳税人在某一特定日期财务状况的报表，又称静态报表。资产负债表有报告式资产负债表和账户式资产负债表两种格式，我国《企业会计制度》规定采用账户式格式。它的基本结构分为左右两方，左边反映资产，右边反映负债和所有者权益。资产和负债均按照流动性的大小排列。

在对资产负债表进行分析时，分析人员一般会按规定的填列方法对该表的填列内容进行分析，通过对报表合法性、合理性的分析，判断纳税人的依法纳税程度。

1. 分析所填列的项目

资产负债表各栏目是否按规定填列，有关数据是否完整，是否真实地反映企业当期的生产和经营情况。主表与有关附表的逻辑关系是否正确等。

2. 在分析中应注意的问题

（1）资产价值是否按实际成本反映。在会计核算中，企业可以根据具体情况，对一些资产，主要是流动资产，采用计划成本进行日常核算，但在填列资产负债表时，应调整成实际成本加以反映。

（2）计提了减值准备的各项资产价值，如短期投资、应收账款、存货、长期股权（债权）投资、固定资金、在建工程、无形资产，是否扣除了减值准备后的余额填写。

（二）资产负债表附表的分析

资产负债表附表是指资产减值准备明细表、股东权益（或所有者权益）明细表、应交增值税明细表。

1. 资产减值准备明细表的分析

资产减值准备明细表分析的目的在于确定可以在税前扣除的资产减值准

备金额。按照国家税务总局的规定，目前报批后允许在税前扣除的资产减值准备只有坏账准备金，且只能按"应收账款"年末余额一定比例计提。因此在分析时必须首先分析计提坏账准备金的纳税人的报批手续是否完备；其次核实纳税人所计提坏账准备金的金额是否正确，有无超过年末余额的限额；然后分析计提坏账准备金时是否包含"其他应收款"的年末余额的一定比例，如果包括，应分析其有无将该部分数据进行纳税调整；最后分析纳税人所计提的其余 7 项不得在税前扣除的资产减值准备金，有无进行所得税纳税调整，调整的数额是否相符。

2. 股东权益（或所有者权益）明细表的分析

股东权益（或所有者权益）明细表是反映纳税人在某一时点上所有者（或股东）权益增减变动情况的报表，是资产负债的附表。它按照"实收资本"、"资本公积"、"盈余公积"、"利润分配"的"本年数"、"上年数"按顺序依次填列。

股东权益（或所有者权益）明细表分析的作用在于：

（1）分析所有者（或股东）权益增减变动情况；

（2）判断纳税人资本（或股本）保值、增值的状况和投资者对纳税人的投资信心；

（3）解读纳税人获利能力、利润分配能力和资本增值能力及持久性的信息。

防止纳税人在本环节应对检查，规避涉税风险应当注意如下问题：

一是正确区分注册资本和投资总额的概念，防止投资项目混淆而带来的涉税风险。投资环节的资金运用可能会出现资本弱化的问题。从 2008 年开始，税务机关将对关联企业的相关业务进行重点控制。

二是注意投资方向的涉税处理。因为目前我国税法关于境内投资和境外投资的规定存在待遇上的差别，税务检查人员会对相关事项进行跟踪分析和检查。

3. 应交增值税明细表的分析

应交增值税明细表是反映某一会计期间纳税人计算缴纳、抵免增值税情况的报表。包含"销项税额"、"出口退税"、"进项税额转出"、"转出多交增值税"、"进项税额"、"已交税金"、"减免税款"、"出口抵减内销产品应纳税额"、"转出未交税金"、"未交增值税"等内容。

该表主要应分析销项税额的数额和进项税额的来源是否准确；已交税金及

期末未交数等项目的填列是否正确；实行"免、抵、退"办法的纳税人，其出口退税和出口抵减内销产品应纳税额有无相关手续、数据计算是否准确；当购进货物、在产品、产成品发生非常损失或所购进物资改变用途时，是否通过"进项税额转出"账户进行核算，税额计算是否正确。

对增值税的审核，税务检查人员一般会结合企业的增值税纳税申报表和企业在一定期限内的税收负担情况进行综合分析，具体操作情况我们引用一个案来展示说明。

案例：

春风汽车销售服务有限公司是某汽车集团在华东地区最大的一级代理商，注册资金200万元。该公司成立于2005年6月，经过三年多在上海的发展，已初步呈现规模。2011年10月因其销售业务量较大，且单台车辆销售额超过10万元，经当地主管税务机关批准使用十万元版防伪税控增值税发票，根据总局的工作要求，主管税务机关将其纳入商贸企业按月评估的范围。由于该公司2012年1~3月连续三个月出现"负申报"，且销售收入变动与应纳税额变动长期出现负增长，为此纳税检查人员对春风汽车销售服务有限公司的会计报表及有关纳税资料进行了评估分析，并就评析的疑点对企业财务负责人进行了约谈。通过评估和检查，发现其当期存在未按规定取得增值税专用发票从而增加进项税金的情况，促使其自觉补报增值税74.62万元，揭开了该企业连续三个月负申报的面纱。

1. 销售收入变动与税收负担率变动的对比分析

春风汽车销售服务有限公司，2012年1~3月累计销售额2,474.84万元，比上年同期增长了3%；1~3月实际入库增值税为0万元，税收负担率为0%，且期末尚有留抵28.06万元。上年同期实际缴纳税款2.65万元，税收负担率0.11%。同期相比应纳税额下降了100%。此变动情况充分反映了其销售收入变动与税收负担率变动为负增长，纳税情况出现异常，必须对其异常情况作进一步的评税分析。

2. 商业企业毛利率分析法

一般说来，商业企业在其进项税额取得正常、销项税额计算正确的情况下（不考虑上期留抵、购进存货大于销售货物和非增值税发票抵扣因素），正常的应纳税额应为毛利率的 17%，而春风汽车销售服务有限公司 2012 年 1~3 月毛利率达到 3.03%，毛利额为 74.96 万元，无上期留抵，正常的应纳税额应为 12.74 万元，而该企业 1~3 月连续负申报，税收负担率为 0%。则可能存在购进存货大于销售货物或有滞后申报销售收入的情况。

3. 从企业存货增减变动与进项税额变动对比分析

企业存货的增减变动是影响当期应纳税金的一个重要因素，通过对企业会计报表资料的审阅，春风汽车销售服务有限公司 2011 年期初存货为 657.96 万元，而至 3 月末，存货已达到 917.89 万元，存货净增加数为 259.92 万元，合理增加进项税金 44.18 万元。因此可排除滞后销售收入的可能，但必须对进项税额的抵扣时限和合法性进行审阅。

4. 商业企业应付账款与进项税额变动分析

通过以上几方面的评估分析，纳税评估人员判定当期进项税金大于销项税金是该企业 1~3 月负申报的主要原因，纳税评估人员对其期初应付账款和期末应付账款变动情况进行了分析。该企业年初应付账款余额为 0 万元，2011 年 3 月末应付账款余额为 435.40 万元。由此反映出该企业期末应付账款余额之大，必然存在购进的存货未付款而实施抵扣进项税款的情况。

5. 通过约谈锁定违规事实

根据以上评估分析，评析疑点逐渐明朗，纳税评估人员按程序向该企业发出了约谈通知。但是，在约谈过程中并没有了解到有关问题的实质，也就是说，税务人员的疑点没有消除，于是主管税务机关决定将该案转交税务稽查部门处理。也就是说转入纳税检查环节。

当地主管税务机关的稽查部门按照一定的程序对该企业的增值税纳税情况进行了检查。纳税检查人员到企业现场，通过对有关账册凭证的检查和询问了解到，该公司从深圳某大型商场购进一批货物，增值税专用发票已经开具给春风汽车销售服务公司，而所购货物近期并未入库，其发票于当期实施抵扣进项税金 74 万元，从而使得该企业 2012 年 1~3 月进项税额大于销项税额，造成连续三个月负申报的情况。

购进了什么货物？为什么不及时入库？经过反复质询，该企业负责人承认虽然与对方签订了业务合同，并预付了购货订金，对方也将销售发票开出，但是由于种种原因，公司不再准备继续履行合同。由此可见，春风汽车销售服务公司 2012 年 1~3 月违反了增值税管理规定，有偷税之嫌。经过检查人员对企业进行政策宣传，该企业承认了自己在进项税金抵扣上的违规行为，主动提出予以纠正，自行补报增值税 74.62 万元。

（三）资产负债表与相关附表之间的稽核

资产负债表与相关附表之间的数据存在一定的勾稽关系。分析人员可以利用它们之间的这种关系，分析报表填列的正确性，找出报表的数据错误，进而发现涉税问题。

资产负债表与其有关报表之间具有以下勾稽关系：

（1）账户式资产负债表中，"资产总计"应等于"负债及所有者权益"总计，即表中最末一行数字的左右两方应相等。

（2）资产减值准备明细表中的各项减值准备与资产负债表中相关资产科目，应当与各项资产总账科目的同期余额相符。

（2）股东权益（或所有者权益）明细表的相关分项目的"年初数"、"期末数"应当与资产负债表相关科目的"年初数"、"期末数"相等。

（3）应交增值税明细表中的"年初数"与"期末数"各项目的合计，应分别与资产负债表中"应交税费——应交增值税"项目的"年初数"和"期末数"相等。

二、利润表和利润分配表的分析

（一）利润表的分析

利润表是反映纳税人在一定会计期间经营的成果报表，又称动态报表、损益表或收益报表。利润表一般有两种格式：单步式利润表和多步式利润表。我国采用多步式利润表格式。所谓多步式利润表是对当期的收入、费用、支出项目按性质加以归类，按利润形成的主要环节列示一些中间性指标，如主营业务利润、营业利润、利润总额、净利润，分步计算当期净损益的一种方法。

利润表的分析的一般方法：

1. 分析表中各收入和支出项目内容的真实性、企业财务成果形成的正确性。

2. 根据各项目的填列办法，将表中各项目与有关总分类账和明细分类账的发生额或余额进行核对。

（二）利润分配表的分析

利润分配表是专门反映纳税人对其在一定会计期间实现的净利润及以前年度的未分配利润进行分配或亏损弥补的报表。

1. 利润分配的程序

根据现行《企业所得税法》的规定，企业缴纳了所得税后的利润应当按照下列顺序进行分配：

提取法定盈余公积金；

提取法定公益金；

对于外商投资企业应当按照法律、行政法规的规定按净利润提取储备基金、企业发展基金、职工奖励及福利基金等分配股利。

因此，利润分配表分析的主要内容应包括："净利润"、"可供分配的利润"、"可供投资者分配的利润"和"未分配利润"四部分。

2. 利润分配表的分析要点如下：

（1）分析企业对时间性差异、永久性差异调整方法选择的科学性、准确性；将利润总额调整成应纳税所得额和所得税费用计算的正确性。

（2）分析各种基金计算是否正确。

（3）将表中各项目数据与有关会计科目数额进行核对，分析其是否正确。

在日常生产和经营活动中，人们往往会自觉不自觉地通过各种手段来调节利润，从而达到调节有关税收的目的，而税务检查人员也会考虑到部分纳税人的思路，从而有针对性地进行纳税检查。

存货是部分纳税人（财务人员）调节企业利润和税款的一个重要环节，这里我们引用一个案例。税务人员通过对淮河纺织有限公司检查所属于期限内存货项目中"材料——配件"账户的分析，从而确定是领用、销售还是盘损的问题。

2013年5月，某市国税局第六税务分局对淮河纺织有限公司2012年的纳税情况实施了日常检查。在分局下达日常检查通知后，税务人员在下户检查前对该企业的纳税申报资料进行了调阅。淮河纺织有限公司是一家从事晴纶线生产的企业，增值税一般纳税人，2012年度实现应税销售收入124万元，应纳增值税 21 万元, 税收负担率 16.9%。经审核该企业 2012 年度的纳税申报表, 税收负担率高的原因是基本上没有进项抵扣; 审核资产负债表发现, 该企业的存货由年初的 140 万元下降到年末的 30 多万元, 未计提折旧; 审核其损益表发现, 该企业 2012 年未有工人工资发生, 也未发生水电费。初步判断, 该企业 2012 年税收负担率偏高的原因是销售存货所致。从税收责任区管理员处得知, 该企业一年多以来未购进货物也未进行生产, 具体情况待下户检查确定。

在检查该企业材料明细账时, 发现其 2012 年 12 月份生产耗用 "材料——配件" 一批, 金额 192,195.54 元, 经调阅 12 月 8 日相应的记账凭证和原始凭证, 记账凭证记载如下:

借: 生产成本　　　　　　　　　　　　　　　92,195.54

　　贷: 材料——配件　　　　　　　　　　　　　　192,195.54

记账凭证摘要栏空白, 未有任何文字记录, 附件为淮河纺织有限公司配件耗用汇总表, 无材料领用人员签字。通过向该企业法定代表人询问了解到, 该企业 2012 年以来一直未进行生产, 只是销售原有的库存, 使得其税收负担率偏高, 这与资料审核和税收管理员的日常巡查情况基本一致。但该企业 2012 年未进行生产, 为何还要领用如此大额的配件呢? 此配件的用途是什么? 用在了什么地方?

在检查人员的一再追问下, 该企业负责人不能自圆其说, 只得道出其中原委: 该企业由于不准备继续经营, 所以一年多来没有生产, 只是销售原有的库存产品, 因存货余额较大, 在 2012 年 12 月底进行了盘点, 发现 "材料——配件" 短少了 192,195.54 元, 而当时会计做账, 是作为生产领用材料处理的。检查人员就企业负责人所说的情况向该企业的存货保管人员进行了核查, 保管人员向检查人员提供了 2012 年 12 月底的存货盘点表, 其上所记载的配件盘损金额与会计记账的金额完全一致。至此断定 "材料——配件" 不是领用或销售, 而是盘损。

针对企业的如此处理, 检查人员向其法定代表人和财务负责人指出, 将材料盘损变作生产领用的账务处理是错误的,《中华人民共和国增值税暂行条例》第十条第二款、第三款规定, 下列项目的进项税额不得从销项税额中抵扣:

非正常损失的购进货物及相关的应税劳务；非正常损失的在产品、产成品所耗用的购进货物或者应税劳务。《中华人民共和国增值税暂行条例实施细则》第二十四条规定，条例第十条第（二）项所称非正常损失，是指因管理不善造成被盗、丢失、霉烂变质的损失。"材料——配件"盘损 192,195.54 元，不属于该企业生产经营过程中的正常损耗，是非正常损失。根据《中华人民共和国增值税暂行条例》第十条第五款之规定，不得从销项税额中抵扣，应作进项税额转出，缴纳增值税。《中华人民共和国税收征收管理法》第六十三条规定，纳税人伪造、变造、隐匿、擅自销毁账簿、记账凭证，或者在账簿上多列支出或者不列、少列收入，或者经税务机关通知申报而拒不申报或者进行虚假的纳税申报，不缴或者少缴应纳税款的，是偷税。对纳税人偷税的，由税务机关追缴其不缴或者少缴的税款、滞纳金，并处不缴或者少缴的税款百分之五十以上五倍以下的罚款；构成犯罪的，依法追究刑事责任。

该企业法定代表人和财务负责人意识到问题的严重性，承认材料盘损作生产领用账务处理的错误，表示愿意接受税务机关的处理，并保证下次不发生类似的税收违法行为。当地主管税务分局在证据确凿和充分的基础上对该企业作出补缴增值税 32,673.24 元的处理决定，并按规定处以罚款和加收滞纳金。

应对分析：

本案例也是通过对有关报表的数据变化分析发现问题，再通过现场核查确定问题的。但是，本案例与上一个案例的不同之处在于：上一个案例是通过产品的结构分析发现问题，而本案例是通过报表数据的逻辑性分析发现问题的。

三、现金流量表的分析

（一）现金流量表的概念

现金流量表是反映纳税人一定会计期间内现金和现金等价物流入或流出信息的会计报表。这里所说的现金是指纳税人的库存现金和可以随时用于支付的存款，包括现金、银行结算户存款、其他货币资金。现金等价物是指纳税人所持有的期限短、流动性强、易于转换成已知金额现金、价值变动风险很小的投资。

现金流量表由正表和补充资料两个部分组成。正表主要包括：经营活动产生的现金流量、投资活动产生的现金流量和筹资活动产生的现金流量三类，且每一类又都分为现金流入、现金流出两个方面。

（二）分析现金流量表的作用

1. 有助于评价纳税人支付税款的能力

现金流量表所反映的各类现金流入量、流出量、净流量指标，将为税务机关揭示纳税人变现能力的强弱，揭示纳税人的货币支付能力和履行纳税义务的能力。

2. 有助于了解纳税人各项应税收入的分布

这对分析人员确定纳税人各项业务的规模，有无漏报、瞒报业务收入，有无转移一些不常见的现金收入私设"小金库"等问题无疑是很有帮助的。

3. 有助于了解投资者分配股利的情况

只有通过现金流量表中支付股利所流出的现金栏，才能解读到实际支付股利的情况，便于在分析个人所得税时，与计税依据进行核对，以确定交纳个人所得税的正确性。

4. 有利于税源管理，制定适当的税收政策

通过对不同行业的现金流量表汇总，税务机关可以了解国民经济中不同层次的社会需求，分析符合消费者需要和产业需要的行业、产品，制定相应的税收政策，培植税源，发掘税收增长点，满足发展国家经济建设的要求。

5. 有助于对未来的税收发展计划进行预测

通过"金税工程"税务机关汇集了纳税人大量的现金流量数据，一旦需要，税务机关可以运用计算机数据库系统或者传统的手工操作方法，按照科学的算法，配备相应的参数，对税收的发展计划进行科学的预测。

（三）现金流量表分析的方法

审查现金流量表的方法不同于一般报表，应着重采用审阅法、核对法、分析法，具体做法是：

1. 审核现金流量表，核对现金流量表项目中数据的计算是否正确，可以配合查看其编制的工作底稿或 T 型账户的资料进行；

2. 分析报表的勾稽关系是否正确。现金流量表正表中的数字是流入与流出单价差额，而补充资料中的数字是期末数与期初数的差额。两表虽然计算依据不同，但计算结果应当一致，其中存在一定的勾稽关系，如：正表第一项经营活动产生的现金流量净额应与补充资料第一项经营活动产生的现金流量净额相符；正表第五项与补充资料第三项现金与现金等价物净增加额在金额上应当相等。

3. 分析计算一些指标，对纳税人的纳税能力、持续发展的能力进行分析判断。这种方法是分析现金流量表最有价值的方法。

（1）常用的分析指标

分析计算常用的指标有：税费流出增长率、税费占现金流出量的比重、税费占经营活动现金流入量的比重等。各指标的计算公式如下：

税费流出增长率＝（本年度支付的各项税费－上年度支付的各项税费）÷上年度支付的各项税费

税费占现金流出量的比重＝本年度支付的各项税费÷本年度经营产生的现金流出总量

税费占经营活动现金流入量的比重＝本年度支付的各项税费÷本年度经营产生的现金流入量总额

（2）分析的方法

分析现金流量表指标的方法通常有：对比分析法、结构分析法、趋势分析法。

采用对比分析法的做法是：将该纳税人某项指标的本年实绩与上年水平进行比较或者将该纳税人的指标与该纳税人所在的行业或地区的平均水平进行比较，以确定其地位。

所谓结构分析法就是将该纳税人某项指标的实绩与辖区内该指标的总水平进行比较，以确定纳税人在本辖区纳税人中所处的位置及其重要性水平。

运用趋势分析法与其他两种方法不同，上述的两种方法讨论的都是静态的指标，而趋势分析法则讨论的是纳税人某指标的动态趋势，用以预测纳税人未来若干会计期间（通常按年计算）的指标水平或本辖区若干年税收收入的发展趋势。其研究的难度相对要大一些。一般要求采用时间趋势预测法、最小乘方法。

四、运用企业会计报表数据综合分析

这里明确企业提供的企业会计报表数据是税务机关对纳税人的纳税情况进行分析的主要依据及数据来源。下面就从企业会计报表数据如何运用于涉税风险分析进行简要阐述。

（一）资金来源与涉税风险分析

1. 资金来源："银行存款"、"现金"、"短期借款"等反映的资金。

2. 企业会计报表资金来源余额变动分析

企业进货和库存资金占用较大，但资金来源反而少，并在往来"应付账款"等账户中数额也不大，资金需求与物流量有明显较大的悬殊，在资产负债表中即可发现其不匹配的现象，就此情况，需究其根源；从而分析企业（投资者）是否不愿把自有资金或各种借款放在账上反映，达到销售不入账、账外经营等违法目的。

3. 货币资金的流量变动分析

（1）货币资金的流量反映了企业经营活动的规模，可通过货币资金的收支渠道分析结合现金流量表来了解企业的业务开展情况，并进而分析其对纳税的影响；

（2）货币资金的本期增减绝对额与历史数据相比较，结合各期纳税情况进行分析，也能够发现有关企业的涉税风险。

（二）往来账款与涉税风险分析

1. 往来账款：应收账款、预付账款、应付账款、预收账款四类。

2. 企业会计报表往来账款余额变动分析

（1）分析商品已经发出，应作销售仍挂于预收账款中。

（2）分析商品已经发出，货款已经收讫，应作销售而未申报，记应收账款贷方。

（3）分析商品已经发出，故意混淆应收账款、预付账款、应付账款、预收账款四类科目正确运用，反记应付账款借方、预付账款贷方，达到不申报纳税目的；特别是分析企业月末、年末往来账款余额变动金额幅度大，且同时在二个往来账款余额发生相应数据变动现象。

注：上述可要求企业提供购销合同进行对比分析。

（4）分析应收款项科目年初余额，企业是否存在在年初更换新账时有作假现象。虚列或虚增部分应收款项，则就能将部分不开票的现金销售收入或其他收入通过该部分虚增的应收款项收回来入账，偷逃流转税和企业所得税。分析对照往来账款年初科目余额与上年末科目余额是否一致，是否存在年初更换新账时在往来账款之间相互调整余额的作假现象。

（5）分析企业应收、预付账款发生的坏账损失税前扣除是否符合条件。

（三）存货与涉税风险分析

1. 存货：材料、商品、在产品、半成品、产成品等。即企业在生产经营过程中为销售或耗用而储存的各种有形资产。

2. 企业会计报表存货余额变动分析

存货余额变动是测算增值税税收负担率的主要依据。

（1）工业企业增值税税收负担率的测算：

①材料余额影响增值税 =（期末余额 – 期初余额）× 增值税税率

②估价入账材料影响增值税 =（期初余额 – 期末余额）× 增值税税率

③在产品、半成品、产成品余额影响增值税 =（期末余额 – 期初余额）×（材料、燃料动力占生产总成本比例）× 增值税税率

注：不考虑材料成本的组成因素；不考虑购进材料是否取得增值税专用发票的因素；不考虑在产品、半成品余额是否含工费的因素。

增值税税收负担率 =（已纳增值税 + 期初留抵税额 – 期末留抵税额 +A+B+C）/ 销售收入

（2）商业流通企业增值税税收负担率的测算：

①库存商品余额影响增值税 =（期末余额 – 期初余额）× 增值税税率

②估价入账库存商品影响增值税 =（期初余额 – 期末余额）× 增值税税率

增值税税收负担率 =（已纳增值税 + 期初留抵税额 – 期末留抵税额 +A+B）/ 销售收入

注：本方法适用于采用进价核算库存商品的企业。

（四）存货、应付账款、进项税额与涉税风险分析

1. 进项税额控制数变动分析

（1）生产企业本期进项税额控制数 =（本期耗用材料 + 期末库存 – 期初

库存）× 增值税适用税率 + 动力 × 增值税适用税率 + 运费 ×7%

（2）商品流通企业本期进项税额控制数 =［期末存货较期初增加数（减少用负数）+ 本期销售成本 + 期末应付账款较期初减少数（增加数用负数）］× 主要外购货物的增值税适用税率 + 运费 ×11%

注：不考虑期间费用中除运费外的可抵扣增值税部分。

（3）进项税额控制数 – 申报表进项税额 ≥ 0

如 <0，评估虚抵进项和商业企业未付款抵扣进项和工业企业未入库抵扣进项的问题。

2. 销项税额控制数指标变动分析

申报销项税额 – 分析销项税额 ≥ 0

分析销项税额数为企业开具的专用发票和普通发票所列税额合计。可结合损益表主营业务收入、纳税申报表销售额与发票开具额分析。

如 <0，则可能漏申报销项税额。

3. 进项税额与销售额增长率配比分析

进项税额增长率 / 销售额增长率 >1

分析是否存在虚假抵扣或隐瞒收入的问题。

（五）固定资产、无形资产与涉税风险分析

1. 固定资产：是企业开展生产经营活动的重要物质基础，是分析企业生产经营能力的重要依据。

2. 无形资产：没有实物形态的非货币性长期资产。

3. 企业会计报表固定资产、无形资产余额变动分析

（1）固定资产与生产经营情况（生产经营收入、商品附加值）、产能之间是否配比；

（2）固定资产余额减少，评估固定资产清理回收的残料是否入账、出售的固定资产是否按照税法规定计算交纳了增值税；

（3）固定资产余额变动与累计折旧是否吻合，分析企业是否正确计提折旧，是否有故意调节成本、利润的嫌疑；

（4）固定资产、在建工程与累计折旧之间数据是否吻合，分析企业是否有未完工在建工程而预提折旧的情况；

（5）无形资产是否符合确认条件，分析资产产生的经济利益是否可能流入企业、资产的成本能够可靠地计量；

（6）无形资产是否按相关合同规定的受益年限或法律规定的有效年限摊销。

（六）短期投资、长期股权投资与涉税风险分析

1.短期投资：能够随时变现并且持有时间不超过1年（含1年）的投资。

2.长期股权投资是指企业购入1年内（不含1年）不能变现或不准备随时变现的债券投资。

3.企业会计报表短期投资、长期股权投资余额变动分析

（1）针对短期投资、长期股权投资数据发生额，分析企业的投资方式，如以非现金资产对外投资，检查是否按规定交纳了流转税、企业所得税；

（2）短期投资跌价准备和长期投资减值准备税法不允许扣除；

（3）"损益表"中的投资收益与"资产负债表"中的长期投资账面价值之比，如投资报酬率较低，需进一步分析企业"投资收益"真实可靠性。

（七）所有者权益与涉税风险分析

1.所有者权益：包括实收资本、资本公积、留存收益。

2.企业会计报表所有者权益余额变动分析

（1）对实收资本进行评估分析，可以了解企业的经营规模，投资与产能是否匹配，了解企业的投资各方，从而掌握其关联企业情况，为关联交易的分析奠定基础；

（2）资本公积主要分析会计与税法的差异。如接受捐赠资产、股权投资差额、债务重组收益、无法支付的应付款项等会计上都计入了资本公积，而在税法中规定应调整应纳税所得额；

（3）盈余公积主要分析计提是否符合规定，有无将收入隐匿计入该账户等情况，分析其使用是否符合规定。

（八）主营业务收入、主营业务成本与涉税风险分析

1.工业企业产品销售成本与增值税税收负担率的分析

增值税税收负担率的测算

增值税税收负担率＝[（产品销售收入－产品销售成本 × 材料动力占生

产总成本比例）×增值税税率－期间费用中可抵扣增值税］/产品销售收入

注：不考虑材料成本的组成因素。

2.商品流通企业毛利率与增值税税收负担率的分析

增值税税收负担率的测算

毛利率＝（商品销售收入－商品销售成本）/商品销售收入

增值税税收负担率＝（毛利率×增值税税率×商品销售收入－期间费用中可抵扣增值税）/商品销售收入

注：该种增值税税收负担率的测算值应与存货变动增值税税收负担率的测算值基本相符。若分析期销售毛益率较以前各期或上年同期有较大幅度波动，则可能存在购进货物入账，销售货物结转销售成本而不计或少计销售额问题。

3.成本分配方法与涉税风险分析

（1）分析企业是否擅自改变分配方法，调节当年盈亏。企业计入各种产品成本的目标在产品费用和本月发出的生产费用，应在各种产品的完工产品和月末在产品之间进行合理的分配，企业应当根据产品生产的特点选择适合本企业的分配方法，但有的企业为了调节本期盈亏，往往改变已经选用的分配方法，并且在会计当期不作披露。

（2）结合材料（商品）、产成品明细表余额、材料（商品）盘存表，评估分析企业是否有多结转成本现象。

①有数量无金额；

②有数量但金额为红字；

③没数量、没金额又无具体原因。

（九）预提费用、待摊费用与涉税风险分析

1.预提费用：成本费用中预先提取但尚未支付的费用。

2.待摊费用：是因权责发生制而产生，指已经支出，由本期和以后各期分摊费用。

3.企业会计报表预提费用、待摊费用余额变动分析

（1）预提费用年终是否有余额，是否有故意调节当期成本、损益的嫌疑；

（2）待摊费用、预提费用中是否有擅自将期间费用或不应计入成本费用的其他支出转入此科目处理，从而达到调节产品成本和当年损益的目的；

（3）待摊费用与开办费，评估分析开办费是否按期摊销，着重针对新开办企业而言。

（十）损益表与涉税风险分析

1. 销售成本变动率与销售额变动率配比分析

销售成本变动率 =（本期累计销售成本 - 上年同期累计销售成本）/ 上年同期销售成本

销售额变动率 =（本期累计销售额 - 上年同期累计销售额）/ 上年同期销售额

销售成本变动率 / 销售额变动率 ≈ 1

正常情况下二者应基本同步增长。

（1）当比值大于1，二者都为正时，可能存在企业将自产产品或外购商品用于非应税项目，未计提销项或未做进项税额转出等异常问题；

（2）比值小于1，二者都为正时，正常；

（3）比值小于1，二者都为负时，可能存在上述异常问题；

（4）当比值为负数，前者为正后者为负时，可能存在上述异常问题；后者为正前者为负时，则正常。

2. 销售毛利率变动幅度分析

销售毛利率 =（本年累计销售收入 - 本年累计销售成本）/ 本年累计销售收入

销售毛利率变动率 =（本期毛利率 - 上年同期毛利率）/ 上年同期毛利率

正常下降幅度商业在 -35%，工业在 -20% 以内，如低于该幅度，可能存在不计或少计销售、销售价格偏低或将货物用于非应税项目等问题。

3. 销售利润率分析

销售利润率 = 本年累计利润总额 / 本年累计销售收入

本期销售利润率 - 上年同期销售利润率 ≤ 0

将销售利润率和以前年度（特别是享受税收优惠期间）进行纵向比较，若小于0，则可能存在隐瞒收入、不按规定结转成本、人为调节成本和利润、违规享受优惠政策等问题。

将利润表中的当期销售成本加上按成本毛利率计算出的毛益额后，与利润表、申报表中的本期销售额进行对比，若表中数较小，且相差较大，则有可能存在销售额不入账、挂账或瞒报销售等问题。

4. 销售额变动率分析

按月或按季计算分析纳税人销售额变动率和税收负担率，计算公式如下：

销售额变动率 =（本年累计应税销售额 – 上年同期应税销售额）/ 上年同期应税销售额 ×100%

税收负担率 = 本年累计应纳税额 / 本年累计应税销售额 ×100%

将销售额变动率和税收负担率与相应的正常峰值进行比较，对销售额变动率和税收负担率变动异常的，应重点审核企业的进项税额和销项税额。超出同行业变动率正常峰值的（低于下限或高于上限），可认定为异常，从而初步判定企业存在隐瞒收入或虚开增值税专用发票等问题。

所谓正常峰值，是指纳税人在一定时期内实现的销售额和税收负担正常变化的上限或下限。即：销售变动率正常峰值，为纳税人在正常履行纳税义务的前提下，由于受市场、季节等因素的影响而使税收负担率变化所能达到的最小或最大值。

5. 应税销售额变动率与应纳税额变动率分析

应纳税额变动率 =（本期累计应纳税额 – 去年同期累计应纳税额）/ 去年同期应纳税额

应税销售额变动率 / 应纳税额变动率 ≈ 1

二者基本应同步增长。

（1）当比值大于1，二者都为正时，可能存在企业收入未计提销项或扩大抵扣范围多抵进项税额等异常问题；

（2）比值大于1，二者都为负时，则正常；

（3）比值小于1，二者都为负时，可能存在上述异常问题；二者都为正时，则正常；

（3）当比值为负数，前者为正后者为负时，可能存在上述异常问题；后者为正前者为负时，则正常。

总的来说，通过财务报表分析，能够从财务报表中提炼并取得有利于评估的有效、有用的会计信息。

第二章　公司注册业务稽查案例分析

案例1　虚假出资偷逃企业所得税

◎ 基本案情

最近，某地公诉机关对张某逃避纳税的行为提起公诉，要求法院对其追究法律责任。据了解，在全国范围内，因利用注册资金偷逃税，被追究法律责任的还为数不多。因此，此事在当地产生了较大的社会影响。

◎ 稽查过程

驰远汽车销售有限公司创办于 2010 年 12 月，位于某市北环西路 56 号，主要经营汽车零售业务，为私营有限责任公司，属增值税一般纳税人。所得税于 2011 年 1 月被批准为查账征收方式。法人代表为张某。注册资本为 1,000 万元，2013 年 9 月注册了两个非独立核算的分支机构。由于该企业经营多年一直亏损，所以被当地主管税务机关确定为检查对象，税务稽查人员对其进行了检查。

该企业执行的是小企业会计制度；记账基础和计价原则为权责发生制和实际成本法；坏账核算方法为直接核销法；存货核算方法为库存商品购入按实际成本核算，销售按加权平均法结转成本；固定资产计价和折旧方法为固定资产按实际成本计价并按固定资产预计使用年限和预计 5% 的净残值率确定其分类折旧率；所得税的会计处理方法采用应付税款法。

税务检查人员到企业的经营现场进行了实地考察。然后对企业提供的数据进行分析。该企业2013年度主营业务收入56,326,538.42元，主营业务成本56,170,090.66元，毛利率仅为0.28%。税务检查人员结合日常稽查工作经验判断该企业的经营情况不正常。因为该企业的税收负担率明显低于全国汽车销售平均税负值。通过对该企业的报表和有关账册凭证资料分析后，检查人员发现，该企业固定资产达原值8,200,000元，其金额与现场考察的情况明显不符。

通过对注册资本和固定资产明细账的进一步检查，发现其中载有10辆汽车和5台数控机床作为实物投资的情况；通过对现场人员的清点，又发现工作人员数与账面记载不一致。在此基础上，检查人员对该企业的负责人、财务负责人和营业人员分别进行询问。通过询问验证了该企业虚列固定资产多提折旧以达到减少计税所得额的问题。

为了达到增加注册资金的目的，该公司于2010年12月利用他人9辆运输车和5台数控机床折合价格800万元作为实物投资，经分析并经纳税人确认，该资产实际并未投入该公司的日常经营业务，三年多提折旧合计应作纳税调整增加企业所得税91.5万元。

经查，张某利用他人的汽车、机床等设备进行虚假的注册，从而扩大折旧计提偷逃企业所得税915,000元。当事情败露后，张某又销毁账册和凭证，抵抗税务机关对其的处理，情节特别严重。主管税务机关对驰远汽车销售有限公司作出如下税务处理和行政处罚决定：依法追缴所偷逃企业所得税915,000元，加收滞纳金123,356元，并处以罚款1,830,000元，补税、滞纳金、罚款合计2,868,356元。由于张某偷逃税款超过该公司应纳税款的30%，所以，当地检察机关决定对其提起公诉，追究其法律责任。

◎ **专家点评**

投资活动与税收存在直接的关系，所以，在投资环节进行税收筹划是筹划活动的重中之重！因为投资环节决定所投资形成的企业将来缴纳什么税，缴多少税；决定了所投资企业能否享受特定的税收优惠；决定了所投资企业将来如何缴税……

这里讲到虚假注册问题，在目前我国公民信用意识还不强的环境下，进行虚假的企业注册、生产假冒伪劣产品、从事商业欺诈等行为在各地时有发生。其中在企业设立环节进行虚假的企业注册是一个比较突出的问题，目前虚假出资有四种基本情形：

1. 实际并未出资

一是验资委托人或出资人用虚假的出资资料骗取注册会计师的信任获取验资报告。这种虚假行为一般是由验资委托人或出资人单方面所为，整套虚假验资资料往往由验资委托人或出资人单方面伪造，如伪造银行进账单、对账单、询证函（往往是加盖了私刻的银行印章）及货物发票等。在此情形下，注册会计师基本上都存在验资程序不到位、不规范或验资证据不充分的问题，如果验资人员不亲往银行询证，或者不对相关资产进行实地查验，就发现不了委托验资人或出资人伪造的虚假验资资料，更发现不了虚假出资的问题。

二是验资委托人或出资人与相关人员合谋而为，如与有关银行的办事人员合谋，由银行办事人员在虚假进账单、对账单或询证函等上面加盖银行印章，或与评估机构的评估人员合谋，先由评估人员出具虚假的评估报告再委托验资等。更有甚者是注册会计师与验资委托人或出资人串通一气，同流合污，帮助验资委托人或出资人出谋划策，弄虚作假。

三是一些企业为了增加注册资本，将自己的资金先汇到境内或境外的其他企业，再由其他企业以投资者的身份（或就以本企业的名义）投入，实际上，这些企业并未有新的资本金增加。

四是出资人用伪造的验资报告骗取工商登记，如笔者曾经在公安部门见到过用几乎可以以假乱真的彩色复印件伪造的虚假验资报告，公安部门与相关会计师事务所核对后，发现同文号的验资报告与假验资报告内容风马牛不相及。

2. 先出资再抽资

先出资再抽资是目前比较风行的虚假出资行为（特别在增资中尤为严重）。由于出资人用于出资的资金往往是筹借而来，在短期内必须偿还，一旦验资完毕，出资人会尽快将验资款从验资账户抽回。所以，尽管从表面上看出资人出资了，但由于出资额被抽回，因此，从实质上讲，出资人并没有出资。这种虚假出资主要有三种基本情形：一是出资人用于出资的资金并非自己拥有，而是通过筹借或由其他企业代为出资，在办理完验资手续后需归还对方，因此不得不将出资额抽回。

二是出资人用于出资的资金虽属于自己拥有，但其仅是为了满足注册资本达到一定额度的需要而出资（即增资），实际生产经营并不需要大额资金，在此情形下可能在出资后再将出资额以各种名义抽回或转移（抽逃）。

三是出资人用于出资的实物资产不予办理资产交接和产权转移，即使已经办理的，出资人也可能将出资资产（全部或部分）收回或再用于其他用途。此情形往往也是为了满足注册资本达到一定额度的需要而出资（或增资），而实际上企业的生产经营并不需要这些实物资产（或不需要如此多的实物资产），在此情形下，可能在出资后再将用于出资的实物资产全部或部分抽回或转移（抽逃）。

3. 资金部分到位

到位资本金可能是货币资金也可能是实物资产，没有到位的可能是货币资金也可能是实物资产。当然，根据工商部门的规定，允许资本金分次到位。但是，必须注意的是，如果出资人的出资额不能在规定的出资期限内及时到位，则会形成部分不到位的情形。

4. 形式上到位实质上不到位

如一些企业成立时所投入的实物资产从表面上看到位了，但实际上对于被投资企业的生产经营而言根本不可能发挥作用，属于形式上到位而实质上并没有到位，如将工程上使用过的翻斗车投资给贸易公司，将大量化工原料投资给棉纺织厂等。另外是虚夸投入资产的价值，一些出资人先将用于出资的实物资产进行评估，在夸大了相关资产的价值后再委托验资，而实际上用于投资实物资产的价值根本没有那么高，从而造成形式上到位而实质上并没有完全到位的结果。

目前，部分税务稽查人员因国家放开企业注册资本的查验工作，而忽视纳税人在注册资金上做手脚引发的偷税问题。通过对上述案例的具体分析，相信能够引起征纳双方的注意。

案例 2 李某承包经营偷税案

李某，系晶福安全设备有限责任公司六工区承包人，并在金沙市经济开发区商业街设立"晶福安全设备有限公司分公司"（无营业执照及税务登记证），分公司设有会计、出纳及有关技术人员和安装工，自任总经理。李某以晶福安全设备有限公司（以下简称晶福公司）名义，于 2012 年 6 月开始在江岚市承接消防工程安装业务。从 2012 年至 2014 年期间，偷税数额累计达259,540.85 元。

◎ 案件来源

2014 年 10 月份，江岚市地方税务局举报中心接到群众举报，反映李某自2012 年开始承接消防工程安装业务，工程收入从不向税务机关申报纳税，存在大量的偷逃税现象。根据群众举报和初步掌握的情况，稽查局决定对李某立案检查。

◎ 检查思路

根据本案的特点，稽查人员制定了办案思路，主要有以下几点：

一是进行外调取证。李某是从金沙市来到江岚市承接消防管道安装业务的，应进行外调取证，查清李某的基本情况和在江岚市的经营情况及在金沙市的申报纳税情况；

二是进行正面进攻。与当事人直接交流，了解其经营情况。拟定谈话方案，了解其承接消防管道工程及收入不开票不申报的大致情况；

三是到当事人服务对象所在地了解其经营情况。根据承包工程的具体情况，逐一到建设单位取证；

四是进行账务检查。对李某的财务账册情况进行具体检查和取证。

11 月初，稽查人员首先到金沙市地方税务局稽查分局进行外调，查清了李某在金沙市经济开发区商业街设有分公司，但没有办理任何登记手续，属无证户，且从未向所在地税务机关申报纳税。11月8日，稽查人员向李某送达税务稽查通知书及询问通知书，对李某进行了询问，初步了解到李某自2012年12月开始，在江岚市承接了四项消防工程安装业务，且工程都已竣工决算。完工后收取的工程款，据李某自已交代都用收款收据开具，从未向税务机关申报纳税。根据李某提供的收款收据及部分账册，稽查人员对三家建设单位进行了调查取证，并赴金沙市晶福公司进行外调取证，掌握了李某于2012年7月28日，与该公司签订了承包合同书，承包时间为三年，设备、工程税金、通讯、交通工具、办工设备等一切费用由承包人李某承担，并在承包期间交付管理费，合同书由金沙市公证处在2012年8月8日进行公证。

经过调查取证，查清了李某的偷税事实。李某在2012年7月22日，未经晶福公司许可，私刻该公司的合同专用章，与江岚市岗城建筑工程有限公司签订了江岚市某娱乐中心的消防工程合同，收取工程款135万元，汇入个人开设的账户，没有申报纳税，偷营业税40,500元、城建税2,835元、教育费附加1,620元、个人所得税26,000元、印花税600元。在2012年8月至2014年3月，以晶福公司的名义，分别与江岚市人民政府招待所和江岚市建设房产开发公司签订江岚市人民政府招待所、江岚市休闲中心、江岚市购物中心消防、报警安装工程合同。上述工程结算后，李某不申报纳税，偷营业税120,768.06元、城建税8,453.76元、教育费附加4,830.72元、个人所得税60,384.03元。

◎ **案件处理**

根据《中华人民共和国营业税暂行条例》第一条规定，在中华人民共和国境内提供本条例规定的劳务、转让无形资产或者销售不动产的单位和个人，为营业税的纳税人，应当依照本条例缴纳营业税。

根据《营业税暂行条例实施细则》第十一条规定，单位以承包、承租、挂靠方式经营的，承包人、承租人、挂靠人（以下统称承包人）发生应税行为，承包人以发包人、出租人、被挂靠人（以下统称发包人）名义对外经营并由发包人承担相关法律责任的，以发包人为纳税人；否则以承包人为纳税人。同时，根据《中华人民共和国营业税暂行条例》第一、二、四、九条规定，追缴营业税 161,268.06 元；

根据《中华人民共和国共和国城市维护建设税暂行条例》第二、三条规定，追缴城市维护建设税 11,288.76 元；

根据《征收教育费附加暂行规定》（国发〔1986〕第 50 号）第二、三条规定，追缴教育费附加 6,450.72 元；

根据《中华人民共和国个人所得税法》第一、二、三、六、九条规定，追缴个人所得税 86,384.03 元；

根据《中华人民共和国印花税暂行条例》第一、二、三、八条规定，追缴印花税 600 元；同时根据《关于印花税违章问题的通知》（财政部〔1994〕财税字第 065 号）（现已失效）规定，对所偷印花税处以三倍的罚款计 1,800 元；

根据《中华人民共和国税收征收管理法》第六十三条规定，纳税人伪造、变造、隐匿、擅自销毁帐簿、记帐凭证，或者在帐簿上多列支出或者不列、少列收入，或者经税务机关通知申报而拒不申报或者进行虚假的纳税申报，不缴或者少缴应纳税款的，是偷税。对纳税人偷税的，由税务机关追缴其不缴或者少缴的税款、滞纳金，并处不缴或者少缴的税款百分之五十以上五倍以下的罚款；构成犯罪的，依法追究刑事责任。扣缴义务人采取前款所列手段，不缴或者少缴已扣、已收税款，由税务机关追缴其不缴或者少缴的税款、滞纳金，并处不缴或者少缴的税款百分之五十以上五倍以下的罚款；构成犯罪的，依法追究刑事责任。因此，对李某的偷税行为处以所偷税款 0.5 倍的罚款计 132,695.78 元，同时加收了滞纳金。

◎ 案件分析

建筑安装企业的主要生产经营活动是从事建筑、修缮、装饰和其他作业。当前，建筑安装企业基本上都实行公司、施工队二级管理体制。在具体的管理形式上，建筑安装企业基本都实行了管理层与劳务层的分离。管理层主要负责工程任务承发包和工程项目的施工管理；劳务层则以各种劳动组合形式直接负责工程的施工。而在经营方式上，大多数的企业都实行了分包、转包、挂名、挂靠、承包等不同的经营方式。建筑安装企业在生产经营、财务管理和成本核算等方面具有不同于其他物质资料生产经营企业的特点。

在日常检查工作中，建筑安装行业最常见的涉税违法行为是少列营业收入、虚列成本和隐瞒利润。对建筑安装行业应测重于营业税和企业所得税方面的检查。

但是，本案却有其自身的特点，李某在未经晶福公司许可的情况下，私刻该公司的合同专用章，与江岚市岗城建筑工程有限公司签订了江岚市某娱乐中心的消防工程合同，收取工程款汇入个人开设账户，没有申报纳税，另外又以晶福公司的名义，分别与江岚市人民政府招待所和江岚市建设房产开发公司签订江岚市人民政府招待所、江岚市休闲中心、江岚市购物中心消防、报警安装工程合同。上述工程结算后，李某不申报纳税。通过对该案的稽查可以发现：从事建筑安装业务的个人挂靠（承包）经营，容易产生偷税行为。究其原因有以下三方面：

一是挂靠（承包）的单位只收取管理费，对挂靠（承包）个人从事的安装业务、工程结算、财务核算缺乏控制、监督；

二是个人挂靠（承包）经营，收取工程款，支付料、工、费等，采取现金结算及自已开设账户收取工程收入，且未建立会计账册核算收支情况，失去税收监控；

三是建设单位的工程业务品种多、数量大、工程周期长，工程结算有别于商品交易，支付工程款大多实行预付方式，承接工程都有一定的个人关系，开具非法凭证现象极易发生。

◎ 建议措施

1.加强税收政策、法规宣传力度，提高全社会公民的纳税意识。本案当事人认为开发票才应纳税，这种想法在建安、房地产企业（个人）中普遍存在。但是我国税法规定：建筑业纳税义务发生时间是价款结算的当天。从事生产经营的纳税人到外县（市）从事生产、经营活动的，必须持所在地税务机关填发的外出税收管理证明经营税收管理证明单，向营业地税务机关报验登记，接受税务管理。纳税人提供应税劳务，应当向应税劳务发生地主管税务机关申报纳税。这些税收政策规定应该宣传到每个建筑安装纳税人，这是每个税务人员义不容辞的职责。

2. 加强对挂靠（承包）从事经营业务个人的税收管理。目前，经挂靠（承包）的方式从事经营业务的个人较多，税务管理上也比较混乱，除了本案以外，这里再举一例：沈敏洪，系江岚市曙光制药厂经营部第三销售组承包人。在金沙市专门从事销售曙光制药厂药品的业务。2012 年底沈敏洪与该药厂经营部签订了承包第三销售组的协议。实行自主经营，独立核算，自负盈亏。

沈敏洪自承包该小组后，在 2013 年 1 月至 10 月的经营期间，既未办理工商、税务登记，也没有江岚市曙光制药厂所在地税务机关开具的外销证明。经群众举报，江岚市河东区税务所查实，该销售小组共实现销售额 659.3 万元，偷税 79.161 万元。

2013 年 9 月间江岚市税务局河东稽查局检查人员接到群众举报，江岚市税务机关在通过认真的调查、取证、核实之后，终于弄清了沈敏洪的违法事实：

沈敏洪，原系江岚市医药商店的职工，2011 年 9 月办理了离职手续。由于曾经从事过多年的药品销售业务，具有一定经验。因此，2012 年初江岚市曙光制药厂聘请其为本厂供销经营部销售人员，负责向金沙市推售药品，并按销售额的一定比例提取个人酬金。2012 年 12 月沈与江岚市曙光制药厂经营部签订了个人承包第三销售小组的协议，负责金沙市的药品销售业务。协议中规定：经营部负责向沈敏洪提供银行账号、发票及现金 30 万元，并由沈敏洪代收货款。承包期间，实行自主经营，独立核算，自负盈亏，沈敏洪每年向经营部定额上交承包费 10 万元。

沈敏洪实行个人承包之后，在金沙市销售药品所取得的收入，根本不经制药厂核算和合并申报纳税，也未单独向曙光制药厂所在地的税务机关缴过税。查明沈敏洪在金沙市从事药品经营活动中是以某公司招待所为经营场地，借用某医科大学附属三院的医药仓库堆放药品，使用江岚市河东区回春堂中药店的银行账号结算货款，以江岚市曙光药厂经营部的名义从山东、河南等地的药品采购供应站购进药品，又以这个经营部的发票向金沙市 60 多家大小医院、医药公司销售药品，累计销售收入达到 5,832,173 元。

整个经营期间，沈敏洪未向工商行政管理部门办理营业执照，也未到税务机关进行税务登记和按规定向江岚市税务机关申报纳税。既没有取得江岚市曙光制药厂所在地税务机关核发的外销证明，也没有申办药品经营许可证。很显然，这是一起打着企业的招牌，实质上从事账外经营，侵犯国家利益，偷逃大量税款的典型案件。

3. 对建筑安装企业（个人）从事经营活动的，经营地税务机关应深入实际，加强税务管理，督促建设单位提供承建合同协议、工程预算等有关资料报送税务机关。税务机关要建立台账，及时监督承建单位（个人）发票开具情况，纳税申报情况，尤其加强对完工工程决算资料、财务处理的审查监督，防止偷税行为发生。

4. 加强对建设单位"开发成本"、"预付账款"科目的稽查，从中可以发现承建单位（个人）是否开具合法凭证，关注"预付账款"转入"开发成本"时，其原始凭证是否合法，通过完工工程决算与"预付账款"发生额核对，可以发现是否存在偷税现象。对已完工工程，却仍有"预付帐款"余额，说明建设单位与承建单位（个人）因某种原因工程款项未及时结算，也有可能是承建单位（个人）没有及时开具合法凭证所致，应深入稽查，查清原因。

案例3　税种认不清的涉税风险

铝合金门窗制售企业的税收问题，历来是征纳双方争论的热点问题之一，因此，也是税务机关的管理部门重点管理，进行纳税评估的重点地带。下面就是一个典型案例。

◎ 稽查案例

某市华源装璜安装工程有限公司成立于 2012 年 3 月 18 日，注册地址在市东环二路 88 号，法定代表人王某，经济类型为私营有限责任公司，经营范围为建筑装潢施工，水电安装；承接铝合金门窗、塑钢门窗的工程业务及发外生产与加工；建筑装潢材料的购销业务。

企业开业初期，就企业所得税问题向当地主管国税机关进行了申报，经批准，企业所得税征收方式为查账征收。2014 年 6 月 28 日，主管国税机关对该企业 2013 年度的企业所得税申报情况进行纳税评估。在具体的分析和评估过程中，税务评估人员对纳税人的申报资料进行了归类和整理。该企业的财务报表和纳税申报资料显示：2013 年度该企业实现销售收入 2,327,975.04 元，其中，装潢以及建筑安装劳务收入 1,591,800 元，其他业务收入 736,175.04 元，企业的会计利润为 –101,215.58 元，汇算清缴调整后应纳税所得额 –12,072.39 元。

◎ **案例分析**

在评估过程中，评估人员对企业的流转税的纳税申报情况也进行了分析。

评估人员在该企业的纳税申报资料中没有找到向主管国税机关申报缴纳增值税的资料。于是发现了疑点：

其一，存在费用列支不实的问题。该企业是一家大型集体所有制房地产开发企业的"第三产业"，据了解有关业务都是来自于这个房地产开发企业的几个工程，本应获得丰厚的利润，但是该企业却存在亏损。通过对年报中职工人数的核查，报表显示职工人数为 52 人，是否存在虚列职工人员的嫌疑？

其二，流转税申报税种认定可能存在不当问题。就一般情况而言，多数从事建筑装潢的企业都存在铝合金门窗销售业务，而该企业申报表中存在铝合金销售收入，但是没有申报缴纳增值税的申报资料。为什么该企业没有发生铝合金门窗销售业务呢？评估人员推测，该企业报表中的其他业务收入应为铝合金门窗销售收入。

针对这些问题，评估人员按照有关法定程序向该单位发出《约谈说明通知书》，要求该单位法人或法人授权的其他人员就有关流转税纳税申报过程中存在的问题予以说明或提供书面证明材料。

在约谈过程中，评估人员根据报表所列示的内容与纳税人进行了交流：

装潢公司是某房地产开发企业的关联企业，事实上也是房地产开发企业的一个"小金库"，为什么却出现账面亏损？针对这个问题，评估人员重点进行了税法宣传，明确指出纳税评估，从某种意义上说是一个纳税辅导的过程，在这个环节解决问题，属于企业自查自纠。交流过程中，该负责人发现税务人员对有关情况比较了解，政策分析也入情入理，承认了公司存在虚报职工人数列支费用的问题。

但是，对于究竟应当缴纳增值税，还是缴纳营业税的问题，双方却存在不同的意见。纳税评估人员认为：公司的主营业务为建筑装潢施工，水电安装；承接铝合金门窗、塑钢门窗的工程业务及发外生产与加工；建筑装潢材料的购销业务。目前同行业都是既有铝合金门窗销售又有建筑安装业务，为什么本公司会发生如此特殊的情况？而该企业的负责人解释，他们从事的业务中都是甲供材料。并且一再强调有关事项在企业成立初期就曾与有关税务机关进行过深入的讨论，有关业务已经在当地的地方税务机关申报缴纳了营业税。

评估人员意识到，如果拿不到有说服力的证据材料，王某是不会认账的。考虑到该企业的具体业务的复杂性，评估人员要求纳税人提供企业施工资质和在具体业务过程中与甲方签署的业务合同。

该企业所提供的建筑安装业务合同显示：该公司 2013 年为三个工程提供了铝合金门窗以及水电设备的安装业务。同合约定：提供铝合金门窗的制作并安装业务 75 万元（其中包括材料的购置费用），提供水电安装设备的安装业务 160 万元，同时合同约定以最后工程竣工决算数额为结算的依据。

国家税务总局《关于纳税人销售自产货物并同时提供建筑业劳务有关税收问题的公告》（国家税务总局公告〔2011〕第 023 号）就纳税人销售自产货物同时提供建筑业劳务有关税收问题明确，自 2011 年 5 月 1 日起，纳税人销售自产货物同时提供建筑业劳务，应按照《中华人民共和国增值税暂行条例实施细则》第六条及《中华人民共和国营业税暂行条例实施细则》第七条规定，分别核算其货物的销售额和建筑业劳务的营业额，并根据其货物的销售额计算缴纳增值税，根据其建筑业劳务的营业额计算缴纳营业税。未分别核算的，由主管税务机关分别核定其货物的销售额和建筑业劳务的营业额。

纳税人销售自产货物同时提供建筑业劳务，须向建筑业劳务发生地主管地方税务机关提供其机构所在地主管国家税务机关出具的本纳税人属于从事货物生产的单位或个人的证明。建筑业劳务发生地主管地方税务机关根据纳税人持有的证明，按本公告有关规定计算征收营业税。

结合税收政策的有关规定，评估人员与王某一起分析了企业施工过程中与甲方签署的合同的有关条款，发现该企业 2013 年度存在铝合门窗的制作和销售问题，这部分的销售收入应当向国税机关申报缴纳增值税。

面对税收政策和评估人员的耐心辅导，王某终于承认本公司存在操作上的错误。

◎ 案例点评

对于建筑安装业务，从 2009 年 1 月 1 日起政策发生了变化，因此其纳税方法和相应的税收负担也将发生变化。铝合门窗的制作、玻璃幕墙生产企业都是如此，比如，A 公司为玻璃幕墙生产企业，同时提供安装业务。今年，A 公司与某商场签订了一份 500 万元的玻璃幕墙安装合同。其中材料款项 320 万元，安装收入为 180 万元，该合同将于 2014 年 3 月份履行完毕。企业想了解该业务算不算混合销售行为，若算混合销售行为，企业是否按从事货物的生产、批发或者零售的企业、企业性单位和个体工商户的混合销售行为，视为销售货物，应当缴纳增值税。

《增值税实施细则》第五条规定，一项销售行为如果既涉及货物又涉及非增值税应税劳务，为混合销售行为。非增值税应税劳务，是指属于应缴营业税的交通运输业、建筑业、金融保险业、邮电通信业、文化体育业、娱乐业、服务业税目征收范围的劳务。

根据《增值税实施细则》第五条规定，除本细则第六条的规定外，从事货物的生产、批发或者零售的企业、企业性单位和个体工商户的混合销售行为，视为销售货物，应当缴纳增值税；其他单位和个人的混合销售行为，视为销售非增值税应税劳务，不缴纳增值税。

而《增值税实施细则》第六条规定，纳税人的下列混合销售行为，应当分别核算货物的销售额和非增值税应税劳务的营业额，并根据其销售货物的销售额计算缴纳增值税，非增值税应税劳务的营业额不缴纳增值税；未分别核算的，由主管税务机关核定其货物的销售额：（一）销售自产货物并同时提供建筑业劳务的行为;（二）财政部、国家税务总局规定的其他情形。

《营业税实施细则》第七条规定，纳税人的下列混合销售行为，应当分别核算应税劳务的营业额和货物的销售额，其应税劳务的营业额缴纳营业税，货物销售额不缴纳营业税;未分别核算的，由主管税务机关核定其应税劳务的营业额:（一）提供建筑业劳务的同时销售自产货物的行为;（二）财政部、国家税务总局规定的其他情形。

A公司为商场提供的安装劳务则是《营业税暂行条例》所规定的应缴营业税劳务。因此，A公司在为商场提供玻璃幕墙货物的同时，又提供了安装劳务的行为，属于税法所指的"混合销售行为"。

A公司的"混合销售行为"虽符合从事货物的生产、批发或者零售的企业、企业性单位和个体工商户的混合销售行为，但却不能视同销售货物，全额缴纳增值税。

这里需要提醒纳税人注意的是:国家税务总局《关于纳税人销售自产货物提供增值税应税劳务并同时提供建筑业劳务征收流转税问题通知》（国税发〔2002〕117号）关于自产货物范围问题的规定，本通知所称自产货物是指:1.金属结构件，包括活动板房、钢结构房、钢结构产品、金属网架等产品;2.铝合金门窗;3.玻璃幕墙;4.机器设备、电子通信设备;5.国家税务总局规定的其他自产货物。

但是，国家税务总局《关于纳税人销售自产货物并同时提供建筑业劳务有关税收问题的公告》（国家税务总局公告〔2011〕第023号）废止了上述规定，明确自2011年5月1日起，纳税人销售自产货物同时提供建筑业劳务，应按照《中华人民共和国增值税暂行条例实施细则》第六条及《中华人民共和国营业税暂行条例实施细则》第七条规定，分别核算其货物的销售额和建筑业劳务的营业额，并根据其货物的销售额计算缴纳增值税，根据其建筑业劳务的营业额计算缴纳营业税。未分别核算的，由主管税务机关分别核定其货物的销售额和建筑业劳务的营业额。

纳税人销售自产货物同时提供建筑业劳务，须向建筑业劳务发生地主管地方税务机关提供其机构所在地主管国家税务机关出具的本纳税人属于从事货物生产的单位或个人的证明。建筑业劳务发生地主管地方税务机关根据纳税人持有的证明，按本公告有关规定计算征收营业税。

A公司生产的玻璃幕墙产品，属纳税人销售自产货物提供增值税应税劳务并同时提供建筑业劳务的自产货物范围之列。A公司销售自产的玻璃幕墙产品并负责安装，属销售自产货物并同时提供建筑业劳务。

因此，A公司应按销售自产货物并同时提供建筑业劳务的行为，分别核算玻璃幕墙产品销售额和安装收入营业额，并根据国家税务总局公告〔2011〕第023号文件规定的流程进行管理，同时对玻璃幕墙的销售额计算缴纳增值税，并按安装收入的营业额计算缴纳营业税。

案例4　举报人为什么被认定为纳税人？

许多投资人对市场机会的捕捉很有一套，看准了机会就下手，往往不会失手。但是，在具体操作的过程中，投资一个项目，或者建厂办企业是一个复杂的系统工程，涉及许多法律问题。从税收的角度讲，所投资的项目属于什么税种（也就是说应当缴什么税）投资人可能就不清楚，所经营的项目应当由谁来缴税，经营负责人有时也不十分清楚，至于要缴多少税就更是一个问题了。

对于这个问题，有些读者可能不以为然。这里不妨引用中国第一部以税收筹划为内容的小说《避税暗战》中的一则案例，然后请读者回答：纳税义务人究竟应当是谁？

◎ 案情介绍

2009年6月18日，A市地税局稽查局查结一起涉税举报案。如果将该案例作一个分析，其中有许多令人深思的东西，事情是这样的：

2009年5月的一天，A市地税局税务违法案件举报中心接到开元房地产开发公司的实名举报，反映与其合作的A市某投资公司私自对外预售房屋，取得预售款5,000余万元，没有进行纳税申报，从而大量偷逃国家税款。

A 市地税局稽查局于是对 A 市某投资公司进行检查。

税务机关通过调查发现以下情况：开元房地产开发公司（以下简称开元公司，举报人）与某村委会于 2004 年合作进行城中村改造，由该村委会出土地，并进行拆迁的协调和补偿等工作，由开元公司出面进行房地产开发。由于开元公司资金紧张，合作项目一直没有正式启动。

2006 年初，该市某投资公司（该投资公司没有房地产开发资格）了解到这个情况之后，就对该"城中村改造"项目进行了市场调查和分析。通过测算发现这是一个有前景的项目，于是，就与开元公司协商合作开发事项。

双方于 2006 年 3 月签订合作协议。协议明确：开元公司（包括村委会）在该项目中负责拆迁、协调工作，并办理各种证件；投资公司负责项目开发投资，并在开元公司的配合下销售成品房；房屋销售结束以后，其利润分成的比例为开元公司 60%，投资公司 40%。

协议签订后，两家公司由开元公司出面按项目成立一个分公司（非法人单位）——光明分公司，作为具体承办和建设管理单位。该分公司由开元公司负责办理相关手续，由投资公司具体负责日常运行管理，进行房产开发。

2006 年 12 月，开元公司的董事长王鹏飞发现光明分公司已经对外预售多套房屋。但由于光明分公司的财务负责人是投资公司委派的人员，且光明分公司总经理也被投资公司收买，预售房款全部被投资公司收取，王鹏飞对光明分公司销售房产的行为已无法控制。

王鹏飞随后派人多次与投资公司进行协商，投资公司假意同意先停止预售，但私下里却以更加隐秘的方式加紧推销。2007 年 12 月，在多次协商无果的情况下，开元公司以"公函"的形式通知投资公司停止销售行为，并通知对方要求解除双方合作协议。投资公司没有理会开元公司的"公函"，继续加大房屋促销力度，并收取售房款。

2008 年 9 月 18 日，开元公司采取行动，采用突然袭击的方法派人从光明分公司的财务室里抢出销售资料，并委托当地会计师事务所进行财务审计。在会计师事务所出具的《司法鉴定书证审查意见书》中，载明该项目已收取销售款 9,500 多万元，其中属于 2007 年度的预售收入为 5500 万元。但是，没有发现纳税资料。

王鹏飞认为投资公司的这种行为属于偷税，为了打击对方，于是向税务机关实名举报投资公司的偷税行为；而投资公司则就开元公司强抢销售资料的情况向公安机关报案，公安机关随即拘留了组织抢资料的开元公司相关负责人。

◎ 税务处理

经主管地税局稽查局检查，光明分公司系开元公司的下属分公司，其出售的房产取得预售收入9,580余万元（其中2007年12月31日以前的销售额为5,560万元），也是以开元公司下属分公司的名义进行的，所有收入开具的收据上所加盖的印章均是该公司的印章。

开元公司（举报人）举报投资公司偷税，肯定认为本公司不是本案的纳税主体，而投资公司才是本案的纳税主体。

◎ 政策分析

那么，纳税主体到底是谁？

根据《公司法》、原《企业所得税法暂行条例》（现已失效）明确规定：实行独立经济核算的企业或者组织，为企业所得税的纳税义务人，主要包括：（1）国有企业；（2）集体企业；（3）私营企业；（4）联营企业；（5）股份制企业；（6）有生产、经营所得和其他所得的其他组织。《外商投资企业和外国企业所得税法》上明确规定，外商投资企业和外国公司为企业所得税的纳税义务人。外商投资企业是指在中国境内设立的中外合资经营企业、中外合作经营企业和外资企业。外国企业是指在中国境内设立机构、场所，从事生产、经营和虽未设立机构、场所而有来源于中国境内所得的外国公司、企业和其他经济组织。

而2008年1月1日的《中华人民共和国企业所得税法》则明确规定，在中华人民共和国境内，企业和其他取得收入的组织（以下统称企业）为企业所得税的纳税人，依照本法的规定缴纳企业所得税。个人独资企业、合伙企业不适用本法。这里所称个人独资企业、合伙企业，是指依照中国法律、行政法规成立的个人独资企业、合伙企业。

企业分为居民企业和非居民企业。本法所称居民企业，是指依法在中国境内成立，或者依照外国（地区）法律成立但实际管理机构在中国境内的企业。本法所称非居民企业，是指依照外国（地区）法律成立且实际管理机构不在中国境内，但在中国境内设立机构、场所的，或者在中国境内未设立机构、场所，但有来源于中国境内所得的企业。这里所称依法在中国境内成立的企业，包括依照中国法律、行政法规在中国境内成立的企业、事业单位、社会团体以及其他取得收入的组织。这里所称依照外国（地区）法律成立的企业，包括依照外国（地区）法律成立的企业和其他取得收入的组织。居民企业应当就其来源于中国境内、境外的所得缴纳企业所得税。非居民企业在中国境内设立机构、场所的，应当就其所设机构、场所取得的来源于中国境内的所得，以及发生在中国境外但与其所设机构、场所有实际联系的所得，缴纳企业所得税。非居民企业在中国境内未设立机构、场所的，或者虽设立机构、场所但取得的所得与其所设机构、场所没有实际联系的，应当就其来源于中国境内的所得缴纳企业所得税。

所以综合以上相关的规定，该房地产开发项目是开元公司（举报人）的开发项目，各种开发手续也由开元公司以自己的名义报建，售房合同也是以开元公司的名义签署，虽然售房收入实际上是由投资公司控制，但从收据印章上看都是由开元公司取得。也就是说，楼盘开发的主体是开元公司，取得收入的也是开元公司。因此，本案中的纳税主体就是举报人——开元公司。至于收取的房款流向了哪家公司，则属于两家公司内部协调事情，并不影响纳税义务的具体确认。

◎ 税务处理

根据以上分析，主管地税局稽查局作出了以下处理决定：开元公司（举报人）就是本案中的纳税主体，由该公司补缴营业税、土地增值税、企业所得税等税款及滞纳金 1,500 余万元，同时处偷逃税款 1 倍罚款的处罚。

案件检查的结果让稽查人员感到很诧异：谁能想到，偷税人正是举报者！

◎ 案例点评

上述案例读者看了可能觉得很是可笑，但却是现实中发生的事情。通过对该案例的分析，我们从中得到如下启示：

一是企业家（投资人）应当学一点税法。在法制社会里，税收已经是构成企业生产和经营的一项重要成本支出项目，所以，作为投资人应当在操作之前，先学一些与税收有关的"游戏规则"。目前许多企业家以"想当然"的思维方式处理日常经营事项的情况比较普遍，比如大连某家私营企业为了解决办公问题，老板决定购买写字楼。由于企业资金紧张，老板就以个人名义用按揭的方式购买3,000万元的写字楼。写字楼由公司使用，老板让财务将写字楼记入公司的固定资产，每月计提折旧，还款全部由企业资金支付。

地税务局稽查后认定：该房产是老板个人资产，不属于企业固定资产，因此不能计提折旧，已计提的折旧要调整所得额，补缴33%企业所得税；企业所还的银行按揭由于不是企业所贷的款项，属于替老板个人还款，房产由公司所用，应视为老板取得的"租赁收入"，缴纳营业税、房产税和个人所得税。使企业和老板个人都承受了本来可以避免的沉重税收负担。

二是企业应当改变解决问题的思路。"找市长"（通过权力解决问题）还是"找市场"（通过技术解决问题），一直是人们在探讨的话题。老板也是人，遇到困难和问题应当怎么办？以前习惯性做法是找关系比较好的某个领导，或者利用某个部门的权力来处理。他们还没有想到，有关事项本身如果存在问题，领导是无法帮助你的，而存在问题的事项一旦进入法定的操作流程，后果自己是无法把握的。比较理智和科学的办法是事先请一个专家来帮助论证一下，如果自己的操作没有问题，再考虑下一步。如果自己的业务操作存在问题，则可以先将自己的问题解决了。对于开元公司而言，其分公司不是独立的法律主体，不能独立对外进行有关民事活动。该事项实际上并不是十分复杂，如果王鹏飞在向税务机关进行举报之前请专家到现场对其有关业务情况具体分析一下，专家完全可以帮助他理清有关法律关系，王鹏飞"搬起石头砸自己的脚"的事情就可以避免。

通过以上案例可以看到，老板的决策过程，也是产生税的过程。因此，老板决策时也需要加强税收风险意识，不仅要重视经营过程，还要重视税收问题。

案例 5　企业筹划不当遭重罚

"早知道这样，当初就不该如此操作。"这是江苏省某市江洋仪器仪表有限公司老总张某非常懊悔地对上门进行查后回访的海门市国税局税务干部讲的一番话。

◎ 企业情况

张某所在的江洋仪器仪表有限公司 2012 年度为增值税小规模纳税人，当年实现销售收入 165 万元，于是主管国税机关于 2013 年初责令其办理增值税一般纳税人手续，并于 2013 年 1 月份批准其为增值税一般纳税人。

由于企业生产的产品为分析仪器，主要以手工加工为主，人工工资所占的比例较高，材料进项抵扣税额少，客户对增值税专用发票的需求量也不多。为此，张某觉得一般纳税人身份加重了其增值税负担，经过谋划，他于 2013 年 2 月下旬向当地工商部门注册成立了一个生产同类产品的小规模纳税人企业，并领取了税务登记证，原企业仍为一般纳税人。

从 2013 年 3 月开始，张某分别以属下 2 家企业的名义向主管税务机关申报纳税。2013 年 3 月 ~12 月一般纳税人企业申报销售收入 60 万元，销项税金 10.2 万元，进项税金 9.72 万元，缴纳增值税 0.48 万元；小规模纳税人企业申报销售收入 168 万元，缴纳增值税 5.05 万元，两个企业合计缴纳增值税 5.53 万元。如果全部按一般纳税人企业计算应纳增值税为（60+168）×17%–9.72=29.04 万元，比筹划前多缴 23.51 万元；如果全部按小规模纳税人企业计算应纳增值税为（60+168）×3%=6.84 万元，比筹划前多缴 1.31 万元。张某自认为纳税筹划非常成功，并且还将所谓的"经验"传授给同行。

◎ 税务稽查

2014 年 1 月下旬，当地主管国税局税源管理人员在对张某的江洋仪器仪表有限公司实施税源调查时发现，企业的筹划有三个问题：

一是筹划后的两个企业未能分别单独核算，按规定两个企业从材料购进到产品入库、销售均应独立核算，不仅一般纳税人要做到账证齐全、核算完整，就是小规模纳税人也应做到会计核算清晰。但事实上张某指使财务人员将所购材料专用发票全部记入一般纳税人账上，使其进项税额全部从一般纳税人销项税金中抵扣，而所属的小规模纳税人所购材料均用白条入账，造成核算混乱。

二是两个企业的生产车间仍然合二为一，无法分清完工产品究竟是属于一般纳税人企业生产的还是属于小规模纳税人生产的。

三是办税人员在小规模纳税人领用的普通发票上均盖了一般纳税人的公章，据了解是由于两个企业对外都是用一般纳税人的名义接洽业务，因此小规模纳税人销售时开具发票的发票联上均盖着一般纳税人公章，而发票记账联仍在小规模纳税人账上反映。

◎ **税务处理**

税务部门认为张某的企业行为已经构成偷税，并决定追缴其增值税 23.51 万元，处所偷税款 2 倍罚款并加收滞纳金，同时对其在发票使用方面的问题作出了处罚。

◎ **案例点评**

人们常说，税收筹划就是合理合法节税。江洋仪器仪表有限公司的操作思路是正确的、合理的，但是，在细节操作上过了头。税收筹划的合法性好理解，合理性就比较复杂了。"合理"的含义是什么？把握什么样的尺度才算合理？不合理的筹划会面临何种后果？江洋仪器仪表有限公司的结果就是最好的说明，但是，到目前为止，不同的人会有不同的看法和理解。

一般说来，在对工业企业进行纳税筹划时可将企业应税销售收入与可抵扣进项税金的购进金额进行比较，当后者占前者的比例为 64.71% 时，企业作为一般纳税人与小规模纳税人增值税负担相等，这一比例越低，企业作为一般纳税人的增值税负担就越高。在这种情况下，通常的筹划方案是建议企业采用分立的办法，达到降低增值税税负的目的，但企业分立必须是真实存在的，分立后必须是两个独立的企业，如果分而不立，甚至为避税弄虚作假，必然会给企业带来麻烦。

虽然"合理"难以把握，但在税收筹划实践中又必须高度重视，正确处理，否则会使筹划陷入避税甚至是偷税的泥潭。因为现在企业热衷的大部分税收筹划内容，是利用税收法律法规和政策对某些纳税事项没有规定，或者规定不明确，或者仅规定了一个大概的幅度等情况，通过对经营和纳税的筹划、安排，使税负减轻。在这种类型的税收筹划中，税法规定的不明确或者说存在弹性，既是税收筹划的切入点，同时也是纳税风险产生的根源。特别是近年来税务机关取消了众多纳税事项的行政审批，转为强化后续管理。企业对很多纳税事项可以依照规定自行处理，至于处理是否存在风险，只有在税务机关进行纳税检查或者进行所得税汇算清缴时才能发现，这对于长期依赖税务机关批件纳税的企业来说，纳税风险无疑增大了。那么，在税收筹划实践中应该如何处理"合理"这个问题呢？笔者认为，纳税人需要注意以下几个问题：

一是关注地方性政策的合法性。不少纳税人到某地投资经营，其中有些是冲着地方性的优惠政策去的。地方性的优惠政策种类很多，如何看待这些优惠政策是筹划中面临的重要问题。一般来讲，地方政府出台的没有国家法律法规及政策依据的优惠政策，比如承诺若干年内减免税等，基本没有可信性。有一些优惠政策，如果属于中央授权省级政府可自行制定的政策，只要省级政府出台了相关规定，纳税人就可以操作。

比如，补充养老保险、补充医疗保险是目前企业谈论的热点话题。一些企业愿意为雇员缴纳补充养老保险、补充医疗保险，是认为二者能在税前扣除，可以减轻企业税负和个人税负。那么，补充养老保险、补充医疗保险真能在税前扣除吗？这涉及企业所得税和个人所得税问题。对于企业所得税，《国家税务总局关于执行〈企业会计制度〉需要明确的有关所得税问题的通知》（国税发〔2003〕45号）（现已失效）规定，企业为全体雇员按国务院或省级人民政府规定的比例或标准缴纳的补充养老保险、补充医疗保险，可以在税前扣除。能否扣除的关键在于国务院或省级人民政府是否出台了相关政策，目前仅有少数试点省市有这方面的规定，因此能够扣除的地方不多。对于个人所得税，按目前的规定，补充养老保险、补充医疗保险都不能在税前扣除。

二是要准确地把握政策弹性。比如，在新闻行业中曾经很流行一种避税方法：一些新闻单位把编辑、记者的报酬划分为两部分，一部分是基本的工资等收入，在纳税时按工资、薪金纳税；另一部分收入按稿费发放，按稿费纳税。这么做的目的一是降低薪金、工资的数额，使其适用较低的税率；二是税法对稿费有减征30%税额的规定，以稿费的名义发放报酬自然税负轻。新闻行业真的可以这样处理吗？

虽然税法中确实规定了稿酬可以减征30%税额，编辑、记者发稿取得的收入也很像稿酬，但《国家税务总局关于个人所得税若干业务问题的批复》（国税函〔2002〕146号）规定："任职、受雇于报刊、杂志等单位的记者、编辑等专业人员，因在本单位的报刊、杂志上发表作品取得的所得，属于因任职、受雇而取得的所得，应与其当月工资收入合并，按'工资、薪金所得'项目征收个人所得税。"规定很明确，就是新闻单位的记者、编辑在本单位的报刊、杂志上发表作品取得的所得，不能按"稿酬所得"纳税。因此，新闻单位并不存在薪金可以转化为稿酬的税法漏洞或弹性，上述操作不属于筹划。

三是必须把握好筹划的尺度。有些"筹划人士"在媒介中发表文章，或者办讲座不断地讲，税收筹划就是利用政策疏漏或弹性进行操作，打"擦边球"。实际上，进行税收筹划不能滥用漏洞或弹性。在一些具体的税收文件中，往往会有"合理的支出和费用可以在税前扣除"，"相关费用可以税前扣除"，"采取实报实销方式支出的费用可以税前扣除"等规定，这些规定明显存在弹性或漏洞。那么，是否可以利用这些规定无限制地避税呢？

比如，有的地方规定，企业因生产经营需要为个人通信工具负担通信费，采取实报实销的不计入当月工资、薪金缴纳个人所得税。有的企业就"充分"利用这种规定，让雇员提供大量的通信费单据实报实销，抵顶部分报酬，目的是规避个人所得税。这种做法税务机关肯定不会同意，不少企业就因为无论个人是否实际有通信费支出，企业都以通信费名义向个人发放现金补助而受到查处。况且，即使某些税务机关允许实报实销的通信费可以税前扣除，企业内部也规定有限额，超过限额就会被调查。

再比如，按照有关规定，由于某些特定事件或原因，给纳税人本人或其家庭的正常生活造成一定困难，其任职单位从提留的福利费或者工会经费中向其支付的临时性生活困难补助可以免缴个人所得税。有些企业就利用这条规定，普遍性地给雇员发放"困难补助"，抵顶工资、薪金，以规避个税。这种做法肯定是不行的。

不可否认，一些地方的税务机关在执行税法时，会出现和国家统一规定不一致的现象。有些地方的规定对纳税人是有利的，纳税人在利用这些规定筹划时，事先需要了解清楚税务机关执法的尺度，明确掌握在何种限度内是被认可的，筹划的底线就是税务机关执法的上限。

◎ 背景资料

2009 年 1 月 1 日实施的《增值税暂行条例实施细则》第二十八条　条例第十一条所称小规模纳税人的标准为：

（一）从事货物生产或者提供应税劳务的纳税人，以及以从事货物生产或者提供应税劳务为主，并兼营货物批发或者零售的纳税人，年应征增值税销售额（以下简称应税销售额）在 50 万元以下（含本数，下同）的；

（二）除本条第一款第（一）项规定以外的纳税人，年应税销售额在 80 万元以下的。

本条第一款所称以从事货物生产或者提供应税劳务为主，是指纳税人的年货物生产或者提供应税劳务的销售额占年应税销售额的比重在 50% 以上。

第二十九条　年应税销售额超过小规模纳税人标准的其他个人按小规模纳税人纳税；非企业性单位、不经常发生应税行为的企业可选择按小规模纳税人纳税。

第三十条　小规模纳税人的销售额不包括其应纳税额。

小规模纳税人销售货物或者应税劳务采用销售额和应纳税额合并定价方法的，按下列公式计算销售额：

销售额 = 含税销售额 ÷（1+ 征收率）

第三十一条　小规模纳税人因销售货物退回或者折让退还给购买方的销售额，应从发生销售货物退回或者折让当期的销售额中扣减。

第三十二条 条例第十三条和本细则所称会计核算健全，是指能够按照国家统一的会计制度规定设置账簿，根据合法、有效凭证核算。

第三十三条 除国家税务总局另有规定外，纳税人一经认定为一般纳税人后，不得转为小规模纳税人。

案例6 无形资产投资的漏洞

部分投资者成立企业集团，或者以集团化经营，并非是为了扩大经营，或者合理划分生产要素，而是为了调节税收。他们往往会成立若干个企业，然后利用手上的其他生产要素"做游戏"……

◎ 企业情况

甲公司是一家品牌服装生产企业，由乙公司投资。近几年甲公司生产规模和销售收入增长较快，经营方式、核算方法及盈利水平虽未发生大的变化，但近几年账面一直处于微利的状况。为此，检查小组决定以甲公司的成本核算和费用开支为检查重点。

检查发现，该公司成本、费用核算的方式方法与往年几乎没有变化，而且成本结转和费用开支都很规范，没有明显的违规问题。

检查组调整了一下分析思路，对成本和各类费用在总费用中的比重进行合理性分析，发现销售费用中的商标使用费占比较大，于是要求该公司作出解释。

公司财务经理马上提供了该企业与乙公司签订的商标使用权协议。根据协议，只要甲公司销售的产品有利润，乙公司就收取每件50元的商标使用费。据此协议，甲公司共支付给乙公司的商标权使用费达2,000万元。

看到如此高额的商标使用费，检查人员联想到甲公司在无形资产中有商标权，并且管理费用中有商标权的摊销费用，经过检查发现是乙公司投资时投入的无形资产——商标权。遂要求甲公司提供商标局发放的商标专用权证明及公告手续，但甲公司仅提供了乙公司将甲商标专用权投资的协议，未能提供相关证明。

对此，财务经理解释说：有关证明和手续仍在办理中。

通过调查发现，乙公司投资到甲公司的商标权并没有办理过户转让手续，并且甲公司还在按照使用协议每年支付商标权的使用费。

在证据面前，公司的财务经理说出了实情。

原来，乙公司当初想成立甲公司，但由于资金不足，遂以投资商标专用权凑数，骗取了工商登记，实际上根本没有办理商标权转让手续。甲公司成立后，甲乙公司同时使用同一商标。为了调节甲公司的利润，两个公司订立虚假的商标使用协议，只要甲公司销售的产品有利润，乙公司就收取每件50元的商标使用费。

而由于乙公司规模较大，隐藏利润较为简便，从而达到逃避企业所得税的目的。

◎ 违章处理

由此可见，甲公司商标权摊销费用及商标使用费都存在虚假问题。最终，检查组全额剔除了甲公司已摊销多年的商标权费用2,000万元，并对列支的商标使用费按照特别纳税调整的规定进行了处理。

◎ 案例分析

《企业会计准则第6号——无形资产》规定，无形资产是指企业拥有或控制的没有实物形态的可辨认非货币性资产。无形资产主要包括专利权、非专利技术、商标权、著作权、土地使用权、特许权等。在日常经济生活中，企业间经常会发生用商标权投资的业务，如果投资双方并未向商标局提交转让注册商标申请书，商标局也未发给被投资方相应的证明并予以公告，则投资行为不成立，企业也不应将投资作为无形资产进行摊销。

上述案例提示检查人员关注两点：一是检查人员不仅要熟悉财务、会计和税收方面的法律法规，还要熟悉与生产经营相关的其他法律法规。在上述案例中，如果检查人员不知道以商标专用权投资需要到商标局办理转移证明及公告等事项，就很难发现虚假投资的问题。实际上，这种虚假投资对以检查会计账簿为基础的税务、财政、审计等部门的检查人员而言，不仅很容易被忽视，而且很难被发现问题。

二是检查中要学会运用比较和分析的方法，当对单个问题分别进行检查时，很可能发现不了问题，但将两个相关或类似问题进行比较、分析时，就容易发现问题。如上述案例中，当检查人员单独检查商标使用费支出和商标权费用摊销的会计处理时，因会计凭证后面的手续和附件齐备，没有发现问题；但将两项费用的处理联系起来分析、比较，就会发现问题的关键。

附: 公司成立初期涉税稽查的思路和方法提示

企业事项的所得税稽查思路

投资人可以选择个人创业，也可以与他人合作。就个人和他人投资创业而言，目前主要有两种形式可以选择，一是与他人合伙，二是合作开公司。合伙企业是指依法在中国境内设立的由各合伙人订立合伙协议，共同出资、合伙经营、共享收益、共担风险，并对合伙企业债务承担无限连带责任的营利性组织。公司是企业法人，有独立的法人财产，享有法人财产权。公司以其全部财产对公司的债务承担责任。

（一）日常操作中的常见问题

由于纳税人对现行政策的规定以及政策变化缺乏正确理解，在投资主体设立过程中往往出现这样和那样的差错，笔者通过十多年的检查实践，同时对一千多个检查案例进行分析，发现企业如果在企业性质确认方面存在涉税问题，往往表现在以下几个方面：

1. 一人公司按无限责任有限公司的税收政策纳税

一人公司应当根据企业所得税法计算纳税，但是，在实务操作环节，由于税务管理工作不到位，或者由于纳税人自己的原因，按照个体工商业户的纳税方法进行税务管理，从而导致少纳税的现象时有发生。

2. 分公司没有与总公司合并纳税。由于分公司应当汇总纳税，所以，有关分公司所在地的主管税务机关对分公司放松管理成为企业所得税的纳税盲点。而这样的分公司就利用税务管理的弱点偷税。

3. 与境内有实际联系的收入没有申报或者汇总申报纳税

在境外注册的企业所产生的与境内有实际联系的收入在实务操作过程中往往难以确认，所以，有关企业也不主动申报。

4.在注册资本上做手脚，虚增注册资金，从而增加折旧的计提，偷逃企业所得税。

对于部分投资人来说，虚增注册资金的主要目的不是偷税，往往是为了经营上的需要，或者争取某种操作资格等，但是，实际上却同时增加了资本摊销额，扩大了折旧的计提数额，产生偷逃企业所得税的效果。

5.对税种认定不清，应当缴纳增值税的却按营业税项目申报纳税等等。

（二）税务检查方法

对上述问题的确认，税务机关的检查人员一般会围绕以下内容进行重点检查：

1.通过对营业执照中公司性质的检查，确认其属于子公司还是分公司。属于子公司的，应当在子公司注册地申报缴纳企业所得税；如果属于分公司，则需要检查其收入和所得是否并入总公司计算缴纳企业所得税，并对其完税情况进行审核和检查。有关具体业务按以下原则处理：

一是总机构设立具有独立生产经营职能的部门，且具有独立生产经营职能部门的经营收入、职工工资和资产总额与管理职能部门分开核算的，可将具有独立生产经营职能的部门视同一个分支机构，就地预缴企业所得税。具有独立生产经营职能部门与管理职能部门的经营收入、职工工资和资产总额不能分开核算的，具有独立生产经营职能的部门不得视同一个分支机构，不就地预缴企业所得税。

二是不具有主体生产经营职能，且在当地不缴纳增值税、营业税的产品售后服务、内部研发、仓储等企业内部辅助性的二级及以下分支机构，不就地预缴企业所得税。

三是上年度认定为小型微利企业的，其分支机构不就地预缴企业所得税。

四是新设立的分支机构，设立当年不就地预缴企业所得税。

五是撤销的分支机构，撤销当年剩余期限内应分摊的企业所得税款由总机构缴入中央国库。

六是企业在中国境外设立的不具有法人资格的营业机构，不就地预缴企业所得税。企业计算分期预缴的所得税时，其实际利润额、应纳税额及分摊因素数额，均不包括其在中国境外设立的营业机构。

七是总机构和分支机构处于不同税率地区的，先由总机构统一计算全部应纳税所得额，然后依照本办法第十九条规定的比例和第二十三条规定的三因素及其权重，计算划分不同税率地区机构的应纳税所得额后，再分别按总机构和分支机构所在地的适用税率计算应纳税额。

八是总机构和分支机构2007年及以前年度按独立纳税人计缴所得税尚未弥补完的亏损，允许在法定剩余年限内继续弥补。

2. 检查纳税人在工商行政管理部门进行登记时所确认的经营主体的性质，即检查其营业执照的内容。重点检查股东的构成情况和企业的性质，如果属于有限责任公司就是企业所得税的纳税人，应当督促有关企业申报缴纳企业所得税。具体的操作还可以通过企业的名称进行分辨，如看企业的名称是否具有"公司"字样，凡有"公司"字样的企业都应当按公司的法律规定进行管理，要求投资人按企业所得税法计算缴纳所得税，对其投资分红则还要计算缴纳个人所得税。

3. 检查境内企业的境外投资、境外投资人在境内设立机构或者视同设立机构的收入和所得的纳税情况。对该事项的检查需要到企业的生产和经营场所的现场进行调查，主要检查有关企业的注册地点、实际生产和经营场所以及管理和控制的场所，察看有关企业的内部控制和管理的业务流程、有关业务合同、账册凭证的记载等情况，从而明确其纳税义务。

4. 检查纳税人的所得税认定和缴纳情况。通过对有关税务认定手续的检查，如软件企业的资质认证手续、高新技术企业的的认定、小型企业的所得税预缴手续的检查和确认，从而明确纳税人的纳税义务的履行情况是否正确。

5. 到企业的现场察看企业的生产和经营情况是否与投资规模相适应，了解投入资产的构成和运用情况，以便确认投资人是否利用不相关的资产作虚假的投资注册等等。

增值税纳税人认定及检查

企业设立环节的增值税检查，其第一件事情就是对相关企业进行税种界定。作为从事投资以及生产和经营业务的纳税人，既可能缴纳增值税，也可能缴纳营业税。目前的生产和经营活动比较复杂，许多纳税人并不知道自己所从事的经营事项究竟是应当缴纳增值税，还是应当缴纳营业税，所以，对一些新办企业进行检查，还存在税种认定的检查和纳税人的确认问题。

一、常见差错

在企业注册和转型环节，投资人需要处理的问题比较多，其中，税种的认定就是一个方面。由于增值税的适用税率为17%或者13%；提供交通运输业服务、邮政业服务的税率为11%；提供现代服务业服务（有形动产租赁服务除外）的税率为6%。

因为上述税种的适用税率比营业税的适用税率（为5%或者3%）要高出许多，所以，部分纳税人在税种认定方面，会有意无意地将增值税混淆成营业税，常见的差错主要有三类：

1. 应当作缴纳增值税纳税人认定的没有作相应的认定，以致本应缴纳增值税的业务却认定缴纳营业税，如对外承包的项目没有作为增值税纳税人管理，而是作为对外出租等，结果是应当申报缴纳增值税的而没有缴纳增值税，从而给本企业带来了涉税风险。

2. 混合销售业务没有作出正确的确认，如销售空调机的企业同时提供安装劳务，有些企业将安装劳务申报缴纳营业税等等。

3. 建筑劳务的混合销售业务处理不当。从事销售自产货物并同时提供建筑业劳务行为的纳税人，没有分别核算货物的销售额和非增值税应税劳务的营业额，因而将建筑劳务缴纳增值税。

4. 纳税人身份的认定不当。2009年1月1日以后，增值税的征税政策发生了变化，税务机关的管理思路也发生了变化，从而引发出一系列的涉税问题，主要问题是未按照规定申请认定为一般纳税人。部分纳税人年销售额达到一般纳税人的限额，应当办理认定手续，但是未申请认定为一般纳税人。

5. 未按照一般纳税人要求建立相应的会计制度，进行成本、费用和销售核算等。

二、检查思路

对增值税纳税人的检查包括对纳税人身份的检查和对增值税业务的检查

两个方面。对纳税人身份的检查主要是看有关企业是否符合一般纳税人的认定条件以及是否按照一般纳税人的管理要求核算和申报纳税；而增值税业务的检查主要是看某笔经济业务应当缴纳增值税还是应当缴纳营业税。其检查的思路和内容主要有以下几个方面：

（一）一般纳税人确认的检查

增值税的税收管理制度将纳税人划分为一般纳税人和小规模纳税人两种。由于一般纳税人和小规模纳税人在税额计算、税款缴纳和会计处理等方面有较大的区别，所以，税务检查人员对增值税进行检查，必然首先对不同纳税人的划分进行检查。

对一般纳税人的确认，由主管税务机关根据税法规定的标准进行认定，税务检查人员实施检查时，会检查如下内容：

1. 检查增值税一般纳税人认定手续是否完备

根据规定，凡符合增值税一般纳税人条件的纳税人，都必须按规定的时限，并如实提供有关证件和资料，向其企业所在地主管税务机关申请办理一般纳税人的认定手续。

纳税人在递交申请报告和提供有关证件和资料后，经审核提供的证件和资料齐全，申请资料内容属实后，填报《增值税一般纳税人申请认定表》方能成为一般纳税人。同时，在其《税务登记证》副本首页上方加盖"增值税一般纳税人"确认专章。

税务检查人员检查时，会重点审核纳税人的"税务登记证"副本首页上方是否盖有"增值税一般纳税人"确认专章，查对各项手续是否完备、真实，有无伪造、涂改和借用等方面的问题。

2. 检查纳税人的年应税销售额是否达到一般纳税人规定的标准

税务检查人员检查时，会重点审核纳税人的《增值税一般纳税人申请认定表》，核对企业申请的有关年度的年应税销售额是否达到了规定的标准，检查申报表与其他财务报表所反映的数据是否一致。应注意的是，对年应税销售额在规定标准以上的，还需检查企业财务会计核算是否健全，财务会计核算不健全，不能向税务机关提供准确的税务资料的一般纳税人，不准使用增值税专用发票，其销售额应依照增值税税率计算应纳税额，不准抵扣进项税额。

3. 检查纳税人的财务会计核算是否健全

按照规定，商业企业以外的其他企业，即从事货物生产或提供应税劳务的企业和企业性单位，以及从事货物生产或以提供应税劳务为主、并兼营货物批发或零售的企业和企业性单位，年应税销售额在规定范围内的，只要财务会计核算健全，能向税务机关准确地提供进项税额、销项税额和应纳税额等税务资料的，经主管税务机关批准，也可认定为一般纳税人。

税务检查人员检查时，会深入调查研究，检查企业有无健全的会计工作组织机构和完善的财务会计核算规章制度，能否进行准确的会计核算；有无历年来的有关税务资料，分析确定纳税人是否有健全的会计核算制度，从而判定是否符合一般纳税人的条件。

（二）小规模纳税人确认的检查

小规模纳税人是指年应税销售额达不到前述一般纳税人规定的量化标准（含年应税销售额在规定的标准以下，无论财务会计核算是否健全的小规模商业企业）、非企业性单位、个人和不经常发生应税行为的企业。

根据现行增值税暂行条例规定，小规模纳税人的规定标准如下：

一是从事货物生产或提供应税劳务的纳税人，以及以从事货物生产或提供应税劳务为主、兼营货物批发或零售的纳税人，年应征增值税销售额在50万元以下；

二是从事货物批发或零售的纳税人，以及以从事货物批发或零售为主、兼营货物生产或提供应税劳务的纳税人，年应征增值税销售额在80万元以下；

三是从事物流服务以及部分现代服务的纳税人，年应征增值税销售额在500万元以下；

四是年应征增值税销售额超过小规模纳税人标准的其他个人、不经常发生增值税应税行为的企业，视同小规模纳税人。

对上述第一类小规模纳税人，只要其有称职的专职或兼职会计人员，有完整的账册，能够按会计制度和税务机关的要求，准确核算进项税额、销项税额和应纳税额，年应征增值税销售额在规定标准以上，经主管税务机关批准，可以认定为一般纳税人。

一般纳税人是指年应征增值税销售额超过小规模纳税人规定标准的企业、企业性单位和个体工商户。

下列纳税人一般不办理一般纳税人认定手续：

1. 个体工商户以外的其他个人；

2. 选择按照小规模纳税人纳税的非企业性单位；

3. 选择按照小规模纳税人纳税的不经常发生应税行为的企业。

符合一般纳税人标准的纳税人，根据《增值税一般纳税人资格认定管理办法》（国家税务总局令〔2010〕第022号）规定，要向主管税务机关办理认定手续，提出书面报告，并提供营业执照、银行账号证明、有关合同、章程或协议书等资料。经主管税务机关审核后，填写《增值税一般纳税人申请认定表》，再经县以上税务机关批准后，在其《税务登记证》副本首页上方加盖"增值税一般纳税人"确认专章。已开业的小规模企业，当其年应纳增值税销售额超过小规模纳税人标准时，可以在次年一月底以前申请办理一般纳税人认定手续。

（三）具体业务的增值税认定

在一般情况下，投资人新办开业，当地主管税务机关的税务管理人员会到该企业的生产和经营现场进行察看，所以，对于多数新办企业的税种认定问题都会在这个环节解决。但是，少数经营项目的税种确认并不能够很直观地确认，而是需要结合具体业务进行分析和判断。所以，对于新办企业的第一次纳税检查，税务检查人员会很小心地将纳税主体的纳税人确认作为纳税检查的一个重要项目进行操作。

对于有混合销售业务的纳税人，如生产和销售金属结构件（包括活动板房、钢结构房、钢结构产品、金属网架等产品）的企业、生产和销售铝合金门窗的企业、生产和销售玻璃幕墙的企业、生产和销售机器设备以及电子通信设备的企业等，税务机关主要检查其是否持有相应的资质证书，签署的有关合同是否符合有关规定等；对于2009年1月1日以后从事销售自产货物并同时提供建筑业劳务行为的纳税人，检查其是否分别核算货物的销售额和非增值税应税劳务的营业额；对从事新兴业务的企业，要检查其有关业务活动的业务流程，比如有些专门从事安全智能系统设计和安装的企业应当缴纳增值税还是营业税？这就需要通过有关业务的具体操作情况进行分析，从而确定应当缴纳的税种。

此外，对于规模较大的企业，还会了解有关分支机构的管理情况，如有外发业务，还要看其是对外承包还是对外承租，看其取得的收入应当缴增值税还是应当缴纳营业税等。

第三章　采购业务稽查案例分析

案例 1　节约采购成本的税收悲剧

原料采购是制造企业从事生产和经营业务活动的起点，也是货物进入企业的主要入口。在这个环节，采购人员根据企业的生产计划进行货物的采购，他们考虑的主要问题是如何在规定的时间内，以比较低廉的价格取得需要的材料，从而保证企业能够正常生产。但是，事实上，对于一个现代企业而言，采购环节也是涉税风险产生的第一关。如果采购人员没有税收意识，企业的涉税风险将由此产生。这里就有一则案例：

◎ 税务稽查

2014 年 10 月 8 日某市国家税务局稽查部门收到一封举报信，反映 A 企业未按规定取得运输发票。

由于该市的运输市场比较混乱，许多小型运输企业之间互相竞争，并且以不正当的手段互相打击对方，所以，当地主管税务机关对一些"举报"也是采取区别对待的态度。不过，这封举报信有些特别，内容相对比较具体，针对性也比较强，于是，主管税务机关就进行了具体处理。

10 月 18 日，主管税务机关派专人对 A 企业 2012 和 2013 年度的纳税情况进行检查，发现该企业 2013 年度接受虚开和代开的运输发票 460 万元。

◎ 稽查处理

主管税务机关根据现行税法的规定，对该企业作出如下决定：补缴增值税 32.2 万元，补缴企业所得税 141.174 万元，加收滞纳金 2.5451 万元，罚款 173.374 万元。

◎ 问题缘由

A 企业为什么会出现如此严重的问题呢？经过调查，事情原来是这样的：

A 企业是一家股份制民营企业，主要从事五金制造和加工业务，是 2011 年通过主辅分离由国有企业改制而来的企业。为了提高生产和经营效益，企业改制后就加强内部管理，自 2012 年度开始实行费用目标管理考核办法。其业务操作的具体流程是：董事会确定销售目标和利润目标，然后办公室根据董事会的目标进行职能分解，并且将各职能部门的工作目标和成本费用捆绑在一起进行考核。

企业的职能部门分别为采购、技术开发、生产、销售和财务部门。以采购部门为例，该公司明确采购部门按公司的要求完成采购任务，同时将采购成本下降率作为该部门的考核指标，明确当年采购费用下降额的 50% 作为该部门有关人员的奖金。

以前，企业一般都与大型运输企业合作，完成运输任务，但是运输成本较高。公司改变考核方法以后，为了降低公司的运输成本，采购人员想方设法节约运输费用。

他们首先想到的是将合作伙伴改成中小型运输企业，有效地降低了运输成本。接着他们还尝试着与当地的个体运输专业户和个人车辆合作，从而进一步降低了运输成本，公司的采购人员也在这些活动中得到了很大的经济收益。

最近两年，运输业务又有了进一步细化。有人发现，如果与那些回程运输车辆合作，可以更进一步降低运输成本。于是，一种专门从事信息收集和交流的机构——货物配载中心应运而生。该公司的采购人员当然无法拒绝货物配载中心的低价格服务，于是，又与当地的货物配载中心合作，从而大大降低了运输成本。

对于配载中心提供的外购发票，A企业的采购人员也没有感觉到有什么不妥。因为他们将有关货物送企业仓库验收入库后，将货物发票与运输发票经"一支笔"签字后给财务部门，财务人员也没有认为这张发票存在什么问题。

财务人员的操作流程是，审核发票载明数量与入库单是否一致，报销金额凭企业"一支笔"签字同意报销的金额确定。对上述指标审核后，有关票据即可入账。况且，他们在运输发票申报抵扣增值税进项税额时，税务机关也没有提出不同意见。

但是，由于货物配载中心本身没有车辆，而只是提供信息服务，所以，他们无法提供自己的运输发票。而作为实际承担运输的过路车辆，由于他们是过路运行，载货往往是驾驶员的个人行为，他们也无法提供运输发票。为了解决运输单位的费用入账问题，"配载中心"就通过其他渠道购买或者以自运的名义向当地税务机关代开运输发票给有关单位入账，而运输单位具体负责运输业务的采购人员并不了解这样操作存在虚构的成份，是违法的。

分析以上业务，虽然有关事项经过了采购、审核和入账三个环节，事情发生在采购环节，但是采购人员不知道自己在日常经营过程中的做法是错误的，他们关心的是所采购货物是否符合生产要求，价格是否合理；审核人员只会关心采购部门是否按计划采购，以及采购货物的数量、质量和支付的费用是否合理，一般不会想到有关票据上还存在涉税问题；而会计人员只会关注该支出项目是否经"一支笔"批准，据以入账的凭证和有关资料是否齐全，然后考虑的是在哪些科目中反映这笔业务……在这个案例中，从表象化上看，问题就出在"专业分工，大家各管各的事情"上！

◎ 案例点评

投资人投资一个企业，都想取得良好的投资回报。而投资人的投资活动，从开始到收回投资，其间存在一个过程，而这个过程又可以划分成若干环节，如在企业设立的时候有投资地点、行业选择，企业规模、经营方式的安排等；而企业正常经营则有原材料的采购、生产、销售等环节。这些环节的每一步都涉及税收问题。以下是一个常见的例子：企业用现金购买原材料，按照职能分工是由企业的采购人员来完成的。当货物入库以后，采购人员将购货发票交给法人代表签字后，通知会计人员入账。会计凭签字后的发票和货物入库单入账，申报抵扣购进原材料的增值税。但是五个月以后，税务机关查实该笔采购业务所取得的发票不符合税法规定，属于偷税行为，企业补缴税款后还受到税务机关的处罚。应对纳税检查，就是要在纳税人涉税事项的第一个环节着手，强化有关人员的涉税意识，在完善有关业务流程上下功夫。

这里需要解决一个认识上的误区。在日常生产和经营过程中，许多企业的负责人认为，与税收有关的一切事项都应当由财务人员来负责。久而久之，财务人员也认为，一切涉税事项应当由自己来负责。但是，这些财务人员在处理涉税事项的过程中也感觉到，许多涉税事项他们想负责，但是无力负责；他们想处理，但是没有资格来处理；他们想控制，但是没有权力来控制！为什么会出现如此尴尬的状态呢？其实原因很简单，按照工作职能，目前企业财务人员所从事的工作，都是一些事后反映（核算）的经济事项。而与该经济事项有关的纳税义务在到财务人员手中之前就已经产生了。如果财务想处理与这个经济事项有关系的涉税事项，他们所能够做的工作就是按规定计算应纳税款。

如果要对刚才的采购业务进行分析，导致企业补税罚款的问题出在哪里？责任应当由谁来承担？在现实生活中，多数老板往往会将责任落实到财务人员头上，认为财务人员没有为他解决税收问题。但是，事实上问题出在采购人员那里！纳税人如果要将材料采购的涉税风险问题解决，当然应当从采购环节开始！如果将投资和生产经营的全过程展开分析，人们就不难发现，纳税义务的发生和实现，80%以上不在会计和财务环节！因此，我们同样也可以得出这样的结论：税收筹划和规避涉税风险的重点应当在投资、生产和经营等业务流程方面。通过实践我们也可以发现，有些涉税事项通过会计人员来处理，属于偷税；而通过前面生产或者经营环节来处理，则属于税收筹划。因此，我们不能认为企业会计和财务人员就能够解决所有的税收问题。

有没有在合法的前提下操作的环节呢？当然是有的，但是多数企业主要不在企业的财务环节，而是在业务操作环节，比如采购环节，生产环节和销售环节等等。进行纳税检查的应对活动，应当建立"全员管税"理念，关键是平时的基础工作要做好。

案例 2　购买他人发票损失自己的钱财

企业堵塞"跑、冒、滴、漏"，提高生产和经营效益，降低管理费用的开支是一个重要环节。所以，多数企业对日常杂务的支出，比如办公用品以及其他低值易耗品的购买和支出都安排专人负责。目前对于以办公用品为代表的企业低值易耗品的经销，既有规模企业（一般纳税人），也有小规模纳税人，甚至还有临时经营者。而不同的经营者，由于其经营成本不同，商品的销售价格也有所不同。因此，就给有关企业带来成本核算和涉税风险权衡方面的问题。这里有一则案例：

◎ 基本案情

小王是某公司的总务，同时负责日常办公用品的采购工作。为了贯彻公司的采购成本控制要求，她总是力求在保证质量的同时，争取以最低的价格购买办公用品。2013 年 2 月 8 日，小王又外出采购一批小型计算器，她走访了三家经营同样商品的企业，其中有一般纳税人 A 企业、小规模纳税人 B 企业和临时经营者 C。通过调查她发现，临时经营者 C 销售该产品的价格最低，比一般纳税人 A 企业的价格要低 15%，但是在购买时不能取得发票。最后，她向价格最低的临时经营者 C 购买了她需要的东西。

小王的做法得到了老板的肯定，但是，却无法向财务部门报账。就在她为报账问题而纠结的时候，小王接到一个短信，说深圳某企业可以按开票额3% 的价格提供增值税专用发票，并且承诺可以先提供发票，让购买方到当地税务机关比对、论证，申报抵扣税款以后再付款。

小王将此事向公司负责人刘老板作了汇报，刘老板认为不妨试一试，他认为，反正如果税务机关论证时不通过就不付款，企业也不存在什么损失。

于是小王与深圳某企业取得了联系，果然，该企业在第三天就将小王所需的增值税专用发票通过快递发过来了。刘老板签字以后，小王就到公司的财务科结账。从事内部管理的财务部李经理并不了解前面是如何操作的，他见发票手续齐全，有关数据与入库单一致，于是就接受了这张发票。

当月财务部李经理就按照正常程序做账，并到当地主管税务机关申报，这张发票也顺利过关。小王经刘经理批准后，如期给对方支付了开票款。

由于在这张发票上尝到了"甜头"，后来，小王又在刘经理的授意下如法炮制，自2013年2月8日至2013年10月8日，接受深圳某企业开出的增值税专用发票5份，合计金额450万元。

◎ **税务稽查**

但是，2014年1月28日，当地税务机关接到深圳税务机关的协查函，顺藤摸瓜，到该企业进行检查，对以上事实进行了处理。结果补税76.5万元，同时处以一倍罚款。

对这突然出现的153万元损失，刘老板心理上无法接受，但是又不能改变事实。

在对有关责任人进行处理的时候，刘老板认为：造成153万元损失第一责任人是财务部李经理，所以，李经理当然受到辞退处理。

对于这个处理结果，李经理也认为自己的工作没有做好，是咎由自取！

◎ **案例分析**

介绍完这个案例，我就想到一则寓言故事：狮子不满足自己总是逮一些小的野兽，因为这只够它一时充饥，它想着捕获一头高大的动物，这样就可以安心地吃几天，不必每天再为猎物着急了。它看中了一头大公牛，但是公牛很高大健壮，有着尖利的牛角，如果是正面交锋的话，恐怕很难得逞，而且很有可能受伤，因此它打算施展狡计智取。

一天，狮子对公牛说："朋友，我杀了一头羊，你如果愿意的话，就到我那里，我设宴款待你，我那里有许多你喜欢吃的东西。"狮子想趁公牛躺下来的时候把它杀死。

公牛到了狮子那里，只见在院子里摆了许多的铜盆和大铁叉，根本没看见羊，心想一只羊哪用得了这么多的工具，狮子分明是别有企图，于是它一声不吭地准备离开。

狮子责问它："你为什么刚来就要走呢？"

"因为我看出那些准备的器具，并不是为了吃羊，而是为了吃牛的。"公牛说完走开了。

在这则寓言里蕴含着一个大智慧：有些人打出的骗人的幌子正好暴露了他的目标，正所谓"此地无银三百两"。

但是，在现实生活中往往不是这样的，有些拥有智慧的人却因看不出"狮子的企图"而受骗上当。导致该企业发生"惨重损失"的根源在哪里？这个问题实在值得人们去深思。目前销售发票的短信满天飞，其中既有真的，也有假的，但是没有一张是合法的。问题是为什么还有"发票经营"市场呢？多数人不是看不清"狮子的企图"，这里的关键在于利益的驱动和侥幸心理在作怪，说到底还是部分纳税人的法治意识不强！

对于该企业而言，李经理的失误仅是没有细看发票的来源，但是，问题的根源却是刘老板缺乏起码的税收法律意识！

案例3 企业取得第三方发票的税务稽查

◎ 企业情况

苏南春风服装有限公司（以下简称服装公司）是一家规模不大的服装生产企业，该企业 2011 年 3 月 18 日注册成立，在成立的初期企业处于亏损的状态，两年里亏损合计 125 万元，经过全公司上下的共同努力，2014 年才实现扭亏为盈，到 2014 年 12 月底，服装公司实现销售收入 8,360 万元，实现利润 238 万元。

◎ 税务稽查

2015 年 1 月 28 日，当稽查人员到服装公司进行纳税检查时，发现一笔业务有问题：

该企业接受的增值税专用发票中注明的供货方为天津某生产企业，而服装公司的货款支付方却是当地市场的个体工商户李某，发票开出方与货款接受方不一致。

于是，税务机关最后认定为代开发票行为，发票上注明的增值税款6,559.88 元不予抵扣，同时罚款 10,000 元。

◎ 业务分析

服装公司的这个成绩来得实在不易，大家知道，服装行业是一个微利行业，做服装生产业务，老百姓称之为在针尖上削铁！瞧，服装公司的老板狠抓企业的管理不放松，重点关注容易"跑、冒、滴、漏"的环节，其中材料采购就是老板重点抓的一个环节。每次生产的主要原材料都是老板自己外出进货，对于部分辅助材料，该企业的老板也要自己看样，然后定货。

2014 年初，服装公司总经理王祥到当地最大的综合性百货商场看货，他希望采购最近将要生产的一批服装所需要的钮扣。他在李某的柜台前发现一种钮扣很合他的心思，于是就与其交流。通过谈判，约定一笔钮扣供应生意。

事毕，王经理反复提醒：我公司是一般纳税人企业，我们采购货物，需要对方提供能够抵扣 17% 的增值税专用发票。你能够提供吗？

个体经营者李某满口答应：没有问题。这样吧，到时候你看货给钱！同时向王经理索要了一张注有服装公司税号等相关信息的名片。

就这样，该个体户李某从天津购进价值 38,587.50 元的钮扣给服装公司，购物时按增值税专用发票开具的要求直接从天津某商场开到服装公司，购货款由个体户当场付现金，回来后再与服装公司结算，显然李某的意图是为该服装公司代购钮扣。

一年以后，当稽查人员到服装公司进行纳税检查时，发现该笔业务有问题：该企业接受的增值税专用发票中注明的供货方为天津某生产企业，而服装公司的货款支付方却是当地市场的个体工商户李某，发票开出方与货款接受方不一致。

对于税务机关的处理，王经理很不服气，他说："我在购买前专门咨询了一个专家，他认为这样操作是可以的呀！"

◎ 专家提示

如果企业取得第三方发票怎么办？这是笔者经常遇到的咨询问题，事实上，此类问题目前比较普遍。在一般情况下，购销活动都存在一一对应的关系。分析该案例，对我们从事税收策划不无帮助。

该个体户与服装公司的业务实际上是一代购行为，遗憾的是他们的手续不够规范。据介绍，时下类似这样的例子很多，如果涉及此类业务的双方能够有一方认真研读一下有关文件精神，或者事先请教一下税收策划专家，补税罚款的消极后果完全可以避免。

现行税收政策明确：代购货物行为，凡同时具备以下条件的，不征收增值税；不同时具备以下条件的，无论会计制度规定如何核算，均征收增值税。

（1）受托方不垫付资金。

（2）销售方将发票开具给委托方，并由受托方将该项发票转交给委托方。

（3）受托方按销售方实际收取的销售额和增值税额（如系代理进口货物则为海关代征的增值税额）为委托方结算货款，并另外收取手续费。

根据以上规定，在具体的经营活动中要注意把握以下几点：

1. 要明确代购关系。在该案例中，经营钮扣的个体户李某与服装公司洽谈并明确该业务时，服装公司要与李某签订代理业务合同，明确相关权利和义务。

2. 个体户李某不垫付资金。当服装公司与李某明确代购业务关系之后，应该先汇一笔资金给李某，然后由李某利用这笔资金出去采购钮扣。

3. 个体户李某以服装公司的名义购买钮扣。李某按照服装公司的要求购买货物，同时索要有服装公司抬头、税号的增值税专用发票，并将发票与货物一起交给服装公司。

4. 李某与服装公司根据代理协议中议定的服务费标准结算手续费，结算时要有合法的手续和凭证。

◎ 案例点评

随着经营活动的进一步深入，企业的业务流程就会复杂起来。如果当事人能够理清有关业务关系，问题是不可能发生的。目前的问题是，有关当事人并不了解（或者并不真正理解）税收法律和法规有关代销、代购以及委托加工等具体业务的规定，从而陷入涉税陷阱。

在实务过程中还有一个善意取得虚开的增值税专用发票的认定问题。

税务稽查部门在办案中，对纳税人取得虚开的增值税专用发票进行处理时，有两种不同的处理方式：税务稽查部门认定纳税人属于善意取得虚开的增值税专用发票，对其不以偷税或者骗取出口退税论处，但纳税人已经抵扣的增值税进项税额或者取得的出口退税，必须依法追缴。若税务稽查部门认定纳税人非善意（即恶意）取得虚开的增值税专用发票，必须追缴纳税人已经申报抵扣的增值税进项税额和税务部门已经退还的出口退税额，同时，对纳税人按照偷税和骗取出口退税予以处理，处以偷税、骗税额五倍以下的罚款。

但是，如何判定是否善意地取得虚开的增值税专用发票，在操作中有一定的难度，对于这个问题，税务机关会从以下几个方面进行判定：

一是从纳税人是否有货物交易行为上判定。

税务稽查部门在对纳税人取得虚开的增值税专用发票进行检查的时候，首先会核实清楚纳税人是否真正发生购销业务往来，在对纳税人有关财务凭证、仓库资料、相关证人进行实地调查后，证实纳税人在取得虚开的增值税专用发票期间，并没有货物交易，此时，税务稽查部门会认定纳税人不是属于善意取得虚开的增值税专用发票，即恶意取得；

二是从发票有关内容是否一致上判定。

主要有三种情况：一是供货企业和增值税专用发票开票方是否一致。若供货企业和增值税专用发票开票方不一致，税务稽查部门会认定纳税人属于非善意取得虚开的增值税专用发票；二是供货企业和增值税专用发票上货物名称不一致，税务稽查部门会认定纳税人属于非善意（即恶意）取得虚开的增值税专用发票；三是取得供货企业开出的非供货企业所在地的增值税专用发票，税务稽查部门会认定纳税人属于非善意取得虚开的增值税专用发票。

三是从发票和货物之间的关系上判定。

1. 货物和发票不是由开票方一并提供。（1）先有发票后有货物。若纳税人自己购货，并向第三方取得增值税专用发票，说明纳税人主观上具有偷税意识并作出具体行为，税务稽查部门会认定纳税人不是善意取得虚开的增值税专用发票，即恶意取得。（2）先有货物后有发票，若纳税人先从别处取得增值税专用发票，而后另外购货，此时，税务稽查部门会认定纳税人不是善意取得虚开的增值税专用发票，即恶意取得。

2. 货物和发票由开票方一并提供。（1）开票方有货物，但用第三方的发票。纳税人向供货企业购货的时候，供货企业销售属于自己的货物，但是却使用别人的发票，此时，若纳税人不知道这些情况，税务稽查部门会认定纳税人属于善意取得虚开的增值税专用发票。（2）开票方无货物，但用的是自己购买的发票。纳税人向供货企业购货的时候，供货企业当时没有货物，用别人的货物销售，但是开具的却是供货企业的发票，此时若纳税人不知道这些情况，税务稽查部门会认定纳税人属于善意取得虚开的增值税专用发票。

四是从资金结算往来情况上判定。

1. 银行结算。纳税人取得虚开的增值税专用发票：（1）若有关银行不是直接和开票方进行结算，那么税务稽查部门会认定纳税人属于恶意取得发票。（2）若纳税人原始凭证所附银行支票头虽然和发票相关内容一致，但是支票内容不一致，那么税务稽查部门会认定纳税不是善意取得增值税专用发票（即恶意取得）；若税务稽查部门经在有关银行调查，发现支票头和支票内容一致，但是开票方私自通过银行背书转让给第三方，些时，尽管货物结算和开票方不一致，但是责任并不在纳税人，税务稽查部门会认定纳税属于善意取得虚开的增值税专用发票。

2. 现金结算。根据现行会计制度，原则上纳税人日常经营超过一定数额的，应该通过银行进行结算，但是，目前并没有规定现金交易不合法，因此，对纳税人取得虚开的增值税专用发票，若是现金交易的，要依据现金交易量是否合理来判定；若现金交易金额巨大且超过 5 万元，税务稽查部门可认定其属于非善意（恶意）取得虚开的增值税专用发票。

五是从纳税人是否故意隐匿事实的情况上判定。

对于纳税人来说，可能取得供货企业多份虚开的增值税专用发票。但是，对税务稽查部门来说，囿于一些原因，可能当时并不知道纳税人究竟取得多少份虚开的增值税专用发票，纳税人又不提供全部虚开的增值税专用发票的实际情况，日后税务稽查部门再对剩余虚开增值税专用发票进行查处，若在此之前，已经对同一供货企业的发票进行处理，此时，不管纳税人过去接受该供货的发票是否属于善意，对这些补查的发票都会按不是善意（即恶意）取得虚开的增值税专用发票进行处理；若在此之前，没有对供货企业的发票进行处理，此时，税务机关会按照实际情况处理。

案例 4 "飞过海"销售发票的查处

江南振业有限责任公司是一家商行，增值税一般纳税人，2012 年度实现销售额 850 万元，主要从事印刷纸张及辅料的批发、零售业务，公司没有印刷设备，也没有从事印刷生产的能力。

◎ 稽查案例

2013 年 2 月 18 日，该企业的主管税务部门对其 2012 年度增值税纳税情况进行了检查，在税务检查过程中发现企业在销售业务流程中存在问题。

该商行为了招揽生意，先将印刷纸张、辅料等商品赊销给一些小型印刷厂或经营中间人，这些小印刷厂、中间人将赊购的材料加工为印刷成品后，出售给第三方。由于这些小型印刷厂、经营中间人不具备增值税一般纳税人资格而不能使用增值税专用发票，因此，如果购货第三方需要增值税专用发票，则再由该商行为第三方购货人代开赊销商品金额范围之内的增值税专用发票，发票上的货物名称为印刷品。第三方购货人将货款直接使用银行转账方式支付给该商行，抵减小型印刷厂、中间人原先赊欠的货款。不足或超出的货款，由该商行直接向小型印刷厂、经营中间人收取或以货补足差额。

该商行在此项业务的财务处理中，记账凭证上记录销售印刷纸张、辅料等商品收入，记账凭证附件中则附有代开的增值税专用发票和出售印刷纸张、辅料等商品的相关原始资料，记账凭证中所计提的增值税销项税额与所附的增值税专用发票的销项税额一致。并且该商行每月向当地税务部门申报的纳税资料中，都有开具增值税专用发票的销项税额和其他明细资料。

◎ **税务认定**

税务机关认为，以上操作方式属于为他人虚开代开增值税专用发票的行为。该商行在2012年1月1日至2012年12月31日期间，为他人虚开代开398份增值税专用发票，虚开专用发票的票面金额为114.71万元，涉及增值税销项税额19.5万元。

◎ **税务处理**

按照《国家税务总局关于加强增值税征收管理若干问题的通知》（国税发〔1995〕192号）文件第二条（该条已被废止）规定，税务部门作出了按票面所列货物的适用税率全额补征增值税款19.5万元、加收滞纳金5,000余元和处以一定数额罚款的处理。同时，税务部门也对此案涉及的小印刷厂、经营中间人进行了立案检查，查补增值税款7.6万元，同时加收滞纳金，并处以一定数额的罚款。

◎ **筹划思路**

其实，如果该商行一开始从企业发展的长远利益出发，在经营此项业务之前，就采用合法的税收筹划手段，利用符合税法规定的委托加工方式进行详细周到的策划，不仅不会出现上述的涉税法律风险，还可以招揽生意，进一步做大做强企业，甚至还会降低企业所得税的税收负担。

税法规定：在中华人民共和国境内销售货物或者提供加工、修理修配劳务以及进口货物的单位和个人，为增值税的纳税义务人，应当依照税法规定缴纳增值税。税法所称加工，是指受托加工货物，即委托方提供原料及主要材料，受托方按照委托方的要求制造货物并收取加工费的业务。

依据上述规定，我们就可举一反三进行相关业务的税收筹划。类似以上的业务可以按以下步骤来进行筹划操作：

第一步：加工企业将接到的加工业务转让给销售商。小型印刷厂（以下简称加工企业）接到第三方购货人（消费者）的加工印刷业务（以下简称加工业务）后，只需先与该商行（销售商）协商妥当利益分配，将此加工业务转让给该销售商。

第二步：销售商委托加工企业加工生产出需要的产品。销售商再与加工企业签订委托加工合同，由销售商提供主要的印刷纸张、辅料等原材料，并委托加工企业进行此项业务产品的印刷和其他加工业务。

第三步：销售商收回委托加工产品并销售给消费者。加工业务完成后，由销售商提货再发送给消费者，由销售商开具增值税专用发票给消费者，并及时收回货款。

◎ 筹划结论

通过以上筹划，可以达到两全齐美的效果。

加工企业通过销售商的配合可以与一般纳税人的消费者进行正常交易。加工企业因不具备增值税一般纳税人资格，可直接到当地税务部门申请代开3%的增值税专用发票给销售商，收取加工费或经营业务利益。同时，加工企业也不需要承担销售商所提供的印刷纸张、辅料等货物这部分收入的税收负担，更减少了企业所得税（或个人所得税）的应税收入。

销售商不仅增加了收入，获得了商品销售利润，增加了销售额，而且不会承担虚开代开发票的涉税违法风险，还可享受抵扣加工费3%的进项税额，并增加准予企业所得税前扣除的经营成本，降低所得税负担。

采用委托加工方式筹划，明显规范了商行、小印刷厂和第三方购货人三者之间的财务核算，也避免了第三方购货人因取得虚开代开增值税专用发票而进项税额不允许抵扣所造成的损失，为企业合法经营、做大做强创造了有利条件。

另外，商行与中间人之间，只要进行协商，签订雇佣合同聘任为职工，实行经营业务与工资相挂钩的考核办法，每月预发基本工资，年终按效益结算。中间人承揽加工业务时，参照上面商行与小印刷厂的筹划方案进行实际操作。这样做不仅能体现出上面方案三个明显的筹划效果，还能将发放给经营中间人的工资在税法规定的数额内在企业所得税前扣除，更加有利于降低商行的企业所得税税负。

当然，在实际操作筹划方案时，一定要谨慎细微，既要懂税法具体规定又要熟悉业务经营，不能出现丝毫差错，否则会得不偿失。

◎ 案例点评

现实生活中常常存在这样的现象：由于小型商行的业务规模比较小，他们往往会因为不能达到一定的销售规模而担忧无法通过一般纳税人的资格年检；而有些小型加工企业又因为没有增值税专用发票，为不能与规模企业进行正常的交易而发愁。如果这两类企业结合到一起，就会发生本案所述的现象。对于多数小规模企业的经营者来说，由于他们的知识积累有限，又没有能力聘用相关人才，往往是自己"悄悄地"操作，从而陷入法律误区。

案例5　利用代理票据抵扣进项税

某市国税局第一税务分局2013年4月在进行资料稽核时，管理软件产生的A化学品有限公司《资料稽核情况表》、《资料稽核情况提示》反映：该企业2012年12月的税收负担明显偏低，于是将该户列为风险应对的对象。

通过对日常申报资料进行逻辑分析和比较，税务机关发现该企业的存货等项指标有疑点，再通过对该企业的增值税进项抵扣凭证明细表进行进一步分析，发现该企业出现进口货物抵税等异常情况。于是，根据实际情况并结合征管软件中的税务登记情况、发票领用存情况以及增值税征收台账等对该企业进行全面综合的评析。

◎ 企业情况

该企业是增值税一般纳税人，属于化学品制造业，主要从事化学品的生产和经营业务。2012 年 1~12 月纳税申报的应税收入为 35,001,506.45 元，主营业务成本为 28,943,124.9 元，销项税额为 5,950,255.65 元，进项税额为 928,976.38 元，进项税额转出 10,373.95 元，实际缴纳税款为 1,315,747.7 元，税收负担率为 3.76%。这个数据低于以往年度，属于明显异常。再审核其纳税申报表与财务会计报表，并没有发现该企业存在明显的涉税问题。

◎ 税务稽查

那么，该企业 2012 年度的税收情况为什么会出现明显的波动呢？检查人员首先跟该企业的法人代表和财务负责人进行了交流，请纳税人带上相关资料到税务部门进行说明。

通过交流，纳税人认可了如下事实：该企业的销售人员 2012 年 12 月 16 日接到一笔生产甲产品的业务，而生产甲产品需要从国外进口防水剂和吸湿排汗整理剂，因此，就进口了以上货物 1,577,786.75 元，从而抵扣增值税进项税额 268,223.75 元。与此同时，企业还提供了一套完整的进口业务资料。

在一般人看来，这是一笔正常业务，评税工作可以就此结束了。但是负责该案的检查人员并没有就此结案，而是对有关资料进行了认真的分析，他们检查了如下资料：

一是检查企业是否有进出口经营权。

二是检查企业是否是代理进口，有无相应的代理合同，合同的内容是否符合常规。

三是检查是否是虚构进口业务，与进口常规、费用发生是否反常，他们主要从货物品名是否涉及不同类商品，是否明显有悖于货物进口常规，有无相应的进口地至报关地货物运输、保险、佣金等费用的发生，货物"进口"与相应的费用发生是否具有明显违反常规的其他特征等方面进行检查。

四是检查资金结算方式是否存在异常：主要检查有关业务是如何结算的，如果是现金，是否是大额现金；如果是商业汇票，是否是经过多次背书，并且将有关业务与真实进口业务的结算方式比较，看是否具有明显异常的特征等。

通过对纳税人提供的资料进行进一步检查，检查人员发现：A 没有进出口经营权，于是就委托 N 对外贸易有限公司代理进口业务，双方签署了《进口代理协议》，而且在委托合同上明确"如无需甲（代理方）方开具增值税发票，甲方收取进口货物的 1% 管理费；如需甲方开具增值税发票，甲方收取增值税发票金额的 1.5% 管理费"。作为代理方 N 对外贸易有限公司也收取了代理费用 14,534.6 元，并开具了收费发票。对《海关进口增值税专用缴款书》有关项目进行检查，发现其中的国际代码也不是 A 化学品有限公司的。

根据国家税务总局国税发〔2005〕6 号文件第六条第四款规定，该份《海关进口增值税专用缴款书》不能在 A 化学品有限公司抵扣增值税。

◎ 税务处理

通过对有关文件的学习，该企业的负责人认识到自己的行为属于违法行为，因此立即按照税务机关的要求补缴了税款 268,223.75 元和 28,163.49 元滞纳金，同时根据《税收征管法》第六十三条的规定，该企业被处以 0.5 倍的罚款。

在月底，该企业扣发了财务负责人张经理的奖金 3,000 元。

◎ 分析点评

企业的进出口业务，就是将货物从国外采购到国内或者将产品送出国门。由于有关事项影响到一个国家的主权，所以，国家一般都会制定比较严格的管理制度和措施来实现主权（征税）。所以，在这个环节的经济事项是存在涉税风险的。

本业务的涉税问题是进口环节产生的，还是会计核算环节产生的？当与有关部门的业务人员进行交流的时候，企业人员对企业有无进出口经营权以及与进出口业务有关的税收政策都一无所知。所以，最终企业受到处罚也就在情理之中了。

采购业务增值税检查技巧

增值税进项税额是增值税纳税人购进货物或应税劳务所支付或负担的增值税额。凡经认定为增值税一般纳税人，应按规定准确地核算进项税额。增值税进项税额在"应交税费"科目下设置的"应交增值税"明细账中的"进项税额"专栏进行核算。增值税的进项税额确认得正确与否，直接影响到增值税一般纳税人的税收负担水平。对准予从销项税额中抵扣进项税额的检查，包括对扣税凭证的检查和对进项税会计处理的检查两个方面。

1. 增值税专用发票的检查

纳税人从事生产和经营活动，就需要向他人采购原资料、取得商品，作为增值税一般纳税人，在取得原料，购进商品的过程中，应当向销售方取得相应的商事凭证，这就是发票，如果发票是符合扣税条件的，就是增值税扣税凭证。

常见问题：

作为一般纳税人的企业接受虚开代开的增值税专用发票并申请抵扣了税款。

可以这样说，如果销售额一定的话，纳税人取得能够扣税的凭证越多，那么，在当期需要缴纳的增值税就越少。增值税的扣税凭证与应纳税额是成反比关系的。所以纳税人往往千方百计从各种渠道取得能够抵扣增值税的纳税凭证，甚至不惜走上犯罪的道路。其实，企业接受不符合规定的增值税专用发票目前不是个别现象，由此可见，接受不符合规定的增值税专用发票抵扣增值税，不仅会给国家造成税收流失，更可能给有关企业带来严重的后果。

检查思路和方法：

结合企业当期主营业务情况检查增值税专用发票的取得的内容和数量是

否符合实际情况，是否符合有关规定：

一是检查当期增值税专用发票比对认证情况；没有通过税务机关比对认证的增值税专用发票不能抵扣增值税进项税额；

二是检查企业购进环节取得的增值税专用发票所含金额与该企业向税务机关申请抵扣的金额是否符合逻辑关系，如果认证额等于或者大于申请抵扣额一般属于正常。

三是注意检查日常消耗品的购进数量是否符合常理。目前存在部分企业利用商业企业的增值税专用发票管理和控制不严的特点大量开具增值税专用发票抵扣税金的现象，如办公用品以及加油站的汽油和柴油票据等。

四是检查有关企业是否存在从第三方取得增值税专用发票的问题，这个问题可以通过会计凭证后面的附件中发现有关苗头。在采购货物的会计凭证中检查时，如果存在用于采购货物的银行汇款单上的收款人抬头与取得的增值税专用发票上的抬头不一致，则需要进一步查询产生这个现象的具体原因。在一般的情况下，是纳税人取得第三方代开的发票造成的。

2.海关完税凭证检查的应对技巧

常见问题：

企业取得虚假的海关完税凭证或者其他不符合规定的海关完税凭证申报抵扣了税款。

检查方法和思路：

一是通过网络系统向海关进行协查；二是到企业现场对有关凭证相关的业务的真实性进行检查；三是通过与进口业务有关的其他业务凭证进行配套检查。经调查发现，目前利用假海关完税凭证偷税活动的主要形式有以下几种：

其一，伪造或销售伪造的海关完税凭证。犯罪分子伪造海关完税凭证进行虚开，然后通过电话短信、网上信息、上门推销等方式与受票企业联系，以为受票企业代理进口业务为名，将假海关完税凭证连同货物转给受票企业，或按票面价款的一定比例直接销售给受票企业。这是利用假海关完税凭证偷税的基本手法，且犯罪分子多以虚假公司或大公司为掩护作案。如深圳市达通物资有限公司、深圳市物资集团公司均以虚假身份注册，专门从事假海关完税证经营业务，涉嫌伪造假海关完税凭证多份，占被调查假海关完税凭证半数以上。

其二，为虚开增值税专用发票而大量购进假海关完税凭证。犯罪分子利用假身份证注册成立公司，申请为一般纳税人，购进大量假海关完税凭证，然后从税务机关领购电脑版增值税专用发票向外虚开。在这种情况下企业偷税金额一般较大，并且同时存在虚开增值税专用发票的犯罪行为。这种情况在我市还未发现。

其三，购进假海关完税凭证抵扣税款。一些产品具有高附加值的中小型生产加工企业或中小型商贸批发企业为降低税收负担率，非法购进假海关完税凭证用以偷税。这种情况下企业实际税收负担率应该较高，一般还存在利用虚开的增值税专用发票偷税的行为。如某公司，在实际税收负担率较高的情况下，为达到少缴税款的目的，非法购进假海关完税凭证4份抵扣税款，使实际税收负担率由原来的5%降低到0.5%。

其四、在购进货物时无意识取得假海关完税凭证抵扣增值税税款。主要是一些中小企业对进口业务不熟悉，在购进货物时，不能正确判断海关完税凭证的真假，被动接受对方提供的假海关完税凭证。如某企业，在购进货物时，辨不清真假海关完税证，糊里糊涂地取得假海关完税证2份，抵扣税款4万多元。

从税务稽查的角度讲，假"海关完税凭证"在纸张、格式上仿真程度已达到了较高水平，如只单纯针对票面的真伪进行审核检查，往往无法达到预期效果。而将海关完税凭证的记载内容、票面特征与查账过程中获取的企业财务和经营信息对比分析，可以发现其为假票的"蛛丝马迹"。但是，如果作为违法犯罪案件的定案证据，确认海关完税凭证的真伪，则应经海关审核确认并出具有关证明文件。

3. 农业产品发票的检查

我国是一个农业大国，要提高我国的国民经济运行质量，关键是提升农产品的附加值。所以，我国从各方面都对农业生产和经营给予优惠，当然税收也不例外。但是，由于农产品生产分散，对其管理环节存在一定的操作难度。

常见问题：

企业虚拟农产品收购业务，从而虚开农产品收购发票。目前农产品收购凭证存在如下问题：

一是客观上造成了偷税漏洞。税收政策规定一般纳税人向小规模纳税人购进的免税农产品，可按小规模纳税人开具普通发票买价的13%扣除率抵扣税款。然而，有些企业几乎不索要普通发票，而是以不要发票，适当压低产品价格，自行填开农产品收购凭证进行抵扣，并以此向中间商索要好处，从而使这些中间商既不办理税务登记，又不领取普通发票，造成大量税收流失。这是经营农产品的企业中比较普遍的现象。

二是造成增值税上、下家脱节，给部分企业造成了偷税的可能。如一些村办食品企业（一般纳税人）向外市肉联厂出售其收购农民的生猪，由于肉联厂可自行开具收购凭证，多抵扣税款，导致肉联厂不要增值税发票，而是自己填开收购凭证。加之这些村办食品企业收购业务面广量大、地点分散，税务机关对其是否属于农产品收购业务难以鉴别，这就造成了不记账、不记收入，构成偷税行为。

（四）违背了增值税的涵义，出现了增值不缴税的问题。国家规定（财税〔2002〕12号文件）从2002年1月1日起，免税农产品的扣除率由10%提高到13%。这一政策的实施，造成了农产品经营及加工行业一般纳税人在生产经营中出现了增值不缴税的问题。如收购农业生产者100元的粮食，开具收购凭证后，按13%的扣除率可抵扣 $100 \times 13\% = 13$ 元的进项税。当月把收购的100元粮食以113元的含税价格开具增值税专用发票转售，需缴销项税 $[113/(1+13\%)] \times 13\% = 13$ 元。该项业务实际增值了13元，而销项税减进项税等于零，出现了增值不缴税的问题。

三是为企业调节税款和偷逃骗税提供了可乘之机。企业往往采取提高开具单价或虚开收购凭证的手段来调节税款，即企业在收购农产品时，故意提高开具单价，为多提进项税打基础；或每到月末结账，当企业销项税大于进项税时，便先虚开一定数额的收购凭证，以冲抵销项税，来达到进销项税额平衡。这也是农产品经营及加工行业长期零税收负担申报和税收负担明显偏低的主要原因。还有些企业通过虚开收购凭证达到偷税目的，更有甚者通过自行填开收购凭证，调节进、销项税比例，从而达到虚开增值税专用发票的目的。

对于以上存在的问题，税务机关将采取适当的对策加以防范。而作为纳税人而言，应当从自身做起，尽可能按照税法的要求进行涉税处理。

检查方法和思路：

对于涉农企业而言，购进免税农业产品所取得的普通发票或经批准使用的收购专用发票是日常管理和检查的重点环节。主要检查其是否存在真实的收购业务。一般情况下，既然企业需要农产品作为原料，或者经营农产品，收购项目自然存在，检查的关键是取得农产品收购发票的数量与其经营规模是否协调一致。因此。纳税检查可以从收购发票形式的合法性和收购数量的合理性两方面进行。在具体的检查方法上，检查人员既可采用直接检查法，也可以通过间接检查的方法确认有关问题。

不准抵扣进项税额检查技巧

前面讲过，已列进项税额的购进货物必须是用于生产应税产品或应税劳务才准予进行抵扣。由于企业在生产经营过程中存在着多种经济活动和混合销售业务以及进货退出等情况，有时可能会发生一些已抵扣进项税额的购进货物或应税劳务用于非应税项目、免税项目、集体福利和个人消费、发生非正常损失等情况。这类货物在购进时，一般都作为生产用货物计算了进项税额。因此，对已列进项税额的货物在生产过程中改变用途，发生了非正常损失及进货退出等情况时，必须作为进项税额转出处理，抵减已抵扣的进项税额。借记"待处理财产损溢"、"在建工程"、"应付福利费"等科目，贷记"应交税费——应交增值税（进项税额转出）"科目。属于转作待处理财产损失的部分，应与遭受非正常损失的购进货物、在产品、产成品成本一并处理。

常见错误及检查方法：

检查时，要注意应作转出的进项税额，企业是否作了转出处理，有无未转或少转的情况。常见的错漏有以下几种表现形式：

1.不转出进项税额，只结转不含税成本

此种情况，一般是企业将已作抵扣进项税额的外购货物或应税劳务用于固定资产、在建工程、集体福利和个人消费，以及发生非正常损失报废的购

进货物或应税劳务，不按规定转出进项税额，而只结转不含税成本。

例：某食品厂 2014 年 3 月发生无偿调给食堂面粉免费供给加班职工用餐 1,000 公斤，原购进价 4,000 元；霉变损失面粉 1,500 公斤，原购进价 6,000 元。账务处理为：

借：应付福利费 4,000

待处理财产损溢——待处理流动资产损溢 6,000

贷：原材料——面粉 10,000

很显然，上述账务处理的错误在于，未同时计算进项税额转出数，多计了当期的进项税额 1,300 元，是一种偷逃税行为。

账务调整为：

借：应付福利费 520

待处理财产损溢——待处理流动资产损溢 780

贷：应交税费——增值税检查调整 1,300

对此类问题的检查，既可以"原材料"、"包装物"、"低值易耗品"、"库存商品"等科目贷方为中心，也可以直接以"应付福利费"、"在建工程"、"待处理财产损溢"等科目借方作为检查起点，调阅原始凭证，查明纳税人的账务处理是否正确，核对"进项税额转出"栏的核算金额，看有无进项税额转出金额记载。若没有进项税额转出数或有少转情况，应从能确定批次的成本额或当期实际成本和参照企业近期生产成本资料，核实改变用途或发生非正常损失的材料物资成本数额，按规定的扣除率计算追计的进项税额转出数，同时追计非应税项目的成本额或损失成本额，并相应调整有关账务。

在检查过程中我们发现有些企业不了解需要进项税转出的范围，往往将不需要转出的项目也进行了转出处理。如晨光公司是一家小水电企业，由于电力企业对安全有着特殊的要求，企业在日常运营过程中必须储备一定数量的备品备件，作应急之用。但产品升级换代很快，存放在仓库的备品备件由于技术落后而被淘汰，存放一年多就不能使用了。但是，该公司将这部分备品备件涉及的进项税额作进项转出处理。

实际上，对进项税额转出的问题，我国《增值税暂行条例》第十条作出规定，不得从销项税额中抵扣进项税额的项目包括：非正常损失的购进货物及相关的应税劳务；非正常损失的在产品、产成品所耗用的购进货物或者应税劳务等。而《国家税务总局关于企业改制中资产评估减值发生的流动资产损失进项税额抵扣问题的批复》（国税函〔2002〕1103号）也规定："企业由于资产评估减值而发生流动资产损失，如果流动资产未丢失或损坏，只是由于市场发生变化，价格降低，价值量减少，则不属于《增值税暂行条例实施细则》中规定的非正常损失，不作进项税额转出处理。"因此，该企业存放在仓库中的备品备件没有发生丢失或损害，只是由于技术进步、产品升级换代而不能继续使用，导致价值量减少，不必作进项税额转出处理。

2. 兼营免税项目或非应税项目未计或少计进项税额转出数

按照规定，纳税人兼营免税项目或提供非应税劳务（不包括固定资产在建工程），其购进货物应按含税成本单独核算，对无法准确划分不得抵扣的进项税额，应按其销售比例划分进项税额，并计算进项税额转出数。

不得抵扣的进项税额＝当月全部的进项税额×（当月免税项目销售额＋非应税项目营业额合计）÷当月全部销售额营业额合计

公式中的当月全部进项税额，必须是经审核调整后实际的进项税额，应与分子中的"当月全部销售额、营业额"的口径一致。即"当月全部进项税额"应是当月购入进项（不包括上月末出现的增值税留抵税额）扣除购进固定资产、用于固定资产在建工程、集体福利和个人消费等的购进货物或应税劳务的进项税额及扣除非正常损失和进货退出等的购进货物的进项税额后的余额。

公式中的销售额或营业额必须是主营业务收入及其他业务收入并经主管税务机关检查后认定的销售额或营业额。

检查时，首先应对公式中的各项要素逐项进行认真核实，然后计算确定不得抵扣的进项税额，并与"应交税费——应交增值税（进项税额转出）"专栏核对，看是否一致。若有差异，其差异额应调整有关账户。

借：主营业务成本或其他业务支出等科目

　　贷：应交税费——增值税检查调整

这里需要提醒纳税人的是，企业发生的维修费的进项税额处理需要当心。按照新《企业会计准则》的规定，企业生产车间（部门）和行政管理部门等发生的固定资产维修费用等后续支出，应该在"管理费用"中核算，企业发生的与专设销售机构相关的固定资产维修费用等后续支出，应该在"销售费用"中支出，即对企业发生的固定资产的维修支出均应列入企业的期间费用。因此，许多人按照计入当期损益即可抵扣增值税进项税额的一般规则，认为企业发生的维修费用中所购进增值税扣除项目的进项税额均可以在当期销项税额中抵扣，这种观点存在误区。

《增值税暂行条例》第十条所称的非应税项目，是指提供非应税劳务、转让无形资产、销售不动产和固定资产在建工程等。纳税人新建、改建、扩建、修缮、装饰建筑物，无论会计制度规定如何核算，均属于固定资产在建工程。按规定上述非应税项目不得从销项税额中抵扣进项税额，企业发生的修缮建筑物的行为应归属于非应税项目中的固定资产在建工程，其维修费用中购进的进项税额不可以在销项税额中抵扣，尽管维修费用中所购进的扣除项目取得了增值税扣税凭证。也就是说，凡为修缮建筑物而发生的维修费用，其所含的进项税额均不得在销项税中抵扣。

在日常增值税纳税处理中，对于维修费用，还要防止人为缩小进项税额可抵扣的范围，即对所有固定资产维修费中所购进项目的进项税额均不予以抵扣。除此以外，对企业为维修其他机器、设备而发生的维修费用，所购进项目的进项税额也不予以抵扣。这就扩大了不可抵扣进项税额的范围。

企业在日常经营中，往往需要对正常使用或使用了一段时间以后的固定资产投入一些后续支出，如对固定资产进行维护、改建、扩建、修缮或装饰等，对于这些支出，如果符合固定资产资本化的条件，则应该计入相应的固定资产成本，否则就要计入企业的当期损益。计入固定资产成本后，对固定资产进行维护、改建、扩建、修缮或装饰所购进项目的进项税额均不能抵扣进项税。计入当期损益后，除《增值税暂行条例实施细则》第二十三条规定的"纳税人新建、改建、扩建、修缮、装饰不动产，均属于不动产在建工程"的情形，属于非增值税应税项目，不得抵扣相关进项税额外，其余的均允许在销项税额中抵扣为发生维修费用而购进的进项税额。

需要指出的是，从2009年1月1日以后，上述规定所说的固定资产不包括使用期限超过12个月的机器、机械、运输工具以及其他与生产经营有关的设备、工具、器具等。

3."盘亏"与"盘盈"互相冲减

部分企业在管理上不科学，常常出现"盘亏"与"盘盈"的现象，而财务人员则将其进行互相对冲，从而形成偷税问题。这里有一个案例：

某县烟草公司 2013 年曾对下属各仓库库存的商品进行了盘点清查，对盘盈和盘亏的包装物和烟叶，由于财务人员在涉税问题上处理不当，留下了隐患。2014 年 5 月，税务机关检查发现，该公司盘亏包装物和烟叶，少转出增值税进项税 88,510.80 元，要求该单位补缴税款 88,510.80 元，并给予 1 倍的罚款。

2014 年 9 月，税务机关在对该烟草公司的检查过程中，发现该公司存在两笔异常的会计凭证：

第一笔会计分录，借：利润分配——未分配利润 210,450.64 元，贷：包装物——公司（各站）210,450.64 元，贷：应交税费——应交增值税（进项税额转出）35,776.61 元。经进一步核对有关资料，真实情况是：实际盘亏"新袋片"544,837.39 元，实际盘盈铁丝、钢带、雨布和绳索 334,386.75 元。至于账面上记载的包装物盘亏金额 210,450.64 元，是以实际盘亏的金额减去实际盘盈的金额后的余额。

第二笔会计分录，借：库存商品——烟叶 36,959.11 元，贷：待处理财产损溢 36,959.11 元。税务人员对记账凭证后所附报表上的 14 笔业务，逐一进行认真的核查，结果发现：该公司下属的 9 个卷烟站，实际盘盈"外贸烟"和"原烟"共计 248,871.40 元；另外，该公司下属的 5 个卷烟站，实际盘亏"机烤烟"211,912.29 元。至于账面上记载的烟叶盘盈金额 36,959.11 元，是以实际盘盈的金额减去实际盘亏的金额后的余额。

原来该公司下属有 14 个仓库，所有仓库都是租赁乡镇街道的民用一般建筑，因此容易引起货物的非正常损失。这次公司对仓库库存货物的盘点清查，有的货物盘盈了，而有的货物却盘亏了。对此财务人员认为，各仓库都是公司的下属部门，应该作为一个整体看待，对盘盈和盘亏的结果，应该相互冲减，其余额才是这次盘存的最终结果。

实际，该公司盘盈的货物与盘亏的货物，不是同一种类的货物。因此，不应该依据相互冲减后的余额，计算应该转出的进项税，而应该对盘盈的货物与盘亏的货物，分别进行会计处理，并对实际盘亏的货物，全额计算应该转出的进项税。

依据《中华人民共和国增值税暂行条例实施细则》第二十四条之规定，该公司由于对货物管理不善，造成货物发生损失，应该属于非正常损失。依据《中华人民共和国增值税暂行条例》第十条第二项之规定，非正常损失的购进货物，其进项税额不得从销项税额中抵扣。

如果是同一种货物，仅仅是由于企业管理不到位，造成一个仓库的某种货物增多，而另一个仓库的同一品种货物减少，这种货物的减少，就不是真正的损失，对这种货物的盘存金额，可以在两个仓库之间相互冲减，以其盘亏余额计算应该转出的进项税。如果公司盘盈的货物和盘亏的货物不是同一种货物，那么盘亏的货物就是实际损失，应该以盘亏的全额计算转出的进项税。如果以盘盈和盘亏相抵后的净盘亏数作为计算进项税额转出的基数，就会造成少转出进项税、进而少缴纳增值税的后果。

4. 进货退出或折让不冲减或延期冲减进项税额

对于这一问题，主要审查纳税人发生退货或折让应冲减相应退货或折让部分的进项税额，有无不冲减或延期冲减的情况。

检查时，应审查纳税人进货退出或折让货物的账务处理是否正确，调阅原始凭证和收到的红字专用发票上所注明的金额和开具的时间，查明有无不冲减或延期冲减进项税额的情况。如果购买方收到红字（负数）专用发票后，不冲减或延期冲减进项税额，造成不缴纳或推迟缴纳增值税的，均属偷税行为。

进项税额会计处理的检查技巧

对于增值税进项税额的抵扣问题，企业购进（转入）货物时，按照规定，只有准予抵扣的进项税额，才能记入"应交税费——应交增值税（进项税额）"账户借方的进项税额专栏，不准抵扣的，应直接记入所购（转入）货物或劳务成本。因此，检查时，除了审查扣税凭证外，还应结合增值税会计处理和有关会计核算制度以及增值税专用发票的规定进行对照核实，查明有无多抵或少抵的情况。

1.国内采购货物进项税额的检查

企业在国内采购的货物，在取得销货方开具的增值税专用发票时，根据发票上注明的增值税额，借记"应交税费——应交增值税（进项税额）"或"待摊费用——待抵进项税额"科目，按照增值税专用发票上记载的应计入采购成本的金额，借记"物资采购"、"原材料"、"制造费用"、"管理费用"、"营业费用"、"其他业务支出"等科目，按照应付或实际支付的金额，贷记"应付账款"、"应付票据"、"银行存款"等科目。

上述"待摊费用——待抵进项税额"明细账是为规范工业生产企业购进货物尚未到达企业或尚未验收入库、商业企业购进货物尚未付款或尚未开出承兑商业汇票以及一般纳税人接受应税劳务尚未支付款项时设立的一个过渡性账户，用来核算暂不能抵扣的进项税额。对未设过渡性账户核算暂不得抵扣进项税额的企业，其已计的进项税额在申报缴纳增值税时，不得作为当期进项税额予以抵扣。

检查时，应审查"物资采购"、"原材料"等科目和"应交税费——应交增值税（进项税额）"或"待摊费用——待抵进项税额"科目借方发生额，对照增值税专用发票，看是否相符，有无少计采购成本，多计进项税额或待抵进项税额的情况。

重点注意检查取得第三方发票抵扣进项税额问题。

在检查过程中，我们还需要注意一些非正常的因素。比如，取得准许抵扣的进项税额不抵扣，说出去都没人相信。然而，最近深圳市宝安区国税局龙华税务分局在检查中就发现这么一家企业，有40多万元的进项税额没有抵扣税款。是企业会计脑子一时糊涂了还是别的原因？税务机关经进一步调查，找到了答案，原来这里面隐藏着偷税秘密。

据介绍，前不久，宝安区国税局龙华税务分局根据深圳市国税局的统一部署，对增值税专用发票存根联滞留票开展专项检查。在深圳市国税局下发的存根联滞留票清单中，深圳市某电子有限公司有50份购进货物的滞留发票，涉及金额260余万元，税额45万余元。也就是说，该公司取得45万余元的进项税额没有认证，也没有抵扣税款。于是，税务人员深入该公司调查，确认这45万余元是否属于准许抵扣的进项税额。经查，这45万余元属于准许抵扣的进项税额。

那么，该公司为什么不进行抵扣？经验丰富的税务人员断定，这里面一定大有文章！于是，税务人员认真检查该公司的购销存账和库存账，结果发现这50份滞留发票未计入购销存账，也未计入库存账，而这批购进的货物销售出去后，销售收入340余万元（含税）也未计入收入账，更未申报纳税，造成少缴增值税50余万元。至此，该公司利用账外经营偷逃国家税款的行为暴露无遗。

近日，宝安区国税局龙华税务分局检查终结，依法对该公司作出补税、罚款共计75万余元的处理决定。

2. 接受投资或捐赠转入的货物进项税额的检查

企业接受投资或捐赠转入的货物，按照取得的增值税专用发票上注明的增值税额，借记"应交税费——应交增值税（进项税额）"科目，按照确认并记载在增值税专用发票上的投资或捐赠货物价值，借记"原材料"等科目，按照增值税额与货物价值合计数，贷记"递延税款"、"资本公积"科目。

检查时，同国内采购货物一样，主要审查"原材料"等科目，根据增值税专用发票等有关原始凭证，对照"应交税费——应交增值税（进项税额）"科目，查明转入的货物有无少计原材料成本多计进项税额的情况。

3. 购进免税农业产品进项税额的检查

企业购进免税农业产品，是按照经税务部门批准使用的"收购专用发票"或取得普通发票上注明的买价（包括支付给农业生产者的价款和按规定代收代缴的或由收购方缴纳的农业特产税）依扣除率计提进项税额的。提取时，借记"应交税费——应交增值税（进项税额）"科目，按买价扣除依规定计算的进项税额后的金额，借记"物资采购"等科目，按应付或实际支付的价款，贷记"应付账款"、"银行存款"等科目。

由于购进免税农业产品的买价是计算进项税额的直接依据，所以关键是要审查购入免税农业产品的买价是否真实，有无将不属于农业产品的一些进货费用，如收购人员的旅差费、奖金，雇用人员的手续费等挤入采购费用计入买价计算进项税额进行扣税；有无将购进免税农业产品的运杂费计算采购成本后，在计算扣税时未予剔除；有无擅自扩大税务部门批准使用的收购专用发票和低税高扣错用扣除税率的问题。

检查时，主要审查"物资采购"及其对应科目的账务处理，查看原始凭证的合法性和所列示的内容，并将其核实的买价计算出可计的进项税额后，与"应交税费——应交增值税（进项税额）"科目进行核对，看是否相符，若有差异，按其差异额应调整农业产品成本和进项税额等项目。

4. 进口货物进项税额的检查

企业进口货物，按照海关提供的完税凭证上注明的增值税额，借记"应交税费——应交增值税（进项税额）"科目，按照进口货物应计采购成本的金额，借记"物资采购"、"原材料"等科目，按照应付或实际支付的金额，贷记"应付账款"、"银行存款"科目。

检查进口货物的进项税额，一般应注意三个方面的问题：

（1）检查企业列入的进项税额有无按国外进价合并关税和消费税计算扣除的问题。按照税法规定，计算进口货物计税价格时要加上关税和消费税。有些企业错误地理解为关税和消费税也可计算进项税额予以扣除，这是不正确的。

（2）检查进口的免税货物是否也列计了扣除进项税额。

（3）检查企业以外汇进口的货物，其折合人民币的汇率运用是否正确。

检查时，主要审查"物资采购"等科目，调阅完税凭证，查看其凭证上所列货物品名、用途及性能，结合纳税申报的进项税额，查明有无上述问题。

5. 材料采购中发生的短缺与毁损进项税额的检查

由于各种原因，材料采购过程中会引起材料的短缺与毁损。这里所说的短缺与毁损系指属途中的非合理损耗部分。按照规定，纳税人在材料采购过程中发生短缺与毁损时，在未查明原因前，其短缺与毁损部分应按含税成本计入"待处理财产损溢"科目，待查明原因后，再根据不同情况作出账务处理。其进项税额的核算，在货款尚未支付的情况下，应按实际入库的材料数额计提进项税额。在货款已经支付，并通过"在途物资"科目核算的情况下，发票所注明的增值税额应暂列"待摊费用——待抵进项税额"科目。但有的纳税人在处理这类问题时，往往采取压低入库原材料成本，按购入货物的全部价款计提进项税额，这样不仅影响了原材料成本的正确核算，导致经营成果失真，而且偷逃了增值税。

检查时，应重点审查"物资采购"、"原材料"、"待处理财产损溢"和"应交增值税"明细账科目，结合收料单，查明进项税额核算是否正确。凡发现有压低入库原材料价格，未扣除损耗短缺部分而按购入货物全额计提了进项税额的，应据实调整有关账务。

借：原材料等科目

　贷：应交税费——增值税检查调整

6. 接受应税劳务进项税额的检查

企业接受应税劳务，按照取得的增值税专用发票上注明的增值税额，借记"应交税费——应交增值税（进项税额）"或"待摊费用——待抵进项税额"科目，按照专用发票上记载的应计入加工、修理修配等货物成本的金额，借记"其他业务支出"、"委托加工物资"、"制造费用"、"营业费用"、"管理费用"等科目，按应付或实际支付的金额，贷记"应付账款"、"银行存款"等科目。

检查时，主要审查"其他业务支出"、"委托加工物资"等科目，查阅增值税专用发票，结合加工合同或协议所载明的加工品名、性质和用途，看有无将接受应税劳务直接用于非应税项目、免税项目、集体福利和个人消费的，按不含税成本核算，将收取的专用发票上注明的增值税额挤入了"应交税费——应交增值税（进项税额）"科目中。有无接受应税劳务，尚未支付款项时，超前从销项税额中抵扣了进项税额。

进项税额是销项税额的抵扣项目，而且是凭扣税凭证上注明的增值税额进行抵扣的，又在"应交增值税"进项税额专栏核算。检查时，只要凭属抵扣范围的进货专用发票抵扣联或完税凭证上注明的税额进行核对，一般就能核实进项税额。但必须按照进销互审的要求，对进货专用发票的填开情况进行严格的审查，对票据填开内容不全，数据不符或有其他疑问的，应抽调查阅供货方的发票存根联等有关资料，务求进项税额准确。

在查处过程中，凡发现有弄虚作假多计进项税额或取得不符合规定要求的扣税凭证时，其已抵扣的进项税额，应从当期的进项税额中进行冲减或直接追补销售税金，并调整有关账务。借记"应收账款"或"利润分配——未分配利润"科目，贷记"应交税费——增值税检查调整"科目。

第四章　反避税调查案例分析

案例 1　避税案件的调查和处理

　　避税与反避税是目前各国都十分重视的经济问题。国家税务总局下发了《特别纳税调整实施办法（试行）》（国税发〔2009〕2号）（以下简称《办法》）。《办法》自2008年1月1日起施行，标志着新税法下反避税正式进入实际操作阶段。对于广大纳税人而言，积极学习新税法，在汇算清缴期内积极准备，尤为重要。

　　2008年开始实施的《企业所得税法》及其实施条例第六章规定了"特别纳税调整"条款，这是我国第一次较全面的反避税立法。其不仅包括我国实践多年的转让定价和预约定价，还借鉴国际经验，首次引入了成本分摊协议、资本弱化、受控外国企业、一般反避税以及对避税调整补税加收利息等规定。但是《企业所得税法》及其实施条例的这些条款规定得比较原则，缺乏能够指导税务机关执法和企业遵从的程序性规定和操作规范。此外，依据原《外商投资企业和外国企业所得税法》（已失效）制定的"原规程"和"原APA规则"需要变更法律依据，许多条款也需要补充、完善。

　　为了贯彻实施《企业所得税法》及其实施条例，全面加强反避税管理，在总结我国转让定价和预约定价管理实践并借鉴国外反避税立法和实践经验的基础上，国家税务总局在广泛征求意见的基础上出台了本《办法》。《办法》

与《企业所得税法》、《税收征收管理法》,《企业所得税法实施条例》、《税收征收管理法实施细则》,《关于企业关联方利息支出税前扣除标准有关税收政策问题的通知》(财税〔2008〕121号)、《企业年度关联业务往来报告表》(国税发〔2008〕114号)等法律法规,共同形成了涵盖各个法律级次的反避税法律框架和管理指南,为税务机关执法和纳税人遵从提供了法律依据。

对于纳税人而言,需要在了解税法规定、税务机关实施纳税调整一般做法的基础上,做好日常经济业务活动的管理以及相关业务的会计核算,同时进行必要的纳税申报工作。为了帮助纳税人了解税务机关实施纳税调整的做法,我们在这里引用庄粉荣先生的一则税务稽查案例来作说明。

◎ 基本案情

2015年2月28日,根据电脑随机抽样,确定昌盛化工有限公司(以下简称昌盛公司)为稽查对象。2015年3月2日,某市国税局稽查局的稽查人员对该公司2014年度的增值税纳税情况进行检查。

昌盛公司是一家中美合资的企业,2010年初开业,主要从事医药原料的生产,其产品是治疗冠心病用药物的一种原料,科技含量比较高,系增值税一般纳税人。该企业2014年度实现销售收入8,500万元,实现增值税552.5万元,全年增值税的税收负担率为6.5%。

◎ 案头审计

税务稽查人员首先以案头审计的形式,通过纳税人平时向税务机关提供的申报资料,对被查对象的基本情况进行初步分析。在对昌盛公司的纳税情况进行动态分析时,发现该企业2012年度的增值税税收负担率为7.4%,2013年度为7.3%。2014年度的增值税税收负担率比往年下降了0.8%。该企业的增值税税收负担率为什么会突然下降0.8%呢?

税务稽查人员从企业的会计报表中找答案。先对企业的运行情况进行整体性检查:昌盛公司2014年12月31日的损益表显示,该企业2014年度实现销售收入8,500万元,当年实现利润总额为810万元,其中主营业务收入为7,740万元,主营业务利润为1,070万元;在损益表的其他业务收入一栏中,年末数为 760 万元，而其他业务利润却为 –260 万元。

◎ 实地稽查

由其他业务收入形成的其他业务利润为什么会出现负数呢？带着这个问题，税务稽查人员来到昌盛公司的经营核算地。出示了税务稽查证和稽查通知书以后，向公司总经理说明了来意。

在企业财务人员的配合下，稽查人员打开企业 2014 年度的账册，检查该笔业务的成本及费用情况，发现该企业在本年度的 3 月至 9 月份先后连续七个月为本市的恒盛制药实业公司（以下简称恒盛公司）加工甲品牌药品，发生工资及相关成本和费用 935 万元，提供其他辅助材料合计 85 万元。2014 年 12 月 31 日结算该项加工业务的累计成本为 1,020 万元，而开票作为该企业的销售收入只有 760 万元，企业在这笔业务上成本支出与销售收入出现了明显的倒挂现象。

◎ 问题分析

为什么会产生成本支出与销售收入出现明显的倒挂现象呢？税务稽查人员向企业有关人士进行求证。企业负责人和财务人员的解释倒也说得过去：该笔业务我们以前没有做过，在谈判时不知道产品的实际成本情况，也没有经过详细的论证就签了合同，结果吃了一个大亏。

但是，稽查人员总觉得其中有些蹊跷：在生意场的手高手低，盈利水平掌握不准，甚至导致亏损是正常的，但是其幅度不会太大，而这笔业务有点不符合常理。

◎ 延伸检查

为了弄清事情的原委，经批准稽查人员对该加工业务的委托方恒盛公司的有关情况进行了延伸（相关性）检查。

通过对委托加工材料的发出、委托加工产品收回以及委托加工合同等事项的会计处理和经济业务手续的检查，稽查人员发现与之有关的业务会计核算处理方法正确，有关凭证真实有效。从整个经济活动的运作过程来看，没有明显的问题。

但是，在对恒盛公司的生产能力以及 2004 年度的生产经营情况进行评估时，税务稽查人员发现，该企业的产品单一，未从事过其他经销活动。通过对其经济业务的运行动态情况进行分析，发现该企业 2013 年实现产品的生产和销售 5,500 万元，2014 年度的产品生产和销售只有 4,600 万元。稽查人员据此判断，该公司 2014 年度的生产能力并没有处于满负荷运行状态。这个判断很快得到本企业管理人员的证实。

为什么在生产能力没有得到充分利用的情况下，还要委托其他单位加工产品呢？税务稽查人员对此百思不得其解。为了寻找问题的答案，他们对恒盛公司其他生产经营情况进行了进一步检查。通过检查他们发现，恒盛公司是原集体企业恒盛制药厂于 2013 年 10 月改制而来，在改制前的恒盛制药厂有三年的累计亏损 1,500 万元。

◎ 综合分析

是不是转移利润？而这个疑问一提出来就受到质疑：在通常的反避税案件中，绝大多数都是"跨境避税"，外商投资企业中的外资控股方利用"两头在外"的特点，在原料购进和产品出售定价等环节通过"转让定价"的手段进行避税，而恒盛公司却是内资企业呀！

但是，除此之外没有第二个答案。于是，稽查人员从求证两企业关系的角度入手进行核查。从恒盛公司在工商行政管理部门注册的企业章程中发现：占该企业 65% 股份的大股东就是昌盛公司的中方投资人。

根据税法规定，具有下列关系之一的公司、企业和其他经济组织是关联企业：（一）在资金、经营、购销等方面，存在直接或者间接的拥有或者控制关系；（二）直接或者间接地同为第三者所拥有或者控制；（三）在利益上具有相关联的其他关系。根据这个规定，昌盛化工有限公司与恒盛公司具有关联关系。

◎ 问题真相

在取得具有说服力的证据材料之后，稽查人员再次与企业有关人员见面。在大量的事实面前，企业负责人才道出事情的全过程。

原来，昌盛公司享受的"两免三减半"企业所得税优惠政策已于2013年度结束，但2014年的市场形势非常好，预计盈利水平很高。而恒盛公司由于在改制前留下了一大笔亏损需要弥补。董事长接受了企业财务顾问的筹划建议：利用甲品牌药品在当地没有可比性的特点，通过加工业务将昌盛公司的利润转移到恒盛公司去。

根据税法规定，在纳税人与关联企业之间的业务往来过程中，购销业务未按照独立企业之间的业务往来作价或者提供劳务，未按照独立企业之间业务往来收取或者支付劳务费用以及转让财产、提供财产使用权等业务往来，未按照独立企业之间业务往来作价或者收取、支付费用等现象的，税务机关可以调整其应纳税额。

税法同时还规定，纳税人存在关联关系的，税务机关可以按照下列方法调整计税收入额或者所得额：（一）按照独立企业之间进行相同或者类似业务活动的价格；（二）按照再销售给无关联关系的第三者的价格所应取得的收入和利润水平；（三）按照成本加合理的费用和利润；（四）按照其他合理的方法。

由于昌盛公司当期和近期没有同类产品销售业务，经过充分的调查取证之后，根据《税收征管法实施细则》第五十五条的规定和国家税务总局颁发的关联企业业务调整规程，税务机关对该加工业务按照组成计税价格，依法调增应税销售收入：

$1,020 \times (1+10\%) - 760 = 362$（万元）；

应调增增值税额为：

$362 \times 17\% = 61.54$（万元）；

应补缴企业所得税额为：

$362 \times 30\% = 108.6$（万元）。

昌盛公司接到稽查局的《税务处理决定书》以后，没有提出异议，按期补缴了增值税和企业所得税，并依法调整了有关账户。

◎ 政策依据

《中华人民共和国税收征收管理法实施细则》（国务院令〔2002〕362号）就关联企业问题作了如下规定：

第四十七条 纳税人有税收征管法第三十五条或者第三十七条所列情形之一的，税务机关有权采用下列任何一种方法核定其应纳税额：

（一）参照当地同类行业或者类似行业中经营规模和收入水平相近的纳税人的税负水平核定；（二）按照营业收入或者成本加合理的费用和利润的方法核定；（三）按照耗用的原材料、燃料、动力等推算或者测算核定；（四）按照其他合理方法核定。

采用前款所列一种方法不足以正确核定应纳税额时，可以同时采用两种以上的方法核定。

纳税人对税务机关采取本条规定的方法核定的应纳税额有异议的，应当提供相关证据，经税务机关认定后，调整应纳税额。

第五十一条 税收征管法第三十六条所称关联企业，是指有下列关系之一的公司、企业和其他经济组织：

（一）在资金、经营、购销等方面，存在直接或者间接的拥有或者控制关系；（二）直接或者间接地同为第三者所拥有或者控制；（三）在利益上具有相关联的其他关系。

纳税人有义务就其与关联企业之间的业务往来，向当地税务机关提供有关的价格、费用标准等资料。具体办法由国家税务总局制定。

第五十二条 税收征管法第三十六条所称独立企业之间的业务往来，是指没有关联关系的企业之间按照公平成交价格和营业常规所进行的业务往来。

第五十三条 纳税人可以向主管税务机关提出与其关联企业之间业务往来的定价原则和计算方法，主管税务机关审核、批准后，与纳税人预先约定有关定价事项，监督纳税人执行。

第五十四条 纳税人与其关联企业之间的业务往来有下列情形之一的，税务机关可以调整其应纳税额：

（一）购销业务未按照独立企业之间的业务往来作价；（二）融通资金所支付或者收取的利息超过或者低于没有关联关系的企业之间所能同意的数额，或者利率超过或者低于同类业务的正常利率；（三）提供劳务，未按照独立企业之间业务往来收取或者支付劳务费用；（四）转让财产、提供财产使用权等业务往来，未按照独立企业之间业务往来作价或者收取、支付费用；（五）未按照独立企业之间业务往来作价的其他情形。

第五十五条 纳税人有本细则第五十四条所列情形之一的，税务机关可以按照下列方法调整计税收入额或者所得额：

（一）按照独立企业之间进行的相同或者类似业务活动的价格；（二）按照再销售给无关联关系的第三者的价格所应取得的收入和利润水平；（三）按照成本加合理的费用和利润；（四）按照其他合理的方法。

第五十六条 纳税人与其关联企业未按照独立企业之间的业务往来支付价款、费用的，税务机关自该业务往来发生的纳税年度起 3 年内进行调整；有特殊情况的，可以自该业务往来发生的纳税年度起 10 年内进行调整。

2009 年 1 月 1 日实施的增值税暂行条例第七条规定，纳税人销售货物或者应税劳务的价格明显偏低并无正当理由的，由主管税务机关核定其销售额。《增值税暂行条例实施细则》第十六条进一步规定，纳税人有条例第七条所称价格明显偏低并无正当理由或者有本细则第四条所列视同销售货物行为而无销售额者，按下列顺序确定销售额：

（一）按纳税人最近时期同类货物的平均销售价格确定；

（二）按其他纳税人最近时期同类货物的平均销售价格确定；

（三）按组成计税价格确定。组成计税价格的公式为：

组成计税价格 = 成本 ×（1+ 成本利润率）

属于应征消费税的货物，其组成计税价格中应加计消费税额。

公式中的成本是指：销售自产货物的为实际生产成本，销售外购货物的为实际采购成本。公式中的成本利润率由国家税务总局确定。

国家税务总局《关于印发〈增值税若干具体问题的规定〉的通知》（国税发〔1993〕第 154 号）第二条第四款则明确，纳税人因销售价格明显偏低或无销售价格等原因，按规定需组成计税价格确定销售额的，其组价公式中的成本利润率为 10%。但属于应从价定率征收消费税的货物，其组价公式中的成本利润率，为《消费税若干具体问题的规定》中规定的成本利润率。

◎ 稽查尾声

税务处理结束以后，昌盛公司的老板请稽查人员吃饭。他说，他们应该感谢税务局对他们的账务处理情况进行检查。因为，在此之前，他们对此一直不踏实。现在可以放心了，因为事实上，他们实现了"转让定价"。在具体操作过程中，他们是以 50% 的幅度进行"转让定价"操作的，而税务机关只调整了其中的 10%，并且，通过税务稽查使其合法化。

◎ 政策点评

对于避税，大家一般认为这是一个国际税收的概念，主要是指跨国企业之间利用不同税负环境和企业间的控制与被控制关系逃避所得税。事实也是如此，在最近十多年的反避税案件中，绝大多数都是对"跨境避税"等问题进行纳税调整。部分境外投资者利用外商投资企业"两头在外"的经营特点，通过原料购进和产品出售定价等方法进行避税。

但是，某市国家税务局查处的一个案例则相反，外商投资企业向内资企业转移利润，这个"超常规"的避税方式在操作方面具有更大的隐蔽性。这种"逆向转移利润"的操作方式在该市还是第一次发现，也是当前我国反避税问题的一个新动向。

随着我国市场经济的深入发展，各种经济利益关系越来越复杂，内资企业利用关联企业规避税收、偷逃税款的问题逐渐显现出来，偷逃税的目的也不仅仅限于所得税。因此，所有企业利用关联关系不符常规交易而形成的偷逃流转税、所得税问题，都应该是反避税工作的内容。

案例2　六大避税行为将受到重点监控

随着地球村的建设进程越来越快，跨国经营和跨国投资活动也越来越多，自然，跨国税收问题也被提上议事日程。讲到避税问题，笔者在这里提供一组资料供读者参考。

跨国公司在实践中常用的六大避税行为将会受到严密监控。除了常见的利用转让定价避税和利用避税天堂避税外，跨国公司利用不同国家（地区）

间对某些金融工具或经济实体不一致的税务处理避税将受到更加严密的监控。在很多欧美国家，企业可以随时发行一些有价凭据，由于这些凭据既像权益投资，又像债券投资，因此被称为"混合金融工具"，常见的有可兑现优先股、可转换债券、利润分享贷款等。很多企业便利用不同国家（地区）对这种混合金融工具的税收规定不同而避税。

比如，A国对权益性投资收入（股息）不征税，B国对债权性投资收入（利息）不征税。一家跨国公司有两个子公司，一个是位于A国的A公司，一个是位于B国的B公司。A公司向B公司出售了一笔可转换债券，B公司需要向A公司支付相应的费用。B公司在向A公司支付购买可转换债券的费用时，向当地税务机关说这笔费用是利息，从而使这笔费用可以全额在税前扣除；同时，A公司在收到出售可转换债券的收入时，向A国税务机关说这笔收入是股息，从而也不用缴纳任何税款。这样，同一笔交易，在两个国家都不用缴税。

目前，利用电子商务技术避税也是各国反避税的重点。电子商务技术的应用，使很多跨国公司在境外获得了巨额的收入，但却因为没有在境外设立任何常设机构而不用向其收入来源国缴纳任何税款。比如，中国一家跨国公司的服务器在某避税地，其产品通过互联网在美国销售。根据现行的税收政策和双边协定，当中国企业从美国取得收入后，由于没有在美国构成常设机构，从而不用就这些收入缴纳任何税款。

不过，这种情况很有可能很快就发生改变，因为近日美国参议院已经以压倒性多数批准各州政府对网络销售收入征税。不待国会通过网络购物税法，一些州已经选在今年7月1日新财政年度起始日，开始针对手机铃声、数字有声书下载和音乐等商品征收网络购物税。有关专家表示，不排除在不久的将来，美国国会通过新的法令，就其他国家跨国公司来源于美国的网络购物收入征税的可能性。

同时，通过资本弱化避税的行为也是OECD重点打击的对象。资本弱化指的是企业通过加大借贷款（债权性筹资）而减少股份资本（权益性筹资）比例的方式增加税前扣除，以降低企业税负的一种行为。借贷款支付的利息作为财务费用，一般可以税前扣除，而为股份资本支付的股息，一般不得税前扣除。因此，有些企业为了加大税前扣除而减少应纳税所得额，在筹资时多采用借贷款而不是募集股份的方式，以此来达到避税的目的。

另外，利用无效的反避税条款避税也是被重点监控的对象。现在很多国家虽然制定了相关的反避税条款，但是因为没有可操作性的细节性规定，或者税务机关无法掌握足够的涉税信息而无法发挥真正的作用，这给很多跨国公司以可乘之机。

除了上述事项，企业逆向避税问题也值得人们警惕。

按一般思维，要避税的话，外商企业应该尽可能地从高税负管辖区转入低税负管辖区，通过税率的不同而达到避税的目的。但在实践中，逆向避税的方式却悄然盛行，即把利润和财产从低税率国家转移到高税率国家。那么，外商企业为何要选择逆向避税呢？难道他们糊涂了吗？

逆向避税的根本目的仍是谋利，实现利益的最大化。但它与一般的避税又有所不同，它的间接性、隐蔽性更强，手段更多样、更高明，避税者甚至还要牺牲自己部分的税收利益来获得更大的非税收利益。

外商投资企业逆向避税的具体原因是多样的，最主要的一点是为了转移利润或独享利润。这种情况一般发生在中外合资或合作型的企业，外方为了自己多获取利润，让合作的中方少获利润，便采取比较隐蔽或者欺瞒的手段，把利润从我国转移到母公司所在国，即便母公司所在国税负比我国高，但由于缴税后所得的利润更多，外方自然乐此不疲。在这种情况下，外商及其所在国都从中受益，受损的只有中方投资者。

逃避外汇管制也是一个重要原因。由于我国对外汇管得比较严，要求外商企业实现外汇收支平衡，否则向国外汇出资金难度较大。于是，外商投资企业往往采取"双低"策略应对，即从国外关联企业低价购进商品或劳务，以较少外汇买到较多商品，再以低价向国外关联企业出售商品或劳务，而关联企业又以正常价格向市场销售。由此，利润便从我国流向国外，外商企业逃避了外汇管制，但我国的经济利益却在无形中遭受了损失。

外商企业热衷于逆向避税还有一个原因，就是为调整境外子公司的盈利水平。比如，有些跨国公司担心盈利丰厚会使工会提出增加工资需求，或者担心新的竞争者看到利润可观而参与竞争，于是通过逆向避税有意掩饰在我国子公司的盈利水平。还比如，外商企业在我国设立的子公司生产经营缺乏发展潜力，外商企业便有意抽调资金，重新选择更有发展潜力的行业或地区。

在实践中，外商企业逆向避税何能屡屡得手呢？难道中方的合作企业以及我国相关部门发现不了吗？问题主要出在"一高一低"上。"高"的方面指外商投资企业太高明了，利用其熟悉国际规则、拥有较多子公司、特别是主要负责原材料的进口和出口的优势，开展各种隐蔽性强的避税行为。相对应的，则体现在我方的"低"。如中方企业管理水平较低，不够熟悉国际市场情况，对外方约束机制不够，容易受外方的牵制；有些地方政府过分追求招商引资数量忽视质量，在合同签订、出资、生产管理、购销等方面对相应的税收风险把控不够。同时，我国税务机关对外商企业避税的征管力度不大，反避税人员配备不够，缺乏专业化，职业化素质较低等，也是造成外商企业逆向避税屡屡得手的原因。

外商企业种种逆向避税行为，不仅造成了我国税款的大量流失，背离了我国税收激励政策，而且干扰了正常的经济秩序，不利于企业的公平竞争和经济的有序发展。因此，各级政府和税务机关要对这一问题予以高度重视，采取行之有效的措施积极加以应对。

案例 3　通过行业分析诊断涉税风险

◎ 企业情况

金源塑料有限公司成立于 2006 年 7 月，生产经营地址为 C 市 M 镇通江工业园，系增值税一般纳税人，主要从事塑料改性和塑料染色制造、加工、销售。该企业 2012 年度实现销售 3,149 万元，缴纳增值税 322,992.88 元，税收负担率为 1.09%。

税务机关的 ctais2.0 系统提示，该企业的税率比较低，因此，税务机关决定对其进行纳税评估。

◎ 数据分析

纳税评估人员首先通过有关数据对该企业的生产和经营情况进行了分析，其数据采集主要来源于税收征管信息资料和行业税收参考指标。

1. 增值税指标分析

（1）企业增值税基础资料采集与分析

所属时期	销售额	增值税	固定资产抵扣	还原税负率
2010	15,051,281.71	158,716.98	0	1.23%
2011	46,941,655.29	536,235.3	0	1.14%
2012	31,496,338.48	322,992.88	23,279.91	1.09%

（2）企业增值税税负指标纵向—横向分析

所属时期	企业还原税负率	纵向差异	行业还原税负率	横向偏离度（还原）
2010	1.23%	基期	3.51%	−64.96%
2011	1.14%	−7.32%	3.19%	−64.26%
2012	1.09%	−11.38%	2.58%	−54.75%

2. 企业所得税指标分析

企业主营业务利润率指标纵向—横向分析

所属时期	主营业务利润率	纵向差异	行业主营业务利润率	横向偏离度
2010	6.61%	基期	11.32%	−41.61%
2011	4.26%	−35.55%	10.98%	−61.20%
2012	3.32%	−49.77%	11.09%	−70.06%

3. 确定疑点

从企业产品生产特点角度分析，改性塑料是塑料制品的原料，其料耗、能耗占生产成本比例较高，且生产工艺简单，增值税税负和主营业务利润率低于其他塑料制品制造行业具有可能性；但增值税税负横向偏离度 <50%，主营业务利润率横向偏离度 <40%，明显低于同行业，且纵向对比逐年下降。企业可能存在不开票收入不申报纳税；可能存在虚列进项；可能存在多结转成本的问题。

4. 实地核查

向车间主任了解企业投入产出生产特性。

（1）生产设备：四条改性塑料挤出机组；二台注塑机、二台粉碎机以及检测设备。

（2）改性塑料生产工艺流程：配料混合—挤出造粒—检测—成品包装。

（3）主要耗用原材料：ABS，其他聚丙烯和聚乙烯等塑料粒子。

（4）产品耗料配方比例：塑料粒子约占96%，色粉、助剂约占4%。

（5）投入产出比例：1∶0.995以上；损耗为色粉、助剂类辅料。

（6）能耗比例：每吨耗用电力320度左右，电费每吨260元。

（7）主要生产家电使用的改性塑料，耗用的塑料粒子主要是新料，回料不采购，回料主要是新料生产过程中自身产生的，一年有30~40吨。回料粉碎后降级使用。

向财务人员了解企业成本核算情况。

（1）存货按季度、年度实物数量盘点；无半成品。

（2）来料加工不在盘点之列。其数量比例较小，当月确认加工收入。

（3）产成品贷方反映会计账面结转的销售数量，产成品借方反映的生产数量是根据销售数量与实物盘点数量计算得来。

5. 测算税收差异

（1）物料平衡试算

第一步：投入产出数量采集

投入产出数量　　　　　　　　　　　　　　　单位：吨

所属年度	原料投入			产品产出		
	塑料粒子	助剂色粉	小计	产品	来料加工	小计
2010	1,289.8	65.964	1,355.764	1,344.099	123.325	1,467.424
2011	3,455.73	129.786	3,585.516	3,531.509	306.825	3,838.334
2012	2,030.34	100.103	2,130.443	2,079.68	291.025	2,370.705
合计	6,775.87	295.853	7,071.723	6,955.288	721.175	7,676.463

第二步：辅料助剂色粉在生产产品和来料加工耗用数量中分配

助剂色粉分配
单位：吨

所属年度	助剂色粉	产品产出			助剂色粉分配	
		产品	来料加工	小计	产品	来料加工
2010	65.964	1,344.099	123.325	1,467.424	60.420	5.544
2011	129.786	3,531.509	306.825	3,838.334	119.411	10.375
2012	100.103	2,079.680	291.025	2,370.705	87.814	12.289
合计	295.853	6,955.288	721.175	7,676.463	267.646	28.207

第三步：测算产品耗用主辅料比重，印证配方比例技术参数
（剔除来料加工因素）

产品耗用主辅料比重
单位：吨

所属年度	产品耗料			比重	
	主料	辅料	小计	主料	辅料
2010	1,289.8	60.420	1,350.22	95.53%	4.47%
2011	3,455.73	119.411	3,575.141	96.66%	3.34%
2012	2,030.34	87.814	2,118.154	95.85%	4.15%
合计	6,775.87	267.646	7,043.516	96.20%	3.80%

第四步：投入产出数量与会计账面产出数量差异计算

投入产出试算关系表
单位：吨

所属年度	材料投入数量	投入产出比例	测算产品生产数量	会计账面产品数量	产品数量差异
2010	1,350.220	1：0.995	1,343.469	1,344.099	−0.630
2011	3,575.141	1：0.995	3,557.266	3,531.509	25.757
2012	2,118.154	1：0.995	2,107.564	2,079.680	27.884
合计	7,043.516	1：0.995	7,008.298	6,955.288	53.010

（2）能耗产量平衡试算

能耗产量试算平衡　　　　　　　　　　单位：吨

| 所属年度 | 电费金额（价税合计） | 电耗产出比例 | 测算产品生产加工数量 | 会计账面产品数量 | | | 产品数量差异 |
				生产	加工	小计	
2010	381,441.43	260元:1吨	1,467.082	1,344.099	123.325	1,467.424	−0.342
2011	1,010,567.67	260元:1吨	3,886.799	3,531.509	306.825	3,838.334	48.465
2012	632,049.34	260元:1吨	2,430.959	2,079.680	291.025	2,370.705	60.254
合计	2,024,058.43	260元:1吨	7,784.840	6,955.288	721.175	7,676.463	108.377

通过实地调查及物料平衡试算、能耗产量平衡试算，产出差异分别为53吨和108吨。

6. 评估约谈

约谈法定代表人和财务人员。经企业进一步自查，企业生产产生回料再次降级利用，重新粉碎生产，电费相应增加一倍；降级利用产品售给汽摩配生产企业的收入未申报纳税，且成本已结转，数量55吨，价格9,636.36元/吨，金额529,999.99元（不含税）。

7. 评定处理

企业补税情况表　　　　　　　　　　单位：元

所属年度	未申报收入	补增值税	补企业所得税	加收滞纳金	小计
2011	248,095.23	42,176.19	62,023.81	23,129.63	127,329.63
2012	281,904.76	47,923.81	70,476.19	8,832.00	127,232.00
合计	529,999.99	90,100.00	132,500.00	31,961.63	254,561.63

综上，试算差异得到印证，纳税人同意自查补税后，疑点排除。

◎ 案例点评

纳税评估是税务机关税源监控的一项重要内容，是对纳税人、扣缴义务人纳税申报质量进行审核，并作出定性和定量判断的税务管理与服务活动。纳税评估不仅是税款征收和税务检查的衔接点，更是在信息手段支撑下税收征管工作的必然选择，必将成为税收管理工作的重点和核心。有效开展纳税评估工作，有利于改变传统粗放式、经验式的管理方式，促使税源管理向科学化、精细化、信息化管理方向发展，从而使科学发展观在税收领域得以落实。

进行纳税评估的方法多种多样，本案例是运用行业评估模型进行纳税评估的。所谓行业纳税评估是税务机关按照《国民经济行业分类》（GB/T 4754-2002）的划分标准，将所管理的纳税人归集到不同的行业明细分类，对不同明细分类的纳税人涉税信息汇总、整理、分析，形成行业明细税收预警监控指标，根据该监控指标对同一行业明细的全体纳税人的纳税申报质量进行分析并做出定性和定量判断，在此基础上，决定是否进一步采取评估约谈或税务检查的税收管理与服务活动。行业纳税评估的特点是能全面掌握一个行业明细纳税人行业特点、生产经营规律、投入产出比、能耗物耗比等关键指标；能对该行业全体纳税人有针对性地开展纳税评估活动，做到重点突出、简便易行、针对性强、效率高；能逐步积累行业纳税评估经验，制定不同行业明细标准的纳税评估模型，最终全面开展行业纳税评估，顺应税收征管发展的需要。

在这里我们引用上海普誉财务咨询有限公司提供的资料对改性塑料制造行业风险应对模型建立有关事项做一个简要介绍。

（一）改性塑料制造行业分析

1. 行业定义

改性塑料制造行业是指塑料改性、塑料染色制造、加工、销售行业。属于塑料制品前道原料（母料），归属其他塑料制品制造业。国民经济行业分类代码：2929。

2. 选取理由

改性塑料制造行业在 C 高新区范围有 179 户企业，占全市的 10.4%，2011 年全年收入 10.31 亿，占全市的 16.4%，在全市范围内具有一定的代表性。

该行业普遍规模不大，内控管理机制不健全，其生产产品改性塑料粒子在本地区销售对象主要是汽摩配制造行业，而汽摩配制造行业销售给汽摩配市场的产品在不同程度上都存在不确认收入的涉税风险，因此，汽摩配原料——改性塑料粒子同样也存在不确认收入的涉税风险，从而造成改性塑料制造行业存在增值税税负和所得税贡献率明显偏低的涉税风险。

（二）改性塑料制造行业分析调研

1. 行业工艺简介

改性塑料生产工艺简单，流水线作业，人工成本较低、材料成本和能耗成本较高。生产工艺流程是塑料改性挤出流程。

2. 行业生产经营规律

（1）主要材料：塑料粒子。品种分类最多是ABS，其他有PP、PS、PC等；形态分类为新料和回料（或回粒）。

（2）辅助材料：色粉、助剂。

（3）单位产品耗料配方比例：塑料粒子占95~97%，色粉、助剂占3~5%左右。

（4）单位产品生产投入产出比：1：0.995。损耗主要为色粉、助剂类辅料生产过程中吹干蒸发。新料生产过程中自身产生的回料粉碎后降级使用。

（5）新料生产产品用于家用电器、汽配塑件等等级较高的塑料配件、塑料件制品；回料（回粒）、新料掺和料用于汽摩配（如保险杠）、民用塑料制品、日常用品等次等塑料配件、塑料件制品。

3. 行业内控机制和财务管理现状

目前在本地区范围内，改性塑料制造行业内控机制和财务管理水平参差不齐，主要表现在下列几个方面：一是由于规模化企业不多，相当一部分小型企业财务核算聘用兼职会计记账，兼职会计自身对企业生产经营管理状况不熟悉，因此普遍存在着成本核算模糊，以一定的利润水平反算或倒轧成本的现象。二是企业自身内控机制不健全，仓库核算、成本核算等环节普遍存在着不规范性和随意性。三是企业从自身利益出发，不确认收入、收受虚开发票和故意隐瞒利润等现象较为普遍。

（三）改性塑料制造行业指标数据采集及存在的涉税风险点

1. 2012年改性塑料制造行业在本地区企业分布、销售、整体增值税税负、主营业务利润率等式指标状况

该行业主要是为汽摩配制造行业配套，主要分布在孟河地区。2011年全行业增值税税负率1.69%，低于全省行业3.2%的平均税负；主营业务利润率9.5%，低于理论值14%4.5个百分点。

2.存在的涉税风险点

（1）来料加工或产品销售，存在以料串换。

（2）瞒报销售收入。如：产品（账外经营销售不入账）、加工费收入、零星材料销售不申报。

（3）回料（或回粒）不能取得发票，而收受第三方发票（新料）或收受虚开发票虚列进项，造成回料产品单位销售价与成本价不匹配。

（4）采用估价入账、改变成本计价方式和混淆材料品种等方式，擅自调节成本、利润，提前或多结转成本。

（5）列支与企业生产经营不相关的费用或虚列费用。

（四）改性塑料制造行业评估方法

结合改性塑料制造企业的生产工艺流程、生产经营规律、涉税管理要点，可采用的评估方法为料耗产出法和能耗产出法。

1.原理描述

采用料耗产出法和能耗产出法目的是测算投入与产出之间的物料平衡关系度和生产与能耗之间的平衡关系度。

2.评估模型

（1）料耗产出法

第一步：投入产出数量采集

采集企业投入的主料——塑料粒子、辅料——助剂色粉的数量，采集企业产出的产品数量。注：来料加工委托方以提供主料为主，采集数量为会计账面数量。

原料投入数量 = 主料投入数量 + 辅料投入数量

产品产出数量 = 外购材料产出数量 + 来料加工产出数量

第二步：辅料助剂色粉在外购材料生产产品和来料加工耗用数量中分配

外购材料产出数量耗用辅料助剂色粉数量 =（辅料投入数量 ÷ 产品产出数量）× 外购材料产出数量

第三步：测算外购材料生产产品耗用主辅料比重，印证配方比例技术参数（剔除来料加工因素）

主要用来印证主辅料配方比例是否合理，成本核算是否真实。

辅料配方比例 = 外购材料产出数量耗用辅料数量 ÷ 外购材料产出数量耗用主辅料数量

第四步：外购材料投入产出测算数量与会计账面产出数量差异计算

外购材料投入产出测算数量 = 外购材料投入数量 × （1– 物耗率）；或 = 外购材料投入数量 × 投入产出比

问题值 = 外购材料投入产出测算数量 – 会计账面产出数量

（2）能耗产出法

以每吨产品耗用电量或电费计算出产品产出数量（外购材料产出数量、来料加工产出数量之和）。

产品产出测算数量 = 耗用电量或电费总量 ÷ 每吨产品耗用电量或电费

问题值 = 耗用电量或电费产出测算数量 – 会计账面产出数量

3. 标准值参考范围

改性塑料制造行业评估指标参数

指　　标	参考值
投入产出比：(吨)	100：99.5 以上
其中：尼龙改性塑料	106：100
能耗比：(度 / 吨)（元 / 吨）	320 度 / 吨；260 元（含税）/ 吨
包装物比：(KG/ 袋)	25KG/ 袋
产品耗料配方比例	塑料粒子占 96% 左右，色粉、助剂占 4% 左右

案例 4　通过生产工艺流程求证损失的合理性

翔殷化学有限公司成立于 2010 年，是一家生产聚氨酯材料的外商独资企业，2012 年开始试生产。2014 年下半年，国税局在该公司检查时发现，其在 2012 年试生产期间发生了一笔 3,261.83 万元的试生产损失。这笔巨额财产损失立即引起税务人员的高度关注。

◎ 税务稽查

为进一步了解这笔巨额损失的详细情况，税务人员要求该公司提供当年汇算清缴时的申报材料，包括 2012 年财产损失鉴证报告和 2012 年度企业所得税纳税申报表。税务人员在对该公司提供的材料进行分析时发现，该公司自 2012 年 5 月开始试生产聚氨酯产品，在 2012 年 5~9 月试生产期间，其不合格产品所耗用的原材料占同期生产总成本的 76.67%，废品率极高！该公司负责人解释说，公司所有设备都是新的，新设备在磨合期必定会产生不合格产品。由于税务人员对聚氨酯工艺流程缺乏系统了解，无法对该公司给出的理由进行反驳，此案陷入了困境。

要想突破此案，关键在于了解聚氨酯产品的生产技术。经商议，决定派人前往生产同一聚氨酯产品的另外一家公司——中江化学品有限公司考察，了解该产品的生产工艺和生产流程。

中江化学品有限公司技术人员详细介绍了聚氨酯产品的生产工艺流程。这位技术人员说："生产聚氨酯产品分化学反应和物理反应两道生产工艺流程。化学反应生产过程会产生废品，而物理反应生产过程则不会产生废品。翔殷化学有限公司的生产过程只是生产聚氨酯产品的部分工艺，也就是物理反应生产过程。物理反应生产过程在理论上是不可能产生废品或不合格产品的，投入多少公斤的原材料就能生产出同等重量的产品，在重量上是不会减少的。如果该公司生产出不合格产品，除非该公司从国外母公司进口时该原材料就是不合格产品，因为该公司聚氨酯产品的化学反应是在母公司生产完成的。"

专业技术人员的解释使该案有了转机。

根据考察情况，税务人员向翔殷化学有限公司指出，该笔巨额损失存在从母公司进口不合格产品或废品的嫌疑，目的是想向日本母公司转移利润。此时，该公司负责人的态度立刻发生了明显变化，表示可以就此事进行磋商。

原来，翔殷化学有限公司的母公司在生产过程中产生了大量的废品。翔殷化学有限公司成立以后，为了向母公司转移利润，同时为该公司以后年度少纳所得税，母公司通知翔殷化学有限公司接受该批废品，以材料名义进口后，在生产过程中以报废的名义向税务机关申请报废损失。

根据企业所得税法的相关规定，与取得收入无关的其他支出不得扣除。在大量证据面前，该公司最终同意认定该损失为与取得收入无关的其他支出，因此同意调增 2012 年度应纳税所得额，并表示自愿放弃该部分进口原材料的进口环节海关代征的增值税抵扣，并作进项转出。

◎ 案例点评

这个稽查案例给人的启示是很明显的，税务人员所面对的服务对象来自各行各业，不同行业企业的生产情况各有特点。在稽查过程中，税务稽查人员不仅要对财务核算和税法知识有充分的了解，同时还应当跳出财税的圈子，多从生产和工艺流程的角度分析，以发现账面上不能发现的问题。

其实，不仅对税务稽查人员有综合知识结构和学习能力的要求，进行税收筹划也是如此，因为进行税收筹划，实际上与企业生产经营的全过程有关，有的甚至完全取决于其他部门和环节。这里有一个实例：南兴化工公司主要生产经营醋酸酯，2014 年，产品销售收入 8 亿元，实现利润 3,000 万元，缴纳各项税金 7,500 万元，其中消费税 1,500 余万元。

该公司的生产流程为：以粮食为原材料，生产酒精（一般发酵中，仅含 10% 的乙醇，经蒸馏后可得到 95.6% 的酒精）；将酒精进一步发酵，制取醋酸；乙酸与乙醇发生酯化反应，生成乙酸乙酯（醋酸酯）。

虽然该公司的最终产品醋酸酯不是税法规定的应税消费品，但生产醋酸酯动用了自产的应税消费品酒精，领用酒精需缴纳消费税。根据《消费税暂行条例》及其《实施细则》的有关规定，纳税人将自产应税消费品用于连续生产非应税消费品的，应视同销售，按规定计算缴纳消费税。视同销售业务应按同期同类产品售价计算消费税，若无同类产品售价的，应按组成计税价格计算。

2014 年，该公司领用的自产酒精生产成本为 2.8 亿元，应纳消费税额 = 组成计税价 × 消费税率 = 成本 ×（1+ 成本利润率）÷（1– 消费税率）× 消费税率，即：

28,000 ×（1+5%）÷（1–5%）× 5%=1,547.37（万元）。

高额的消费税能否免除？这个问题一直困扰着该公司财务总监。他向税收筹划专家咨询合法节税的途径。

咨询专家到企业现场进行调研后发现：该公司之所以要缴纳消费税，是因为其中间产品是应税消费品酒精，如果通过改变生产流程，使中间产品不是酒精，这个问题就解决了。生产醋酸酯需要醋酸，而生产醋酸的方法很多，既可以通过粮食发酵的方法取得，也可以通过其他方法生产。根据这个思路，筹划人查找了相关资料，发现制作醋酸有四个办法。该公司采用的粮食发酵方法是人类最早使用的方法。这种方法生产成本高，国外大多数企业已不采用了。其他三种方法是：

用合成法制备工业醋酸；

用石油气 C2–C4 镏分直接氧化制乙酸；

用甲醇和一氧化碳在常压制取乙酸。

以上三种方法中间产品不是应税消费品，均无需缴纳消费税。经调查，以上三种方法中，采取石油气 C2–C4 镏分直接氧化制乙酸不仅简便易行，而且投资成本低。不过，该公司如果现在改变生产流程将会造成大量设备闲置，可以考虑在扩大再生产时采用新的生产方法。

该案例无论对税收筹划人员还是税务稽查人员来说，无疑都是有启发作用的。处理涉税业务的基础是对税收法律法规的会计核算原理及方法有一个全面的熟悉和理解，但是，要深刻理解税收和处理税收事项，仅仅掌握了税收法规或者会计和财务知识还不够，在很多情况下，还涉及企业的生产、经营和管理流程的很多环节。

案例 5　减免税是馅饼还是陷阱？

◎ 基本案情

昌源面粉股份有限公司是一家由国有企业改制而来的股份有限公司，改制时间为 2005 年 1 月 29 日，主要从事面粉的加工和销售，注册资本 2,000 万元，增值税一般纳税人，企业所得税由地方税务机关征管。该公司 2013 年度实现销售额 8.5 亿元，缴纳增值税 28.47 万元，税负率 0.05%。由于该企业主要生产免税产品，所以，当地主管税务机关一直没有对其进行过纳税检查。

◎ **检查过程**

2014 年 6 月 16 日，当地主管税务机关通过电脑随机抽样的方式，将其纳入纳税检查的对象。

当地主管税务机关对该企业 2011 年 1 月 1 日到 2013 年 12 月 31 日增值税情况进行了检查。在检查过程中，税务检查人员对该公司面粉生产的各环节进行了具体分析，并对其投入产出情况建立模型进行了分析，发现该企业没有按规定进行增值税核算和管理。如 2013 年度该企业全年购进小麦 780,393,755.4 元，实现面粉销售总额为 601,818,901.65 元（不含税价），免税产品麸皮销售总额为 157,235,135.55 元，这样，该公司全年销售免税产品麸皮应该缴纳增值税为 2,921,543.15 元。但是，该企业仅就包装材料转让、视同销售等业务申报缴纳增值税 28.47 万元。

◎ **检查处理**

根据《增值税暂行条例实施细则》第二十六条规定，一般纳税人兼营免税项目或者非增值税应税劳务而无法划分不得抵扣的进项税额的，按下列公式计算不得抵扣的进项税额：

不得抵扣的进项税额 = 当月无法划分的全部进项税额 × 当月免税项目销售额、非增值税应税劳务营业额合计 ÷ 当月全部销售额、营业额合计

同时，《增值税暂行条例实施细则》第二十七条还规定，已抵扣进项税额的购进货物或者应税劳务，发生条例第十条规定的情形的（免税项目、非增值税应税劳务除外），应当将该项购进货物或者应税劳务的进项税额从当期的进项税额中扣减；无法确定该项进项税额的，按当期实际成本计算应扣减的进项税额。

因此，当地主管税务机关对该企业从 2011 年 1 月 1 日到 2013 年 12 月 31 日少缴增值税 5,951,348.16 元的问题，作出责令补税决定，同时，根据《中

华人民共和国税收征收管理法》第六十三条规定，纳税人伪造、变造、隐匿、擅自销毁账簿、记账凭证，或者在账簿上多列支出或者不列、少列收入，或者经税务机关通知申报而拒不申报或者进行虚假的纳税申报，不缴或者少缴应纳税款的，是偷税。对纳税人偷税的，由税务机关追缴其不缴或者少缴的税款、滞纳金，并处不缴或者少缴的税款百分之五十以上五倍以下的罚款；构成犯罪的，依法追究刑事责任。扣缴义务人采取前款所列手段，不缴或者少缴已扣、已收税款，由税务机关追缴其不缴或者少缴的税款、滞纳金，并处不缴或者少缴的税款百分之五十以上五倍以下的罚款；构成犯罪的，依法追究刑事责任。因此，对该企业的偷税行为处以所偷税款0.5倍的罚款，同时加收了滞纳金。

◎ **业务分析**

对于税务机关的处理决定，虽然该企业接受了，并且按照限期补缴了税款和罚款，但是，该企业的主要负责人并未理解：我们是国有企业转制而来的，从来没有想到要偷税，况且，我们是免税企业，还会存在偷税问题？于是请来咨询专家为其释疑解惑。

咨询专家对该企业的发展情况、生产经营情况、享受税收优惠情况进行了全面了解，才明白问题的具体由来：由于在生产面粉过程中同时产生大量的麸皮，这种麸皮主要销售给当地的养鱼专业户。2001年初，经有关部门鉴定为饲料，该企业在税收上享受免税待遇。

由于当时我国农产品收购的进项税抵扣率为10%，而销项税的适用税率为13%，在这样的情况下，该公司销售饲料享受免税待遇还是有利可图的。但是，2002年1月9日，财政部和国家税务总局联合以财税〔2002〕12号文件下发《关于提高农产品进项税抵扣率的通知》（已失效），明确从2002年1月1日起，增值税一般纳税人购进农业生产者销售的免税农业产品的进项税额扣除率由10%提高到13%，情况就发生了变化。仅以该公司2013年度的销售情况为例：全年购进小麦780,393,755.4元，实现面粉销售总额为601,818,901.65元（不含税价），免税产品麸皮销售总额为157,235,135.55元，这样，该公司全年销售免税产品麸皮应该缴纳增值税为2,921,543.15元。

由此可见，该公司销售饲料享受免税待遇，不仅得不到好处，相反，还要倒贴税款，仅 2013 年就是 292 万元。为什么会出现享受免税待遇而实际上得不到实惠的现象呢？下面我们来进行政策分析：

在原政策条件下，作为以农产品为原料的一般纳税人从农业生产者处收购 100 元的农产品，如果以原价销售出去，则经营企业在采购环节所取得的增值税进项税额为：10 元（100×10%），而销项税额为 11.50 元（100/1.13×13%），作为一般纳税人的经营单位经营 100 元农产品就应缴纳增值税 1.5 元。而在新的政策条件下，从农业生产者处收购 100 元的农产品，如果仍以原价销售出去，则经营单位在采购环节取得的增值税进项税额则为 13 元（100×13%），而在销售环节的销项税额仍为 11.50 元（100/1.13×13%），其中就存在 1.5 元的差额。也就是说：在新政策条件下，作为一般纳税人的经营单位通过农产品生产者收购的农产品按原价每经销 100 元，不仅不用缴纳增值税，而且还可以获得 1.5 元的收益。

对于享受免税政策的以农产品作原料的生产和经营者来讲，情况就不同了。根据现行税法规定，销售免税产品的，在销售环节免征销项税额，同时，在购进环节发生的进项税额也不允许抵扣。这样，对于以农产品为原料的生产和经营者来讲，其购进农产品所含的进项税额在会计上就应该作"进项税额转出"处理。

昌源面粉制造有限公司是从事面粉的生产和销售的，其经营过程是：从农业生产者手中收购小麦，经过加工生产出面粉和麸皮。其中的麸皮作为饲料销售，该企业按照法定程序完成了免税申请手续，经省国税局批准享受免征增值税的税收优惠待遇。因此，该企业属于兼营免税项目的行为，该公司每月都根据税法规定结转免税货物的进项税额（税务机关确认兼营免税货物的在计算免税货物的进项税额转出的公式为：全部进项税额 × 免税销售总额/全部销售收入）。从最近几年的经营情况测算结果来看，该公司产品的销售毛利只有 8.79%。公司的领导认为，因为享受减免税，公司每生产 100 元免税产品，实际上就要倒贴税款 4.21 元，并且免税产品销售越多，公司的贴税额也就会越大。如果不享受免税待遇，企业就可以从国家税收上获得 13% 的"补贴"，这样，享受税收优惠倒反而不划算。

昌源面粉制造有限公司的免税问题在全国来讲也许不是个别的。其中所反映的情况值得人们深思。从增值税的原理而言，销售免税产品其进项税额应该转出，这在我国的其他免税产品销售过程中都是这样执行的，纳税人并未对这个操作原理提出异议。而作为免税农产品，其情况就有例外，因为对于农产品的税法规定有其特殊性，税法规定，购进农产品按其买价作为计算依据扣除 13% 的进项税额，而在销售环节则以不含税销售额作为计算依据按 13% 计算销项税额，这就形成了"高扣低征"的现象。

◎ 咨询建议

从纳税人的角度讲，人们应该建立这样的概念：我国的税收优惠政策的制定，是从一个区域或者一个行业的角度考虑的，有其宏观的意义。但是对于某些纳税人而言，并非所有的优惠政策都适合自己。纳税人面对一些税收优惠政策就应进行分析和筹划：这个税收政策对本企业而言，是否具有实质性优惠？如果确实有优惠，我们就去争取享受，否则还是等一等，通过进一步分析和论证之后再说。我国对农产品历来都是采取优惠和照顾性的税收政策，绝大多数纳税人都能够从中获得好处。对于昌源面粉制造有限公司而言，为什么享受了免税待遇反而要多缴税呢？其根本原因就是该公司所生产和销售的免税产品的毛利率太低，如果该公司的毛利率大于 13% 就不存在这个问题。因此，对于纳税人来说，判断某一项税收优惠政策自己是否能够去享受，应该首先算一笔账。

企业是否可以主动放弃自己的权利？我国税法规定，纳税人有申请享受减免税的权利。以此类推，纳税人也有不申请享受减免税的权利，换言之，也有申请不享受减免税的权利。况且，目前税法并没有规定生产和经营减免税项目的就必须享受减免税。相反，某项生产经营项目是否能够享受减免税政策，倒是应该经过纳税人申请和有权部门核准等必要程序的。不过，这里需要提醒纳税人注意的是，根据《增值税暂行条例实施细则》第三十六条的规定：纳税人销售货物或者应税劳务适用免税规定的，可以放弃免税，依照条例的规定缴纳增值税。放弃免税后，36 个月内不得再申请免税。因此，纳税人在进行决策的时候，就需要对其生产和经营情况做一个全面的评估和分析。

◎ 稽查建议

长期以来，许多稽查人员有一个认识：税务检查只查少缴税不查多缴税。于是，他们发现纳税人少缴税就坚持原则，但是，如果发现纳税人多缴税则是只字不提。从以法治税的角度讲，这是不应该的。

目前税务机关正在强化服务理念，事实上，税务机关进行检查的过程也是为纳税人提供服务的过程，需要税务检查人员依法办事，依率计征。因此，税务检查不能一味强调查补税款，而忽视了依法办事和实事求是的基本原则。另外，检查人员还应该做好对税收政策及涉税事项会计处理的咨询和辅导工作，让纳税人及时了解最新税收政策的变化和执行标准。否则，就偏离了纳税服务的宏观轨道。这里有一则案例就比较能够说明问题：

某税务检查组到 A 公司例行检查。A 公司在被检查年度的前一年初，以 1,000 万元购买了某高新技术企业 B 公司 30% 的股权，因能够参与对 B 公司的生产经营决策，A 公司根据《企业会计准则》采用了权益法核算此长期股权投资。当年末，B 公司实现净利润 600 万元，A 公司按持股比例计算了应享有的 180 万元收益，并将长期股权投资账面价值增加 180 万元，不仅确认了投资收益，而且还计算了投资收益需缴纳的企业所得税 21.18 万元（假设 A 公司适用所得税税率为 25%，B 公司适用所得税税率为 15%）。

但是，由于 A 公司了解《企业所得税法实施条例》第十七条的规定："股息、红利等权益性投资收益，除国务院财政、税务主管部门另有规定外，按照被投资方作出利润分配决定的日期确认收入的实现。"因此，尽管确认了投资收益，但 A 公司也知道此情况下存在会计和税务的应纳税暂时性差异，在当年度仅作了如下会计处理：

借：所得税费用   21.18

  贷：递延所得税负债——应纳税暂时性差异   21.18

至被检查年度，B 公司作出了分配前一年度 400 万元净利润的决定，同时 A 公司也收到了 120 万元投资收益并计算出应缴纳的企业所得税 14.12 万元，A 公司作了如下两笔会计处理：

①借：所得税费用   14.12

贷：应交税费——应交所得税　　　　　　　　　14.12

　　　　②借：递延所得税负债——应纳税暂时性差异　　14.12

　　　　　　贷：所得税费用　　　　　　　　　　　　　14.12

　　检查组成员小方看到了上述情况，遂向 A 公司索要了 B 公司前后两个年度的会计报表及 B 公司对 400 万元净利润的分配方案，证实 A 公司所做的上述会计处理依据了 B 公司的相关会计报表及利润分配方案。

　　至此，小方明确告诉 A 公司，尽管《企业所得税法实施条例》第十七条规定对收到的权益性投资收益，按照被投资方作出利润分配决定的日期确认收入的实现，但是，由于《企业所得税法》第二十六条又规定符合条件的居民企业之间的股息、红利等权益性投资收益为免税收入，而且《企业所得税法实施条例》第八十三条又作了补充规定："企业所得税法第二十六条第（二）项所称符合条件的居民企业之间的股息、红利等权益性投资收益，是指居民企业直接投资于其他居民企业取得的投资收益。"因此，企业所得税法在确认投资收益为计税收入的同时，也明确了投资收益为免税收入，所以，上述投资收益不应该再缴纳企业所得税。小方又补充解释说，对于已缴的企业所得税将在检查核实后退还税款，并由 A 公司自行作计缴企业所得税时相反的会计处理，但不必再通过"递延所得税负债"科目核算，没有处理完毕的递延所得税负债作冲回所得税费用的会计处理。

　　A 公司的主要负责人听后很是震惊，感叹新企业所得税法的变化实在是太大了……

附：反避税调查难点及方法提示

关联企业间关联关系的认定

纳税人需要向税务机关申报其关联系业务的开展情况。凡企业与另一企业构成关联企业的，均应在纳税年度终了后四个月内向主管税务机关报送《中华人民共和国国家税务总局外商投资企业和外国企业与其关联企业业务往来情况年度申报表》（以下简称申报表）。企业在本纳税年度内与两家或两家以上关联企业发生业务往来的，应分别填写申报表。申报表分为 A 类和 B 类，A 类适用于业务往来类型和内容单一的企业；B 类适用于业务往来类型和内容多项的企业。企业如遇特殊情况不能按规定期限报送申报表的，应在规定的报送期限内向主管税务机关提交申请，经批准可以适当延长期限，但最长不得超过 30 日。

税法实施条例第五十二条所称"在资金、经营、购销等方面，存在直接或者间接的拥有或者控制关系"、"直接或者间接地同为第三者所拥有或者控制"、"其他在利益上具有相关联的关系"和税收征管法实施细则第五十一条所称"在资金、经营、购销等方面，存在直接或者间接的拥有或者控制关系"、"直接或者间接地同为第三者所拥有或者控制"、"在利益上具有相关联的其他关系"，主要是指企业与另一公司、企业和其他经济组织（以下统称另一企业）有下列之一关系的，即构成关联企业：

（一）相互间直接或间接持有其中一方的股份总和达到 25% 或以上的；

（二）直接或间接同为第三者所拥有或控制股份达到 25% 或以上的；

（三）企业与另一企业之间借贷资金占企业自有资金 50% 或以上，或企业借贷资金总额的 10% 或以上是由另一企业担保的；

（四）企业的董事或经理等高级管理人员一半以上或有一名以上（含一名）

常务董事是由另一企业所委派的;

（五）企业的生产经营活动必须有另一企业提供的特许权利（包括工业产权、专业技术等）才能正常进行的;

（六）企业生产经营购进的原材料、零部件等（包括价格及交易条件等）是由另一企业所供应并控制的;

（七）企业生产的产品或商品的销售（包括价格及交易条件等）是由另一企业所控制的;

（八）对企业生产经营、交易具有实际控制，或在利益上具有相关联的其他关系，包括家族、亲属关系等。

税务审计人员应按上述标准，逐条依据进行审计和检查，检查结果应填写《关联企业关联关系认定表》，有两个或两个以上关联企业的，应分别检查填写。

第七条 企业未按规定期限向主管税务机关报送其与关联企业间业务往来年度申报表的，由主管税务机关责令限期报送，并可按税收征管法第六十二条的规定处以二千元以下的罚款;情节严重的，可以处二千元以上一万元以下的罚款。

关联企业间业务往来交易额的认定

在企业申报的基础上，并对照按关联企业构成标准填制的《关联企业关联关系认定表》，根据业务往来的类型和性质，对关联企业间业务往来交易额进行认真归类、汇总、分析和认定。关联企业间业务往来的类型及其内容主要包括:

（一）有形财产的购销、转让和使用，包括房屋建筑物、交通工具、机器设备、工具、商品（产品）等有形财产的购销、转让和租赁业务;

（二）无形资产的转让和使用，包括土地使用权、版权（著作权）、商标、牌号、专利和专有技术等特许权、工业品外观设计或实用新型等工业产权的所有权转让和使用权的提供业务;

（三）融通资金，包括各类长短期资金拆借和担保、有价证券的买卖及各类计息预付款和延期付款等业务;

（四）提供劳务，包括市场调查、行销、管理、行政事务、技术服务、维修、设计、咨询、代理、科研、法律、会计事务等服务的提供等。

关联企业交易额的确定：

根据业务往来的性质，发生下列类型的业务往来，其所实际支付和收取的价款、费用金额，即为关联企业交易额：

（一）企业与关联企业之间的产品（商品）购销业务实际支付或收取的价款金额；

（二）企业与关联企业之间融通资金的金额及其应计利息（包括各项有关费用）；

（三）企业与关联企业之间提供劳务所实际支付或收取的劳务费金额；

（四）企业与关联企业之间转让有形财产、提供有形财产使用权等所实际支付或收取的费用金额；

（五）企业与关联企业之间转让无形财产、提供无形财产的使用权等所实际支付或收取的费用和金额。

关联交易调整方法

企业所得税法赋予税务机关对减少企业或者其关联方应纳税收入或者所得额的转让定价行为，即关联方进行关联业务往来时，不受市场一般供求关系的约束，而按照企业集团利益的需要自行确定和调整定价的行为，按照合理方法进行调整的权利。《企业所得税法》第四十一条规定，企业与其关联方之间的业务往来，不符合独立交易原则而减少企业或者其关联方应纳税收入或者所得额的，税务机关按照合理方法调整。这里所说的合理的方法包括：可比非受控价格法、再销售价格法、成本加成法、交易净利润法、利润分割法，以及其他符合独立交易原则的方法。

国家税务总局《关于印发〈特别纳税调整实施办法（试行）〉的通知》（国税发〔2009〕2号）第二十二条明确，选用合理的转让定价方法应进行可比性分析。可比性分析因素主要包括以下五个方面：（一）交易资产或劳务特性，主要包括：有形资产的物理特性、质量、数量等，劳务的性质和范围，无形资产的类型、交易形式、期限、范围、预期收益等；（二）交易各方功能和风险，功能主要包括：研发、设计，采购，加工、装配、制造，存货管理、分销、售后服务、广告，运输、仓储，融资，财务、会计、法律及人力资源管理等，在比较功能时，应关注企业为发挥功能所使用资产的相似程度；风险主要包括：研发风险，采购风险，生产风险，分销风险，市场推广风险，管理及财务风险等；（三）合同条款，主要包括：交易标的，交易数量、价格，收付款方式和条件，交货条件，售后服务范围和条件，提供附加劳务的约定，变更、修改合同内容的权利，合同有效期，终止或续签合同的权利；（四）经济环境，主要包括：行业概况，地理区域，市场规模，市场层级，市场占有率，市场竞争程度，消费者购买力，商品或劳务可替代性，生产要素价格，运输成本，政府管制等；（五）经营策略，主要包括：创新和开发策略，多元化经营策略，风险规避策略，市场占有策略等。

一、可比非受控价格法

是指按照没有关联关系的交易各方进行相同或者类似业务往来的价格进行定价的方法。

可比非受控价格法被各国广泛应用于对商品销售、劳务提供、无形资产转让和贷款提供等方面的转让定价的调整。可比非受控价格法是将企业与其关联方之间的业务往来价格，与其与非关联方之间的业务往来价格进行分析、比较，从而确定公平成交价格。采用此种方法，关键是按照不同的关联业务类型，选择合适的可比的非受控价格，主要包括以下情况：

对有形财产购销业务调整时，须考虑选用的交易与关联方之间交易具有以下可比性因素：购销过程的可比性，包括交易的时间与地点、交货条件、交货手续、支付条件、交易数量、售后服务时间和地点等；购销环节的可比性，包括出厂环节、批发环节、零售环节、出口环节等；购销货物的可比性，包括品名、品牌、规格、型号、性能、结构、外形、包装等；购销环境的可比性，包括社会环境（民族风俗、消费者偏好等）、政治环境（政局稳定程度等）、经济环境（财政、税收、外汇政策等）。可比非受控价格法调整公式：调增收入 =（非受控价格 - 受控价格）× 受控销售数量。

对关联方之间融通资金的利息，要参照正常利率水平进行调整。调整时要注意企业与关联方的借贷业务及与非关联方之间的借贷业务，在融资的金额、币种、期限、担保、融资人的资信、还款方式、计息方法等方面的可比性。对债权人向他人借入资金后再转贷给债务人的融资业务，可按债权人实际支付的利息加所支出的成本或者费用和合理的利润，作为正常利息。

对关联方间以租赁等形式提供有形财产的使用权而收取或者支付的使用费（租金）进行调整时，可以采用可比非受控价格法，采用在相同或者类似情况下，按与非关联方之间提供使用相同或者类似的有形财产，所收取或者支付的正常费用调整。可比因素主要指提供使用财产的性能、规格、型号、结构、类型、折旧方法；提供使用的时间、地点；财产所有人在财产上的投资支出、维修费用等具有可比性。

对关联方之间转让无形财产的作价或者收取的使用费，要参照没有关联关系所能同意的数额进行调整。调整时要注意考虑企业与其关联方之间转让无形财产及与其非关联方之间转让无形财产，在开发投资、转让条件、独占程度、受有关国家法律保护的程度及时间、给受让者带来的收益、受让者的投资和费用、可替代性等方面的可比性。

国家税务总局《关于印发〈特别纳税调整实施办法（试行）〉的通知》（国税发〔2009〕2号）第二十三条明确，可比非受控价格法以非关联方之间进行的与关联交易相同或类似业务活动所收取的价格作为关联交易的公平成交价格。可比性分析应特别考察关联交易与非关联交易在交易资产或劳务的特性、合同条款及经济环境上的差异，按照不同交易类型具体包括如下内容：

（一）有形资产的购销或转让

1. 购销或转让过程，包括交易的时间与地点、交货条件、交货手续、支付条件、交易数量、售后服务的时间和地点等；

2. 购销或转让环节，包括出厂环节、批发环节、零售环节、出口环节等；

3. 购销或转让货物，包括品名、品牌、规格、型号、性能、结构、外型、包装等；

4. 购销或转让环境，包括民族风俗、消费者偏好、政局稳定程度以及财政、税收、外汇政策等。

（二）有形资产的使用

1.资产的性能、规格、型号、结构、类型、折旧方法；

2.提供使用权的时间、期限、地点；

3.资产所有者对资产的投资支出、维修费用等。

（三）无形资产的转让和使用

1.无形资产类别、用途、适用行业、预期收益；

2.无形资产的开发投资、转让条件、独占程度、受有关国家法律保护的程度及期限、受让成本和费用、功能风险情况、可替代性等。

（四）融通资金：融资的金额、币种、期限、担保、融资人的资信、还款方式、计息方法等。

（五）提供劳务：业务性质、技术要求、专业水准、承担责任、付款条件和方式、直接和间接成本等。关联交易与非关联交易之间在以上方面存在重大差异的，应就该差异对价格的影响进行合理调整，无法合理调整的，应根据本章规定选择其他合理的转让定价方法。可比非受控价格法可以适用于所有类型的关联交易。

二、再销售价格法

是指按照从关联方购进商品再销售给没有关联关系的交易方的价格，减去相同或者类似业务的销售毛利进行定价的方法。

该方法是通过扣除其转手的合理毛利润还原出售方的正常交易价格，即对关联方的买方将从关联方的卖方购进的商品（产品）再销售给无关联关系的第三者时所取得的销售收入，减去关联方中买方从非关联方购进类似商品（产品）再销售给无关联关系的第三者时所发生的合理费用和按正常利润水平计算的利润后的余额，为关联方中卖方的正常销售价格。其中，销售毛利是指销售收入减去销售成本。销售收入是指除去销售折扣和销售折让及退回的业务销售收入。销售成本可以从企业的损益表中找到。它主要用于商品交易转让定价的调整方面。

采用这种方法，限于再销售者未对商品（产品）进行实质性增值加工（如改变外形、性能、结构、更换商标等），仅是简单加工或者单纯的购销业务，即转售方没有对资产的物理性质加以改变或者没有利用无形资产以改进该有形资产，导致价值显著增长。并且使用该方法要可以找到在内部交易之前或者之后合理时间内发生的转售价格，合理地选择确定再销售者应取得的利润水平。再销售价格法调整公式：公平交易价＝再销售价－再销售利润率 × 再销售价。

国家税务总局《关于印发〈特别纳税调整实施办法（试行）〉的通知》（国税发〔2009〕2号）第二十四条明确，再销售价格法以关联方购进商品再销售给非关联方的价格减去可比非关联交易毛利后的金额作为关联方购进商品的公平成交价格。其计算公式如下：

公平成交价格＝再销售给非关联方的价格 ×（1– 可比非关联交易毛利率）

可比非关联交易毛利率＝可比非关联交易毛利 / 可比非关联交易收入净额 ×100%

可比性分析应特别考察关联交易与非关联交易在功能风险及合同条款上的差异以及影响毛利率的其他因素，具体包括销售、广告及服务功能，存货风险，机器、设备的价值及使用年限，无形资产的使用及价值，批发或零售环节，商业经验，会计处理及管理效率等。

关联交易与非关联交易之间在以上方面存在重大差异的，应就该差异对毛利率的影响进行合理调整，无法合理调整的，应根据本章规定选择其他合理的转让定价方法。

再销售价格法通常适用于再销售者未对商品进行改变外型、性能、结构或更换商标等实质性增值加工的简单加工或单纯购销业务。

三、成本加成法

是指按照成本加合理费用和利润进行定价的方法。

成本加成法，是指按照成本加合理的费用和利润进行定价的方法。即将关联企业中卖方的商品（产品）成本加上正常的利润作为公平成交价格。本方法适用于内部交易购买方实质性改变或者加工了有形资产，或者转售时显著增加了价值的情形。成本加利润法被各国广泛用于产品加工制造定价。采用这种方法，应注意成本费用的计算必须符合我国税法的有关规定，并且要合理地选择确定所适用的成本利润率。

成本加成法一般应用于资产或劳务的供方转让资产或提供劳务给一个关联的购方，此方法最适于在关联方之间销售半成品或是在受控交易中提供劳务时使用。成本加成法注重的是成本加成百分比而不是价格。成本加成法的调整公式是：公平交易价＝成本＋成本加成率×成本。

国家税务总局《关于印发〈特别纳税调整实施办法（试行）〉的通知》（国税发〔2009〕2号）第二十五条明确，成本加成法以关联交易发生的合理成本加上可比非关联交易毛利作为关联交易的公平成交价格。其计算公式如下：

公平成交价格＝关联交易的合理成本×（1＋可比非关联交易成本加成率）

可比非关联交易成本加成率＝可比非关联交易毛利／可比非关联交易成本×100%

可比性分析应特别考察关联交易与非关联交易在功能风险及合同条款上的差异以及影响成本加成率的其他因素，具体包括制造、加工、安装及测试功能，市场及汇兑风险，机器、设备的价值及使用年限，无形资产的使用及价值，商业经验，会计处理及管理效率等。

关联交易与非关联交易之间在以上方面存在重大差异的，应就该差异对成本加成率的影响进行合理调整，无法合理调整的，应根据本章规定选择其他合理的转让定价方法。

成本加成法通常适用于有形资产的购销、转让和使用，劳务提供或资金融通的关联交易。

四、交易净利润率法

是指按照没有关联关系的交易各方进行相同或者类似业务往来所取得的净利润水平确定利润的方法。

交易净利润率法以独立企业在一项可比交易中所能获得的净利润率为基础。如果净利润率比较的结果不一致，说明关联方在内部交易中通过转让定价使交易利润在它们之间的分配偏离了独立企业之间正常交易的结果。从长期来看，那些在相同产业以及相同条件下经营的企业应取得相同的利润水平。根据交易净利润率法，在受控交易下，纳税人取得的收益要与独立交易情况下非受控交易的利润指标进行比较。

交易净利润法是指相对于一个合理的基数（如成本、销售额、资产）而言，纳税人从受控交易中实现的边际净利润。其运用的方式与再销售价格法和成本加成法一致。但交易净利润法是一种完全的净利润法，是剔除了所有的经营费用后的利润。一般在毛利无法确定时，才考虑采用交易净利润法。选择正确的"净利"是运用交易净利润法的关键，在对经营劳务与分销业务的关联企业调整转让定价时，一般采用销售额收益率来计算调整额；在对生产制造商调整转让定价时，一般采用成本收益率来计算调整额。

使用交易净利润率法一般是比较销售净利润率（净利润/销售额）和资产净利润率（净利润/营业资产），通常使用的是息税前利润率。由于交易净利润率法一般适用无重大无形资产的企业，所以它不能像利润分割法那样用于无形资产的交易。交易净利润率法的使用一般分为以下几个步骤：（1）进行功能分析，生产相同产品的企业，如果所承担的功能、风险与无形资产不同，其产品的附加值是不同的，产品的价格与利润自然也不一样。只有在功能分析的基础上，选择、寻找产品和功能、风险、无形资产相当的独立企业作为可比企业，才能确定被调查企业的合理利润水平。（2）为了保证可比公司数据的真实性、可靠性及纳税人、税务机关获取可比公司信息的对称性，一般情况下可在公开的上市公司数据库中选择可比公司。这也是实现各方平等磋商的前提。（3）可比公司选择和可比性调整，可比公司的财务数据是确定被调查企业合理利润水平的依据。选择可比公司，要根据被调查企业的产品和生产经营特点，按照其拥有的功能分析、风险、无形资产等确定可比企业的条件，在公开的上市公司数据库中选择最具有可比性的公司，进而按照所选的可比公司的利润水平，确定被调查公司关联交易的合理利润。

国家税务总局《关于印发〈特别纳税调整实施办法（试行）〉的通知》（国税发〔2009〕2号）第二十六条明确，交易净利润法以可比非关联交易的利润率指标确定关联交易的净利润。利润率指标包括资产收益率、销售利润率、完全成本加成率、贝里比率等。

可比性分析应特别考察关联交易与非关联交易之间在功能风险及经济环境上的差异以及影响营业利润的其他因素，具体包括执行功能、承担风险和使用资产，行业和市场情况，经营规模，经济周期和产品生命周期，成本、费用、所得和资产在各交易间的分摊，会计处理及经营管理效率等。

关联交易与非关联交易之间在以上方面存在重大差异的，应就该差异对营业利润的影响进行合理调整，无法合理调整的，应根据本章规定选择其他合理的转让定价方法。

交易净利润法通常适用于有形资产的购销、转让和使用，无形资产的转让和使用以及劳务提供等关联交易。

2007年，深圳市国税局反避税小组对以为关联企业提供劳务为主要收入的某企业的转让定价问题进行了调查。该企业是某跨国企业集团为了适应华南地区生产急速增长和降低采购成本的需要而成立的一家子公司。该公司以"集团采购服务中心"的身份为集团及内部成员提供劳务。

反避税小组通过对该公司各个年度的财务状况进行分析，发现其利润水平明显偏低，主要原因是该公司的经营收入的定价由母公司决定，并以咨询费用乘以一定的加成率作为定价基础。加成率由双方按约定的比例确定，且保持不变。

通过反避税调查核实，反避税小组认为这种定价方法与公司的发展速度和赢利能力不相匹配，不能体现其发挥的功能和承担相应的风险，不符合公平交易原则，存在通过集团内提供劳务进行转让定价避税的嫌疑。

一开始，反避税小组决定寻找可比公司，从而推定该企业转让定价事实的成立。在寻找可比公司的过程中，反避税小组发现公开数据来源中能够获得的外部财务数据非常有限，想要找到真正有价值的可类比公司非常困难。反避税小组于是决定采用"交易净利润法"。因为这种方法是强调企业职能与风险的可比性，对受测企业和非受控企业之间提供劳务的差异不太敏感。

经过一系列的测算和数据比对，证明该企业确实存在利用劳务转移利润的问题，深圳市国税局调增了该企业4个年度应纳税所得额400多万元，补征企业所得税近80万元。

五、利润分割法

是指按照企业与其关联方的合并利润或者亏损在各方之间采用合理标准

进行分配的方法。

利润分割法是对由若干个关联企业共同参与的交易所产生的最终合并利润，按照各企业承担的职责和对最终利润的贡献确定一个分配比例，然后再按这个分配比例在各关联企业之间分配合并利润的方法。最终合并利润在关联企业之间进行分割通常有两种方法：一是贡献分析法，即利润的划分要依据各关联企业对某笔受控交易贡献的相对价值来进行。在确定某一关联企业所作贡献的相对价值时，首先要分析其在交易中履行的具体职能、使用的资产（包括无形资产）和承担的风险，同时还要考虑其所作贡献的市场价格或者报酬。也就是说，贡献分析是通过计算综合净利，检验关联企业在关联交易中的功能，通过分析财务数据资料来规定利润分割的百分比，然后进行转让定价的调整。

二是剩余利润分析法，利用余值分析法分割受控交易的合并利润分二个步骤：第一步，对每一参与企业分配足够的利润，使其获得与其从事交易相应的基本利润回报。这一基本回报通常是参考独立企业从事类似交易所获得的市场回报来确定。因此，基本回报并不能解决因参与方拥有独一无二有价值的资产所产生的回报。第二步，将经过第一步分割后的剩余利润（或亏损）在关联各方之间分配，这一分配是建立在能够揭示独立企业之间如何分配剩余利润的事实和环境分析的基础之上，此时，各方无形资产贡献和相对交易地位方面的指标可能对分析特别有帮助。

利润分割法不考虑关联方与独立交易方在交易事项上的价格差异，不依赖于可比价格。所以在以交易为依据的方法无法实施时，可以依据关联方的不同功能合理分配出应得的利润。当关联方之间的利润分配出现与公开市场情况相背离的异常情况时，税务机关可以直接按照此方法加以调整。

国家税务总局《关于印发〈特别纳税调整实施办法（试行）〉的通知》（国税发〔2009〕2号）第二十七条明确，利润分割法根据企业与其关联方对关联交易合并利润的贡献计算各自应该分配的利润额。利润分割法分为一般利润分割法和剩余利润分割法。

一般利润分割法根据关联交易各参与方所执行的功能、承担的风险以及使用的资产，确定各自应取得的利润。

剩余利润分割法将关联交易各参与方的合并利润减去分配给各方的常规利润的余额作为剩余利润，再根据各方对剩余利润的贡献程度进行分配。

可比性分析应特别考察交易各方执行的功能、承担的风险和使用的资产，成本、费用、所得和资产在各交易方之间的分摊，会计处理，确定交易各方对剩余利润贡献所使用信息和假设条件的可靠性等。

利润分割法通常适用于各参与方关联交易高度整合且难以单独评估各方交易结果的情况。

据介绍，无形资产的所有权一般分为两类，一类是法律意义上的所有权，一类是经济意义上的所有权。母公司向子公司转让核心技术，对无形资产通常拥有法律意义上的所有权，但是子公司投入了人力和财力进行进一步的创新、研发后的技术是一项增值了的技术，子公司对其拥有经济意义上的所有权。子公司应分享因经济意义上的所有权所带来的合理利润。

在对这家跨国公司进行了深入调查取证后，深圳市国税局反避税小组提出了子公司应分享无形资产增值所带来的合理利润的意见。该企业一开始并不接受税务机关的意见，不认为子公司对其无形资产有所增值。

通过进一步的调查取证和数轮磋商，深圳市国税局提出了使用"剩余利润分割法"对其所得进行调整的意见。通过该方法，能使深圳的子公司分享部分因无形资产增值所带来的超额利润。

六、其他符合独立交易原则的方法

在企业不能提供关联交易资料或提供虚假、不完整资料，不能真实反映其关联业务往来的情况下，还可以采取条例第一百一十五条规定的核定应纳税所得额的方法，进行调整。其具体方法：一是参照同类或者类似企业的利润率水平核定；二是按照企业成本加合理的费用和利润的方法核定；三是按照关联企业集团整体利润的合理比例核定；四是按照其他合理方法核定。

针对企业不提供与其关联方之间业务往来资料，或者提供虚假、不完整资料，未能真实反映其关联业务往来情况的情形，税务机关获得的资料和信息相当有限，只能核定企业的应纳税所得额，所以税法授权税务机关可以核定企业的应纳税所得额。这是维护国家税收权益、迫使纳税人履行举证责任的重要规定，是解决反避税调整日趋复杂、案件旷日持久不能结案等困难的重要手段，这也是世界上许多国家采用的通常做法，同时也得到经济合作组织转让定价指南的认可。

税务机关采用核定征税是有严格的前提条件的，核定征税是对企业不提供或者提供虚假、不完整资料等不配合行为的一种强制措施。在具体实施核定应纳税所得额时，也是要按照严格的法律规定的核定程序进行的，不是简单的随意确定。

（一）核定应纳税额的方法

核定税额时，尽管其核定的应纳税所得额不能保证与实际完全相符，但也要求尽量减少征税误差，保持其相对的合理性。为了减少核定征收方式的随意性，使核定税额更接近纳税人的实际情况和法定负担水平，不致因核定税额低于纳税人实际应纳税额太多而使国家财政收入蒙受损失，也不致因核定税额高于纳税人实际应纳税额太多而侵犯纳税人合法权益，这里对有关核定应纳税额作了进一步的规定：（一）参照同类或者类似企业的利润率水平核定。这种核定方法，参考了转让定价调整方法中的"交易净利润法"，也就是核定利润率法，关键是选择类似行业或者类似企业。虽然参照类似企业的利润率水平不尽合理，但是这种方法比较直观，便于实际操作。（二）按照企业成本加合理的费用和利润的方法核定。这种方法参考了转让定价调整方法中的"成本加成法"。这种方法的核心问题是界定成本的范围以及确定合理的成本利润率。（三）按照关联方集团整体利润的合理比例核定。这种方法是参考了转让定价调整方法中的"利润分割法"。利润分割法中分割的是一项或者多项关联交易的合并利润（或者亏损），此条款的核定方法中分割的是关联企业集团整体的利润。（四）按照其他合理方法核定。这是扩展性条款，使以后新的更好的核定方法出现后也能用于对应纳税所得额的核定。

（二）纳税人有异议时负举证责任，税务机关认可后调整应纳税所得额

税务机关在核定应纳税所得额时，自由裁量权比较大。为了防止税务机关滥用权力，体现对纳税人合法权益的保护，税法规定税务机关采取上述方法核定纳税人的应纳税额，纳税人有异议的，提供相关证据，经税务机关认定后，调整应纳税额。由于纳税人方面的主观或者客观原因，致使税务机关

难以用合理方法来征收税款，举证责任由纳税人承担。这样规定有利于核定应纳税所得额的方法应尽量合理公平，同时实施条例给予了不提供资料的企业对被核定的应纳税所得额要求重新审核的机会，充分反映了税法对纳税人合法权益的保护。

（三）调整方法运用合理的认识

判断方法合理与否，可以从两个方面来衡量：一是方法本身的合理性；二是在特定条件下，对某一方法运用的适当性。就方法本身的合理性而言，集中体现在强调将关联交易作价或者利润水平与可比情形下的非关联交易结果进行比较，如果存在差异，就说明因为关联关系的存在而导致企业无法取得按照正常市场交易和营业常规所能收取或者支付的价款，转让定价扭曲了价格或者利润，并使关联交易的一方减少了应税收入或者所得额。由于结果是建立在比较基础上的，具有经济合理性，因此能够被企业和税务机关双方所接受，并在世界范围内被广泛采用。尽管上述方法都具有经济合理性，但就某一案例的特定情况而言，还要选择一个最适当的方法对其调整。对于方法运用适当性的判定有三个标准：一是方法的运用满足了方法本身对可比性条件的要求；二是在同等信息资料获取的条件下，没有其他更适当的方法；三是该方法的运用能够被税企双方所接受。

第五章 内部管理案例分析

案例 1 破坏内控制度企业自尝苦果

◎ 企业情况

东方饮料有限公司成立于 2008 年 1 月，主要生产某品牌饮料系列产品。经过六七年的努力，该企业已经拥有一定的规模，2014 年实现销售额 4,920 万元。但是，在最近的几年里，该企业的税收负担水平一直在低位徘徊，于是，当地主管税务机关将其纳入稽查的范围。

◎ 稽查过程

2014 年 7 月中旬，税务局稽查局业务主查张立波等一行三人到东方饮料有限公司检查所得税汇算清缴情况。

进入东方饮料有限公司后，检查组将东方饮料有限公司主要设备的生产能力与账面反映的主要产品的产量进行了比对，检查了各项成本的结转和费用列支情况，均未见异常。检查组初步判断东方饮料有限公司不存在大问题。

但就在检查组准备结束检查的当天，东方饮料有限公司财务科王经理请检查人员吃晚饭，说他晚上正好值班。检查组张主查婉言谢绝后，很自然地问起王经理为什么要值班。王经理说，目前业务多，每天晚上要有公司中层

143

正职以上两位领导值班，负责加班期间的生产安全和销售业务。王经理"无心直言"触动了张主查的神经。张主查分析，此前仅计算了东方饮料有限公司每天工作 8 小时情况下的生产能力，且已考虑到淡季产量下降的因素，如果要加班，就应该加上加班的时间重新计算产量。

次日，通过仔细询问东方饮料有限公司两个主要生产车间的负责人，张主查了解到东方饮料有限公司进入和退出旺季的情况，每年夏季 3 个月最高峰时"三班倒"，前后两月需"两班倒"。如此计算，东方饮料有限公司的产量起码应该翻一番。

为了查证实际产量，张主查通过对两个主要生产车间夏季 3 个月工资和加班费列支情况的检查，倒推出这 3 个月的产量已接近原先测算的年度产量，说明此前测算的产量严重偏低。为尽快结束检查，张主查将上述疑问与王经理直接作了说明，请王经理予以解释。王经理最终承认了东方饮料有限公司部分销售收入未入账的问题。

原来，东方饮料有限公司为了降低税负，对一部分现金销售的产品不开销售发票，仅开具公司统一印制的收款收据，顾客凭收款收据提货联就可以到仓库提货，再凭出门联离开公司。张主查请王经理拿出相关收款收据（包括已开的存根）及记载未入账收入的小金库账簿，经复核确认，账簿清楚记载了每天没有入账的销售数量和金额，月计和累计总数都很清楚。检查组其他人员认为，总数虽与此前推算的产值相差 80 多万元，但差异不到 20%，可以据此确认未入账的销售额并就此结束检查。

但是，对企业内部控制制度比较熟悉的张主查意识到，既然凭发票提货联和收据提货联都可以提货，那仓库应该有这两种提货联的记录。张主查来到仓库，请仓库负责人拿出收据发货联的记录及汇总表。尽管汇总表上的总金额与小金库账面上的总金额一致，但仔细查看后发现，东方饮料有限公司同时使用了 3 本收款收据，且号码前后混乱，难以判断是否存在收据缺号的问题。这让张主查意识到该公司很可能存在收据没有全部计入小金库账的问题。果然，在对仓库保管员的办公资料进行全面检查后，发现了两张未计入小金库账内的收据提货联，收款收据的开票人是公司销售经理。张主查就此询问销售经理，销售经理终于承认，他从公司为偷税开收款收据不入账的问题中，看出有空子可钻，便与仓库保管员及财务科成品会计合谋，凡销售经理值班开收款收据时，故意打乱收据使用序号以便浑水摸鱼，同时选择一张金额较大的收据不计入小金库的收入账，而对其他的小金库账簿，仓库保管员不计相应的发出数和完工入库数，成品会计则扣减相同数量的产品入账数，使得小金库账面上的产品实物数量和财务小金库账面上产品的数量一致。经检查，在近两年的时间里，3人共合谋贪污了120多万元。最终，东方饮料有限公司因隐瞒近500万元收入的偷税问题（已加上贪污数）接受了补税罚款的处理，同时品尝了内部出现"蛀虫"的苦果。

◎ **业务辅导**

这是一则与内部控制和管理有关的涉税案例。所谓内部控制是从管理流程的角度，对企业内部重要业务事项和高风险领域，从决策、执行、监督等全方位，梳理优化制度流程、辨识评估关键风险点，制定风险控制策略，最终实现防范和控制企业经营风险的一系列活动。

内部控制的主要目标是控制企业风险，但不同于风险管理。财政部、证监会、审计署等五部委对企业内部控制体系建设都非常重视并提出了强制性要求，因此，全面推进企业内部控制体系建设势在必行。

目前，社会中介咨询机构也提供"内部控制体系设计"服务，主要包括：

1. 评估企业内部控制现状，揭示企业内部控制薄弱点和关键风险点，使企业高层管理者心中有数。

2. 设计企业内部控制基本规范，系统安排企业内部控制工作。

3. 设计企业内部控制具体规范，按照企业的具体作业活动，研究每个关键的、重要节点的风险控制。

4. 设计企业内部控制手册，以便实际执行和监督检查。

5. 设计和辅导穿行试验，使企业可以自主、持续地测试和提高内部控制体系的健全性和符合性。

6. 有效融合企业内控制度和相关基本管理制度，提高内控制度的可执行性。

◎ 案例分析

根据企业内部控制配套指引的规定，企业应当明确存货发出和领用的审批权限，大批存货、贵重商品或危险品的发出应当实行特别授权。仓储部门应当根据经审批的销售（出库）通知单发出货物。企业仓储部门应当详细记录存货入库、出库及库存情况，做到存货记录与实际库存相符，并定期与财会部门、存货管理部门进行核对。在本案例中，正因为企业内部控制的疏漏，给内部人员贪污创造了条件。如果不存在东方饮料有限公司为了偷税，开收款收据不入账的问题，销售经理就不会发现相关的内部控制缺陷，也就不可能利用开收款收据不入账来实施贪污。这恰好印证了一句俗语：苍蝇不叮无缝的蛋。实际上，任何一家企业为了偷税，必定会实施一些有违常规的业务流程或办法，从而违反企业内部控制制度的规定。尽管企业会因少纳税得到一时便宜，但最终会破坏企业的内部控制制度，使内部控制出现缺陷或漏洞，并很容易使企业内部的"蛀虫"有机可乘。

案例2 凭白无故虚列成本

对企业成本项目进行纳税稽查是具体操作过程中的一个难点业务，因为成本因素相对比较复杂，既涉及收材料，又关系到费用。在具体核算过程中，由于各行各业的产品（商品）不同，有关企业组织生产和经营的方法和思路也有差异，与此相适应，有关企业会采用适应自身特点的成本核算方法。如何进行成本项目的纳税稽查？这里我们通过对一则案例的分析，争取达到抛砖引玉的效果。

◎ 企业情况

信达实业有限责任公司属于增值税一般纳税人，2009年5月正式投产经营，公司的经营范围为再生纸生产、销售，主要是以废纸为原料生产瓦楞纸，经营状况良好。2012 年申报销售收入 6,847 万元，缴纳增值税 203 万元，申报利润 537 万元。2013 年申报销售收入 8,321 万元，缴纳增值税 246 万元，申报亏损 132 万元。

◎ **税务稽查**

该企业经营正常，销售收入逐年增长，但是 2013 年却出现了较大亏损。此种情况引起了税务部门的注意，将之纳入了稽查名单。

检查人员履行了相关检查手续后，调取了该单位 2013 年度的账簿、凭证等相关资料。

他们首先有针对性地对该企业的收入情况进行了检查，检查了产品的入库、出库、开票、记账等情况，将发货数、出库数、开票数、记账数进行了细致检查，并复核了销售发票和明细账、总账、申报表等数据。该企业 2013 年初库存产品 435 吨，本年度入库产品 57,162 吨，本年出库销售 55,473 吨，年末结存 2,142 吨。按平均单价 1,500 元 / 吨计算，收入约 8,321 万元。出入库手续完备，和财务上记账的数量没有差异。

瓦楞纸属非消费性产品，下一环节不进入消费环节，同时从该企业销售合同及相关资料上看，购货方均为一般纳税人，均需专用发票进行抵扣税款，因此企业销售不开发票的可能性极小。从检查的种种情况分析，少报收入这一疑点也基本上被排除了。

收入没有异常，最有可能发生问题的环节在哪里？通过阶段性分析，检查人员调整思路，将重点转到了该企业的成本上。

经过调查了解，发现该企业本年度生产产品共计消耗原材料 102,891 吨，投入产出比为 1.8∶1，而行业标准比例为 1.4∶1，若按行业标准计算，则该企业多消耗了 22,864 吨材料。为什么会有这么大的消耗差异？

该企业的原材料消耗存在较大的疑问。带着疑问，检查人员把视线集中到材料供应环节，决定从源头查起。

于是，他们绕开公司负责人和会计，去找材料仓库保管员。从保管员那儿，取得了 2013 年入库材料的全部记录，并将会计记录（账簿）与保管员的材料账（流水账）进行核对，发现会计的材料明细账中记载的材料购进数量大于保管员手中材料购进原始记录数。

他们立即将企业购进材料的所有记账凭证与所附的原始凭证再次进行核对，发现部分记账凭证上所登记的材料购进数量远远大于所附的发票数，相差约 22,864 吨，合计金额近 2,000 万元，且无任何购货凭证，均是采用自制入库单充抵购货凭证，从而达到虚增购货成本的目的。

发现问题后，企业的财务人员虽然百般狡辩，但是在检查人员提出的事实面前，只好老实交代了：为了虚减利润，偷逃企业所得税，企业用假入库单记账，以达到虚增材料记账成本、减少利润的目的。2013 年度用自制入库单虚增采购成本约 2,000 万元，从而虚增了生产成本。减少了企业的利润。

检查人员按税法规定，对该企业偷逃所得税的行为进行了相应的处罚。

◎ 案例分析

通过对此案稽查过程的分析，可以给我们学习纳税稽查提供一个借鉴：

1.要善于对凌乱的信息进行分析，从而在杂乱无章的数据中抓住重点。在检查前，要充分了解企业的基本情况，对案情进行全面分析，从而在整个案件中圈定检查的重点，做到有的放矢，而不能遍地开花，满湖撒网，这样才能缩小检查的范围，明确检查的思路，找准检查的切入点和突破口，大大提高检查的效率。本案中，检查人员根据分析，一开始把检查重点放在收入和成本费用上，经检查分析，排除了多列费用和少报收入的可能性，逐步将检查的重点缩小到材料成本的检查上。整个案件的查处重点突出，思路清晰。

2.从现象中发现问题本质，运用查账技巧提高稽查效率。在检查过程中，检查人员不能仅把注意力集中在账面的几个数字上，这样容易被表面现象所蒙骗。只有根据确定的检查重点，结合企业特点，拓宽检查思路，运用一定的查账技巧，才能挖掘出问题的根本所在。本案中检查人员在采用就账查账等手段无济于事的情况下，迅速转变检查思路，以该企业投入与产出的比例异常为切入点，揭穿了纳税人虚列成本的真相。

案例3 利润变为会务费 一不留神成偷税

润华电器有限公司主要生产家用电器系列产品，通过全国两百多个特约经销商组成销售网络向外销售。考虑到公司处于高税区，所以公司与经销商的操作思路是：公司以较低的价格将产品销售给各地的特约经销商，然后以组织各种活动的形式，再从经销商那里返还一定的利润，其中定期召开座谈会、信息发布会和市场调查会是活动的主要形式。

◎ 稽查情况

2013 年 6 月 18 日，当地主管税务机关对该公司 2012 年度的增值税纳税情况进行了检查，发现该公司 2012 年中的会务费开支 1,600 万元，其中向客户收取会务费 1,500 万元，企业支付 100 万元。公司就会务问题做了如下财务处理：在列支会务费费用时记入管理费用科目，借记管理费用——会务费 1,600 万元；收到客户缴纳的会务费时冲减管理费用科目，贷记管理费用——会务费 1,500 万元。公司账面上发生的会务费在管理费用中的反映为 100 万元，这是该公司支付给会议中介机构的会议服务费用。

就会务费的处理，税务机关认为很不正常，因为这笔收入与产品销售存在客观上的联系。于是要求该公司把向客户收取的会务费 1,500 万元作为价外费用处理，补缴增值税 255 万元，补缴城建税及教育费附加 25.5 万元（该公司所在地城市维护建设税的适用税率为 7%，教育费附加征收率为 3%）。

◎ 税企争议

对于税务机关的处理该公司的主要负责人感到难以理解。为了避免会务费被认定为价外费用，在 2012 年年初该公司专门向当地的税务师事务所进行了专题请教，事务所的专家建议他们：召集客户开销售座谈会、信息发布会和市场调查会，可以委托一家会议公司出面组织，以会议公司的名义对外宣传活动的主题和具体的要求并负责具体组织，由润华电器有限公司向参加会议的客户或代理商收取会务费，润华电器有限公司给会议组织机构支付服务费用。这样，在润华电器有限公司的财务账面上就不反映会议的收入，而是作为代收代付的形式核算 1,500 万元会务费业务，润华电器有限公司账面所体现的费用是支付给中介机构会议组织服务费 100 万元。代理专家认为，经过以上处理，就属于代理业务，公司则不用缴纳相关税收了。

现在看来，润华电器有限公司的操作与税法规定产生了偏差。但是，润华电器有限公司的运作过程又的的确确是经过专家论证的呀。因此该公司的主要负责人质问：我公司的操作方式究竟错在哪里？如果要从税收筹划的角度进行完善，我公司应该怎么做才符合税法的规定呢？

◎ 案例分析

根据《增值税暂行条例》的规定，销售额为纳税人销售货物或者应税劳务向购买方收取的全部价款和价外费用。润华电器有限公司以较低的价格将产品销售给各地的特约经销商，然后以组织各种活动的形式，再从经销商那里返还一定的利润的做法属于偷税行为。事实上，从经销商处返还的利润属于公司销售货物价款的一部分。而根据《增值税暂行条例实施细则》第十二条的规定，价外费用包括价外向购买方收取的手续费、补贴、基金、集资费、返还利润、奖励费、违约金（延期付款利息）、包装费、包装物租金、储备费、优质费、运输装卸费、代收款项、代垫款项及其他各种性质的价外收费。凡价外费用，无论其企业会计如何进行核算，均应并入销售额计算应纳税额。因此，税务机关将润华电器有限公司从特约经销商处收取的"会务费"，以价外费用的名义作补税处理是有法律依据的。

我国税法不允许纳税人通过任何形式进行避税，如果纳税人存在避税行为，根据《税收征管法实施细则》第五十四条规定，纳税人与其关联企业之间的业务往来过程中，购销业务未按照独立企业之间的业务往来作价或者提供劳务，未按照独立企业之间业务往来收取或者支付劳务费用以及转让财产、提供财产使用权，未按照独立企业之间业务往来作价或者收取、支付费用等现象的，税务机关可以调整其应纳税额。

从企业生产经营活动的角度而言，润华电器有限公司适当地进行商务活动和其他各种宣传活动是很正常的。在此期间发生一定的费用，如召开座谈会、信息发布会和市场调查会以及组织其他宣传活动，向参会人员收取或者支付一定数量费用，是可以进行税收筹划的。但是，这里有一个前提，就是要合法操作。从润华电器有限公司2012年度合计收取的1,500万元会务费的上述筹划过程来分析，显然是不完善的。从具体的业务流程的角度分析，这种做法不符合代理业务的形式要件：润华电器有限公司虽然委托会议公司出面组织，以润华电器有限公司的名义对外宣传活动的主题和具体的要求并负责具体组织，但是润华电器有限公司向参加会议的客户或代理商收取了会务费，从而使筹划活动陷入了偷税的误区。

◎ **策划思路**

如果要从税收筹划的角度进行完善，润华电器有限公司应该怎么做才符合规定呢？作为企业而言，扩大市场占有率的一个重要手段，就是进行企业的产品宣传。如果企业通过筹划既进行了宣传，又减少费用支出，也就达到了筹划目的。因此，我们认为正确的操作方式是：如果召集客户举办销售信息发布会或者市场调查会，润华电器有限公司可以委托一家会议中介机构进行代理，以润华电器有限公司的名义对外宣传活动的主题和具体的要求并负责具体组织，由中介机构向参加会议的客户或代理商收取会务费，润华电器有限公司不收取任何费用，只向会议中介机构支付会计组织服务费用。这样，在润华电器有限公司的财务账面上就不再出现收取1,500万元会务费的经济业务，仅仅体现支付给中介机构会议组织服务费100万元的事项。通过以上会务费处理程序，润华电器有限公司可以少缴纳增值税255万元，少缴纳城建税及教育费附加25.5万元。

案例4　餐饮服务和娱乐项目划分有点难

目前人们的消费观念已经发生变化，所以消费服务业的经营理念和经营方式也在不断地翻新。但是，在变换经营模式的时候，涉税政策同时也应进行疏理，否则同样也会存在涉税风险。这里有一则案例：

◎ 企业情况

李老板是一个五金制造企业的投资人。他看到人们生活水平提高以后，消费观念也发生了变化。于是 2012 年 1 月就在某市投资开办了一个属于增值税小规模纳税人（适用 4% 税率）的量贩式 KTV，年总收入为 240 万元，其中超市收入 168 万元，KTV 收入 72 万元。如果依据 KTV 收入缴纳营业税，同时超市销售额缴纳增值税，那么应缴营业税 14.4 万元，增值税 6.48 万元。

◎ 税务稽查

2014 年 2 月 12 日，当地主管税务机关对其纳税情况进行了检查，发现该企业的会计核算不准确，应当按照营业税的有关规定，依据总收入缴纳营业税，应缴营业税 48 万元。李老板已经缴纳营业税 14.4 万元，还应当补缴营业税 33.6 万元，这让李老板十分吃惊。

◎ 政策分析

如果对上述案例进行分析，人们可能会提出以下问题：李老板为什么还要补缴营业税呢？量贩式 KTV 包括娱乐、商品销售和饮食服务。

《营业税税目注释（试行稿）》规定，娱乐业是指为娱乐活动提供场所和服务的业务。征收范围包括：经营歌厅、舞厅、卡拉 OK 歌舞厅、音乐茶座、台球、高尔夫球、保龄球场、游艺场等娱乐场所，以及娱乐场所为顾客进行娱乐活动提供服务的业务。国家税务总局《关于营业税税目注释（试行稿）》（国税发〔1993〕149 号）第六条第四款规定，音乐茶座，是指为顾客同时提供音乐欣赏和茶水、咖啡、酒及其他饮料消费的场所。可见音乐茶座包括酒吧，酒吧应按娱乐业税目征收营业税。财政部、国家税务总局《关于营业税若干政策问题的通知》（财税〔2003〕16 号）规定，单位和个人开办网吧取得的收入，也要按娱乐业税目征收营业税。

《营业税暂行条例》及其实施细则明确，娱乐业的营业额为经营娱乐业向顾客收取的各种费用，具体包括门票收入、台座（位）费、点歌费、烟酒和饮料收费及经营娱乐业的其他各项收费。税务专家提醒，作为一个特殊行业，我国税法对娱乐业应税营业额的确有一些特别规定，具体如下：

1. 价外费用的处理。某些娱乐场所除向顾客收取各项正常费用外，还加收特种消费行为费用，或按营业额的一定比例加收，或按人头计算加收。对这些价外费用，无论如何计收，也不论财务上如何核算，均应并入营业额中按娱乐业税目征收营业税。

2. 歌舞厅收费方式的处理。凡是属于经营娱乐业的营业收入，不论采取何种收费方式，如门票费、台座（位）费、点歌费、茶点费、伴舞费、包厢费、服务费等，应当全额并入营业额按娱乐业税目征收营业税。歌舞厅等娱乐场所邀请外来团体进行表演，对表演团体分得的收入，也不能从营业额中扣除。例如，某歌厅 2 月取得门票收入 5 万元，出售饮料、烟、酒收入 10 万元，收取献花费 2 万元，收取卡拉 OK 点歌费 15 万元，则该歌厅本月娱乐业应纳税营业额为 32 万元（5+10+2+15）。

3. 兼营不同税目营业额的处理。纳税人兼营不同税目的应税行为，应分别核算营业额，如未分别核算的，从高适用税率。例如，某公园除门票收入外，还有游艺项目（如电动车、碰碰车、过山车等）收入。在会计处理上将两类收入分别核算的，则按各自适用的税率征税，门票收入按文化体育业税率征税，游艺收入按娱乐业税率征税；若未分别核算或不能提供分别核算资料的，一律从高适用税率，按娱乐业税率征税。但对娱乐场所为顾客进行娱乐活动提供的饮食服务及其他各种服务，无论是否分开核算，都按娱乐业税目征税。

4. 奖金、奖品的处理。娱乐活动中给予顾客的奖励（包括奖品和奖金），其价值应计入营业收入全额征税。对于退还现金的，也应全额征税，不能按退还后的实收款项征税。

5. 会员制问题的处理。目前，一些以娱乐为主兼有社交性质的俱乐部，对入会会员收取入会资格保证金（退会时可退还）和入会费，在收讫会费和保证金时，应全额并入营业收入，按娱乐业征收营业税。会员退会时，其应退的保证金允许从当期营业收入中扣除。

我国娱乐业执行 5%~20% 的幅度税率，具体适用税率由各省、自治区、直辖市人民政府根据当地实际情况，在税法规定的幅度内决定。

◎ **咨询建议**

针对近年来出现的量贩式 KTV 内设超市收入如何征税问题，国家尚没有统一的政策规定。但根据上述政策，一般认为，应该与 KTV 收入一并按娱乐业征收营业税。即量贩式 KTV 适用歌舞厅 20% 的营业税税率，收取的烟酒、饮料、包间费等应一并按照娱乐业高税率计征营业税。同时，个别省级税务机关对此也进行了明确。如，内蒙古自治区地税局《关于对量贩式 KTV 超市征收营业税批复》（内地税字〔2004〕105 号）规定，在量贩式 KTV 内设立的超市，经营时间与 KTV 的营业时间相同，在 KTV 为顾客进行娱乐活动提供服务的同时，以向顾客销售饮料、烟酒、食品等为主。按照《营业税暂行条例》"娱乐业的营业额为经营娱乐业向顾客收取的各项费用，包括门票收费、台位费、点歌费、烟酒和饮料收费及经营娱乐业的其他各项收费"的规定，量贩式 KTV 内设立的超市，无论办理何种税务登记，均应暂按娱乐业征收营业税。湖南省地税局编印的《营业税知识读本》明确，无论娱乐场所是否将饮食服务和其他服务的收入分开核算，其收入都应作为娱乐业收入征税。

事实上，李老板还是存在向税务机关申诉的机会的。因为，李老板可以使其超市销售判定为一项兼营行为，根据《中华人民共和国营业税暂行条例实施细则》第八条的规定：纳税人兼营应税行为和货物或者非应税劳务的，应当分别核算应税行为的营业额和货物或者非应税劳务的销售额，其应税行为营业额缴纳营业税，货物或者非应税劳务销售额不缴纳营业税；未分别核算的，由主管税务机关核定其应税行为营业额，这样无论李老板自身是否分开核算营业额和销售额，都应该就其营业额征收营业税，就其销售额征收增值税，而不用全被被认定为营业额，使用娱乐业的高税率了。

案例 5　酒店业涉税风险不容小觑

经济的发展给旅游、餐饮酒店业带来了商机。由于酒店业涉及税种较多，涉税风险不容忽视。笔者结合税务机关在纳税评估和税务稽查中发现的涉税问题，就酒店业涉及的主要风险及其应对作一个提示。

◎ 基本案情

最近广州市地方税务局某稽查局对 A 大酒店进行了纳税检查，发现该企业如下涉税问题：一是 POS 机刷卡没有入账，税务局查出注销账户，两个账户收入金额 2,000 万元，而且收入都没有入账；二是娱乐业收入过少，12 点后 KTV 开餐饮票，涉税金额 800 万元，旅游业开票 1,700 万元，账务差额 324 万元；三是对外承租收入没有入账，涉税金额 12 万元；四是采购货物基本都是白条入账；五是实际发生装修 1.2 亿元，装修费用地税务局备案 1,500 万元，实际账务装修 150 万元；等等。最终，该企业承担了相应的税务处理和处罚。

◎ 操作提示

酒店业的涉税风险很大，星级酒店往往是纳税信用 A 级企业，如果受到税务机关的行政处罚，会对企业信誉造成很大负面影响。因此，税务机关加强有针对性的宣传，企业加强涉税业务和流程管理对促进税企和谐具有重要的意义。在这里引用部分资料对酒店的涉税风险做一个简要提示：

不规范的收入核算带来的税务风险

收入不入账。酒店业取得现金等收入不给客人开发票，或者在客人索要发票时采取抹零或者赠送客人饮料等方式，将收入不入账核算，逃避缴纳营业税和企业所得税。按照税收征管法的规定，一旦被税务机关查实，将面临偷税的处罚。

酒店业存在企业负责人签单消费的行规，不计收入却将相应成本扣除，造成计税收入减少。会计和税法确认收入的原则存在差异，对于签单消费，会计上可以理解为没有带来经济利益的流入而不确认收入，但根据收入与成本配比的基本原则和国家税务总局有关文件，酒店负责人在本公司请客吃饭签单，虽未实际收到餐费，但仍应按视同销售确认收入，并扣除成本。按照企业所得税法实施条例第四十三条的规定，企业可以将这部分签单消费列入业务招待费支出，按照发生额 60% 和当年销售（营业）收入 5‰二者孰低的原则在税前扣除，这样就可以解决签单消费的税务风险。

酒店装修及改扩建带来的税务风险

为提升酒店档次，达到星级酒店评定标准等目的，酒店每隔几年进行装修或者改扩建等几乎成为行业常态。这些大额费用应计入固定资产成本，分期计提折旧进行摊销，这在会计处理原则和税务处理上没有太大差异。如果利用摊销调节利润，将会带来税收风险，一是造成计征房产税的不确定，房产税应按装修或改扩建后的价值为计税依据；二是因计提折旧的随意性，给企业所得税税前扣除造成混乱。

另外，为追求国际化的视觉风格，国内很多星级酒店的装饰装修往往采用国外设计公司的设计方案和理念，这就涉及对外劳务支出的税务问题。按照企业所得税法及《非居民承包工程作业和提供劳务税收管理暂行办法》（国家税务总局令第 19 号）的规定，酒店企业应就该项对外支付劳务合同向税务机关备案，在对外支付时应提供税务机关开具的对外支付证明，如果不备案，将面临税收征管法的处罚。外国劳务提供者应向酒店所在地税务机关进行临时税务登记并按规定缴纳该笔收入的税款。外方提供劳务者如果不进行税务登记，税务机关可以将向外方支付劳务费用的酒店作为指定扣缴义务人。同时，在营业税方面，酒店作为法定的扣缴义务人应当履行代扣代缴义务，否则将不能在企业所得税前扣除。

酒店资产评估增值带来的税务风险

很多星级酒店因日后长远发展需要，对固定资产进行评估，往往产生资产增值，容易产生税法和会计差异。如果企业按照评估后的资产价值计提折旧，会造成企业所得税计税基础减少。按照税法的规定，如果按照评估后的价值计提折旧，需要就评估增值部分多计提的折旧进行纳税调整。

酒店业佣金支出的税务风险

目前，星级酒店业为充分吸引客源，提高入住率，往往采取与携程、艺龙等大型中介机构合作的方式，给这些机构佣金手续费，比例在 15%~30% 不等。会计上将这些中介费作为销售费用，全额在企业所得税前扣除，也会引发税务风险。《财政部、国家税务总局关于企业手续费及佣金支出税前扣除政策的通知》（财税〔2009〕29 号）第一条第二项规定，佣金扣除限额为服务业务金额的 5%，超过部分酒店须作纳税调整。这是会计和税法的差异造成的，在纳税时应按照税法规定执行。

酒店业租赁柜台及其商品部的税务风险

酒店业主业是餐饮和会议招待，对于商品部和娱乐设施的经营经常是采取向外出租承包方式，但是给客人开发票时往往将商品和娱乐费用开在一起，从而引发税务风险。

如将租赁柜台收入先经过酒店的收款系统，再返还租赁柜台经营者，这部分收入并不列入酒店收入，但向客人开具的却是酒店的发票。就造成酒店的开票收入大于纳税申报收入。按照发票管理相关规定，发票开具的内容应该真实，向不具有真实交易方开具发票的行为涉嫌虚开发票。酒店应将自身经营与租赁柜台经营分别核算，明确双方权利义务。

企业所得税税前扣除的税务风险

酒店业涉及国税局、地税局多种发票，检查中发现，企业有取得假发票入账核算进行税前扣除的行为。检查中还发现，企业职工福利费等税前扣除方面也存在不规范之处，包括不能严格区分工资和职工福利费，将应由酒店高层和员工承担的电话费、探亲费、发放节假日礼品等费用计入企业成本等。按照企业所得税法的规定，与企业应税收入无关的支出不能在税前扣除。企业可以在公司章程中将这部分费用列为职工工资的一部分，作为个人所得税的计税依据。

案例 6　基建费用混入生产成本偷税

震元纺织有限公司地处美丽的水乡，是一家成立于 2008 年的民营纺织企业。公司成立后由于经营有方，不断从全国的同行业中挖掘引进管理人才，特别是在销售方面挖进的几位销售高手，不仅使该企业的产品在国内做出了名气，还远销到非洲、欧洲和拉丁美洲的 10 多个国家。

2010 年度和 2011 年度该企业分别实现了 3,580 万元和 5,982 万元的利润。随着企业实现效益的不断增加，该纺织企业的投资热情也在不断提高。为了今后的发展，该纺织企业在 2012 年初决定再投资新建一条二万纱锭的纺织生产线。工程预算：土建部分的投资为 15,000 多万元，同时花费近 10,000 万元购买新生产设备，于 2013 年度完工。从 2014 年度开始，企业进入一个新的发展周期。

◎ 税务稽查

就在企业发展突飞猛进的时候，当地国税部门通过案头分析发现该企业从 2012 年开始，在销售不断增长的情况下，利润却下滑非常明显，有的月份甚至出现了亏损。当地国税局稽查局便于 2014 年 9 月，对该纺织公司自成立以来至 2013 年 12 月的纳税情况进行检查。

通过对财务报表的分析发现，该纺织公司自 2012 年 5 月以后，产品单位生产成本迅猛增长，产品利润率下降异常，而产品售价变化却不大，这与其实际生产经营情况明显相悖。

于是，稽查人员重点对 2012 年 5 月以后生产成本中材料领用情况进行逐笔审查。稽查人员首先发现，该公司竟然将大量的基建材料如钢材、木材等直接打进生产成本，2012 年度混入生产成本的基建材料共 3,098 万元，2013 年混进生产成本的基建材料共计 5,283 万元。企业通过将基建材料混进生产成本的方式，增加了当期的生产成本，减少了利润；其次，稽查人员通过对生产成本中材料领用情况的逐笔审查，还发现该企业领用的设备修理配件的数量很大，并且，领用的配件恰巧可以组成一台或者数台设备或生产线。为了得到进一步的证实，稽查人员不远千里到达某市，在该市国税部门的大力配合下，稽查人员终于从该纺织公司购进所谓"机器配件"的供应商处得到了纺织公司让供应商将成套设备"化整为零"开具发票的证据。经过统计和计算，2012年度该纺织公司将购进的成套设备以机器配件的名义混入生产成本达1,868万元，2013年度将购进的成套设备以机器配件的名义混入生产成本达2,758万元。

在大量的事实面前，该纺织公司不得不承认自己的偷税事实。原来企业发现在基建投入不断加大的情况下，每年却拥有大额的利润，需要缴纳大量的所得税，这使企业的管理人员心理产生了很大的不平衡。于是，财务总监和财务人员商量，看如何才能将利润降下来。经过研究，他们决定一方面将外购的基建材料先全部计入"原材料"科目，然后在出库时将部分基建费用混成生产成本，在领用时的出库单和账簿摘要栏里只写"领用材料"，不写领用哪种原材料；另一方面，在购进成套设备时，让销货方将成套的设备分成若干零配件，在安装时再以领用修理配件的名义混入生产成本。

经过计算，该纺织公司采用将基建材料混入生产成本和将外购设备化整为零以修理费的名义计入生产成本的方式，在2012年偷逃所得税1,241万元，在2013年偷逃所得税2,010万元。

◎ 违章处理

据此，稽查局不仅依照《税收征管法》第六十三条第一款的规定，除责令该纺织公司补缴两年偷逃所得税和应加收的税收滞纳金、处以所偷税款一倍的罚款外，还将此案移交给司法机关依法追究有关责任人的刑事责任。

◎ 案例点评

成本核算表面看起来很复杂，但是，只要把握住关键点，成本检查并没有想象中那么难。成本核算中，主要是通过"生产成本"科目对生产费用进行归集分配的，因此，"生产成本"的检查就是成本检查的中心环节，应重点关注企业"生产成本"科目的核算情况。

企业产品核算主要内容就是生产费用的归集、分配。"生产成本"主要由"直接材料"、"直接人工"、"制造费用"归集而来，在检查时，应关注归集的费用是否合法，"直接材料"是否有假入库，领用的材料是否符合产品成本开支的范围等；"直接人工"主要检查是否有虚增工人的情况；"制造费用"主要检查折旧费、维修费等。

然后是生产费用的分配的检查。主要检查在完工产品和在产品之间进行分配的情况。在总成本一定的条件下，期末在产品成本保留得多与少，直接影响完工产品成本的高低，从而影响销售成本的高低，影响企业计税利润的多少，工业企业完工产品成本的计算公式为：完工产品总成本＝期初在产品成本＋本期发生的生产费用－期末在产品成本。企业为调节利润，有可能在期末在产品的计算上玩弄技巧，少留期末在产品成本，多转完工产品成本，以隐蔽方式截留利润，减少应纳所得税。

存货认定和计价的稽查思路和方法

存货是指企业在生产经营过程中为销售或耗用而储存的各种有形资产，具体包括原材料、燃料、包装物、低值易耗品、委托加工材料、在产品、产成品和商品等。存货的认定应以企业对存货是否具有法定所有权为依据，凡在盘存日期，法定所有权属于企业的一切物品，均为企业的存货，相反则不是，存货认定不受其存放何处或处于何种状态的影响。

企业的存货在企业资产中一般占据非常重要的位置，尤其对生产性企业、商业性企业等，而且，存货形态各异，种类繁多，检查起来比较麻烦。在实务过程中，在存货中占主要地位的是材料，所以，在本节我们以材料的检查为主对存货的检查及应对思路进行讨论，而对其他项目如包装物、低值易耗品等作简要提示，或者在生产成本和制造费用的检查中进行介绍。但是，这里需要说明的是，本事项的企业应对检查操作没有可以进行筹划的内容，只能按规定据实进行正确操作，从而有效地规避涉税风险。

一、收入材料的检查

企业的原材料，包括原材料、辅助材料、外购半成品等。在对企业生产成本的检查过程中，首先应对材料进行检查。税务检查一般会主要检查如下内容：

（一）计税成本的确定

按现行会计制度和有关税收的规定，收入材料包括购入、接受捐赠或投资以及委托加工和自制等入库的材料。购入的材料是企业收入材料的主要内容，其采购成本包括：购买价款、相关税费、运输费、装卸费、保险费、包装费、仓储费、运输途中的合理损耗、入库前的合理挑选费用、购入材料负担的税金、其他费用。但购进的货物已支付的增值税，除用于生产免征增值税的货物、用于非增值税劳务等特别规定和增值税小规模纳税人购进材料外，不计入材料采购成本中。

收入材料主要通过"材料采购"、"原材料"、"材料成本差异"科目核算。

（二）检查方法：

对原材料购进的检查，包括对单笔业务的检查和账面检查两个方面。

1. 单笔业务的检查

对单笔业务的检查主要从如下方面进行：

（1）检查采购材料的原始凭证，包括发票、提货单据、验收记录等，看看这些单据是否办理了合法手续，有无虚列、伪造、涂改、挖补、刮擦的现象。

（2）检查材料的采购价格及费用是否正确、真实。核实购进材料时，检查有无将不合理费用或按规定应由有关责任人赔偿的损耗计入材料采购成本。尤其应注意有无应将交增值税进项税额混入材料成本，未进行价税分离，以及把应记入"管理费用——业务招待费"的支出记入材料价格的。

（3）检查材料入库数量是否正确、真实。将原始凭证，即发票上的数额同"原材料"账册上所列数额以及实地盘点的数额进行对照。检查有无擅自更改数量，或不将盘盈数量记录在案而是长期挂在"物资采购"账户贷方的现象。

2. 账面检查

材料购进的账面检查，主要包括账面各科目的逻辑性核对，账账、账证、账表逻辑性检查等。

（1）检查"原材料"明细账中"供应单位"、"买价"、"运杂费"、"合计"等项目的数字及说明，核实凭证是否真实、合法；供应单位是外地的，应检查运杂费等采购费用的原始凭证，有无将运杂费等采购费用直接计入当期成本费用或期间费用的问题。

（2）检查"原材料"和"材料成本差异"账户，核实计算的差异率是否正确，是否按规定结转材料成本差异额。

（3）检查"原材料"明细账的借方发生额，对于购入相同类别的材料单价差别较大的，应通过核对原始凭证和有关对应账户，查实有无虚增材料成本或将材料成本计入期间费用等问题。

（4）检查"原材料"明细账，有无将购入固定资产及在建工程的专项物资的运杂费、包装费、购入原材料运输途中发生的超定额损耗和短缺损失，挤入材料成本。

（5）检查"原材料"、"低值易耗品"等明细账，核实有无将购入的固定资产采用分次付款、分开发票计入材料账，或以零部件名义把固定资产化整为零，作为低值易耗品、外购半成品、修理用备件入账，于领用时一次或分次计入生产成本。

（6）将"原材料"等明细账借方发生额与"应付账款"核对，对采取估价入账的材料，检查时，应审核企业估价入账后，有无不用红字冲销原账，收到结算凭证时又重复记材料账，造成虚增材料成本，或以高于实际成本的计划价格估计入账，收到结算凭证后不按实际成本调账的问题。

（7）检查"委托加工物资"明细账借方发生额，与委托加工合同、有关材料账户和支付加工费用结算凭证进行核对，如"委托加工物资"账户借方发生的成本费用项目不全，或其金额小于实际发生的成本费用，应核实有无将其加工费和运杂费直接计入生产成本费用或期间费用的问题。

二、发出材料的检查

《中华人民共和国企业所得税法实施条例》第七十三条规定：企业使用或者销售的存货的成本计算方法，可以在先进先出法、加权平均法、个别计价法中选用一种。计价方法一经选用，不得随意变更。

（一）会计核算

纳税人的材料等存货的发出或领用，其日常核算有实际成本和计划成本两种方法。按照实际成本核算的，可以在个别计价法、先进先出法、加权平均法等方法中任选一种。纳税人采用计划成本法确定存货成本或销售成本，必须在年终申报纳税时结转成本差异。计价方法一经选用，不得随意改变，确实需要改变计价方法的，应当在下一纳税年度开始前报主管税务机关备案。

企业各部门领用的材料，分别记入各有关核算对象。生产和管理部门领用的材料，借记"生产成本"、"销售费用"、"管理费用"、"其他业务成本"、"材料成本差异"等，贷记"原材料"、"材料成本差异"科目。

（二）检查方法

对发出材料，主要是检查"原材料"、"材料成本差异"账户，核实发出材料的计价、计量、差异的结转、数量、分配等方面是否存在问题。

1.发出材料计价的检查

（1）按实际成本计价的检查，应根据不同的计价方法分别进行检查。

第一，对采用先进先出法核算发料成本的检查。在正常情况下，某种材料月末结存数量等于或小于最后一批购进数量时，结存单价应与最后一批购料单价相同。如果月末结存数量大于最后一批购进数量的，则结存单价应考虑倒数第一批、第二批以及多批进料单价因素。在这种计价方法下，应重点审核"原材料"明细账结存数量与其单价是否正确。可采用按结存数量往上倒推的方法，核实多转发出材料成本的问题。

第二，对采用加权平均法核算发料成本的检查。对采用这种方法的，应重点审核"原材料"明细账各月末的结存栏单价与发出栏单价是否一致，与收入栏单价是否接近，月与月之间有无异常变化。如有明显异常情况，可按加权平均法的要求进行复算，核实多转发出材料成本的问题。

第三，对采用个别计价法核算发料成本的检查。检查时，应根据"原材料"明细账每次发出的材料与购进该批材料的供应地点、单位、质量、规格、单价等，对号入座进行认定，如果不相符，就必然错用不同批次的进价，应核实计算有无多转发出材料成本的问题。

（2）按计划成本计价的检查。应在核实各种收入材料数量和金额的基础上，重点审核各月材料成本差异发生额、差异率的计算和差异额的分配有无问题。

第一，检查材料成本差异发生额。材料成本差异发生额是否真实正确，直接影响到分配额的多少和产品成本的高低。因此，应检查"材料成本差异"账户借方发生额，如有不属于材料成本的项目，应予剔除；检查分配前的贷方发生额，逐项与其对应账户及有关凭证进行审核核对，如有将材料、在产品和库存商品的盘盈、收回无主账款、材料销售利润等不属于材料成本差异的内容记入该账户的，核实后应调增利润，补征企业所得税。

第二，检查材料成本差异率的计算。材料成本差异率的计算是否准确，关系到发出材料的计划成本调整与生产成本计算的正确与否。按会计制度规定，发出材料应负担的成本差异，可按当月的成本差异率计算，也可按上月的成本差异率计算。计算方法一经确定，不得任意变动。检查时，首先对"材料成本差异"账户各月分配前的借方、贷方发生额进行检查，剔除不属于差异额的部分，然后按照规定的计算公式计算出正确的差异率，再与企业已结转的发出材料成本差异率进行对比，查明有无提高或降低差异率而多转成本差异的情况。

第三，检查分配的差异额。在核实成本差异率的基础上，计算出多转的成本差异额。

应将"材料成本差异"贷方分摊额与其对应账户和"原材料"明细账贷方发生额进行核对，注意有无将超支差异全部转入生产成本，将节约差异全部留在账户内的；有无视产品成本和利润的高低随意分配差异额的；有无非生产领用的材料不分配或少分配超支差，只分配或多分配节约差的。

2.发出材料数量的检查。发出材料数量是否真实正确，直接影响成本的高低和利润的多少。为了审核计入生产成本中材料耗用数量是否真实，一般先根据企业提供的有关成本定额和成本报表资料，采用各种分析方法，对企业的成本报表资料进行测算，从中发现线索和疑点；再进一步查对账证资料，并到生产车间、仓库调查落实，核实生产领用材料数量。

（1）生产耗用数量的分析。可采用不同的分析方法，测算在材料耗用数量方面存在的可疑问题。

第一，单位产品耗料数量分析法。这是以本期单位产品实际耗料数量与定额耗用数量对比，或与上期单位实际耗用数量对比，分析其实际耗用数量是否正常的一种方法。如果出入很大，应进一步检查核实。

第二，应耗材料分析法。这是按产品消耗定额计算的应耗材料数量，与实际耗用数量对比，分析计入产品成本的材料数量是否正常的一种方法。

第三，投入产出分析法。这是按产品本期实耗材料总量测算产出产品数量，再与实际产出产品数量对比，分析是否正常的一种方法。

（2）生产耗用材料数量的账证审核。通过以上分析，如果发现计入生产成本的材料数量出入很大，应进一步审核有关账证资料，并深入车间和仓库调查核实问题。具体做法是：

第一，检查"原材料"明细账，将"发出材料汇总表"与"领料单"、"退料单"进行核对，核实发料总金额是否相符；再与"生产耗料分配表"进行核对，核实二者总金额是否一致。

第二，在上项核对的基础上，再审核"领料单"的用途、请领数量和实发数量等内容，并将其汇总，与"生产耗料分配表"进行核对，核实有无将在建工程及其他非生产领料混入生产用料，有无将请领数误按实领数计入生产用料，有无涂改领料数字，加大生产耗料等问题。

第三，深入材料仓库和生产车间、工段调查询问，核实有无领发料不计量或计量不准确，以及以领代耗或以购代耗、在车间存放账外材料的问题。

第四，抽查盘点主要库存材料，再采用"以存挤耗"方法倒挤耗用数量，核实多计生产耗料的情况。

3.发出材料用途的检查。对发出材料用途的检查，主要检查包括企业基本建设、专项工程以及职工福利等非生产领用的材料，有无计入生产成本费用中的。其检查方法如下：

（1）对各种主要材料，应检查材料明细账和发料凭证汇总表，审阅领料用途及领用部门，并与仓库保管账户核对，核实材料按用途统计的数字是否相符。

（2）对多用途的材料，如钢材、木材、水泥、煤炭、油料等，应审核有关材料明细账和发料凭证，注意一次领用量较大的，应查对用料计划，并询问领发人，落实去向，再核对账务处理，核实有无将非生产用途的材料计入成本的。

（3）审核发料凭证有关内容，注意是否填制了材料用途，有无错填用途，将非生产领料混入生产成本的情况。

（4）审核领料凭证的领料部门和制单人，有无非生产部门人员填写领用材料，故意挤入生产成本的。

4.多转发出材料成本计税金额的认定

对查出的纳税人通过提高发出材料单价、多计耗用材料数量、提高发出材料的成本差异率等手段，多转生产耗用材料的成本，不能直接调增利润补征所得税，要视其对利润的影响程度而定。如确知该批材料投入生产后其产品未完工，或虽完工但未销售，不影响当期利润，只调整有关存货余额即可，不调增利润，不补征所得税；如确定该批材料投入生产，其产品已完工并全部销售，应将多转发出材料成本全部调整利润，补征企业所得税；如前两种情况都难以确定，一般采用比例分摊法，在生产成本、库存商品、已销产品成本之间进行分摊后，调整利润。

如果难以准确确定多转发出成本的材料所生产的同样品名的产品的生产成本、库存商品期末余额和本期已销产品成本的，可按企业全部的生产成本期末余额、库存商品期末余额、本期已销产品成本计算分摊。

如确定多转成本的材料生产的产品已完工但未销售，对多转的发出材料成本只在生产成本和库存商品之间分配即可。

确定多转发出成本的材料生产的产品是否已完工或已销售的基本方法，一是从账面上核实确定，如多转发出成本的材料投入生产并经过一个生产周期后，登记其在产品和完工产品的"生产成本"和"库存商品"账已经无余额或余额很少，说明产品已完工并已经销售或大部分已经销售，可对查出的多转的材料成本全部调增利润，补缴企业所得税；如该批材料投入生产尚未经过一个生产周期，"生产成本"账户上有较大余额，且贷方也有较大发生额，并且也无法证明该批产品已全部销售，应在生产成本、库存商品和已销产品成本之间进行分摊。二是通过到车间、仓库查实实物，核实多转发出成本的材料生产的产品完工和销售情况。

总之，对查出的多转发出材料成本计税金额的认定，因情况较为复杂，并且尚无明确的法律根据，应本着实事求是的原则，合理确定当期的计税金额，据以计算应补缴的企业所得税。

三、结存材料的检查

结存材料包括材料账面的结存数量与金额的情况，以及材料的盘盈、盘亏和报废的处理情况。《企业会计制度》规定，盘盈的存货，应冲减管理费用；盘亏的存货，在减去过失人或者保险公司赔款和残料价值之后，计入当期管理费用；属于非常损失的，计入营业外支出。从税务检查的角度来分析企业材料结存情况，主要通过审阅"原材料"明细账，并结合盘点进行。

（一）材料库存数量的检查

企业的期末库存材料数量出现账实不符的问题，具体有两种情况：一种是账存数多而实存数少；另一种是账存数少而实存数多。前者一般是外借、出售、自用材料不结转或少结转材料数量，以及收入材料数量以少记多、发料数量以多记少等原因造成的。后者一般由于材料先到并入库但未估价入材料账，车间退料不办理退库手续，外借材料入库未作账务处理，收发材料计量不准，以及盘盈材料不作价入账等所致。

检查时，一般采用账盘和实盘两种方法进行。账盘法，即以财务部门的材料明细账与仓库的"材料收发存日报表"及"流动资产清查盘点表"相核对，如果发现账账不符的情况，应进一步检查有关凭证，核实原因。实盘法，即对主要材料和贵重材料进行实地盘点，将盘点的数量与账存数量相核对，如出现账实不符的情况，应进一步查清原因。属于料先到未估价入账或借入、借出没有进行账务处理的，应予调整；属于盘盈或盘亏的，应核实具体情况按规定处理；属于多转或不转材料成本的，应调增调减有关成本。

（二）账面红字余额的检查

材料明细账期末余额有时会出现红数量或红金额的不正常现象，其原因是多方面的，应将明细账与仓库的账表进行核对或通过盘点核实原因，并分别情况进行处理。

1.账面结存数量和金额都为红字。在检查库存数量的基础上，对凡不属于因借入材料或货到单未到等收发手续所致，而是属于多转发出材料成本造成的，应视其情况调整成本或利润。

2.账面结存数量是红字，金额是蓝字。此种情况要视不同原因分别处理。若库存已无实物，则说明以往发料计价偏低而少转材料成本，应将蓝字金额调增生产成本。如果库存还有实物，经盘点后，按正确单价计算出实存材料金额，再与账存金额比较；小于账面余额的差数，应调增生产成本；大于账面余额的，应将其差额调减生产成本或调增利润。

3.账面结存数量是蓝字，金额是红字。一般是提高发出材料的单价、多转成本造成的，应视其情况调整成本或利润。

（三）材料盘盈、盘亏和毁损处理的检查

材料盘盈、盘亏和毁损，是指对各种材料进行清查盘点，实际库存数量与账存数量核对发生的溢余或短缺。对核实盘盈、盘亏和毁损的材料，应编制"材料盘点报告表"，按规定程序报有关部门审批。其核算方法为审批前调整账实相符和审批后进行核销两个过程。在有关部门批准之前，应通过"待处理财产损溢——待处理流动资产损溢"科目进行核算。经有关部门批准之后，应分别不同情况作核销的账务处理。对于盘盈的材料，属于收发计量上的错误造成的，可冲减管理费用。对于盘亏和毁损的材料，属于自然损耗造成的定额内合理亏损，可计入管理费用；属于过失人或保险责任造成的材料毁损，应扣除过失人或保险公司赔款和残料价值之后计入管理费用。应由过失人或保险公司赔偿的部分，应通过"其他应收款"科目作账务处理；属于非常损失造成的材料毁损，应扣除保险公司赔款和残料价值后，计入营业外支出。

检查时，应将"待处理财产损溢——待处理流动资产损溢"账户与"材料盘点表"及"材料盈亏报告表"核对，看其数量和金额是否相符，有无压低盘盈价格和提高盘亏价格的问题；再进一步查对有关批准文件，看有无只将批准核销盘亏的材料作了账务处理，而将批准核销盘盈的材料长期挂在"待处理财产损溢"账户上不作处理；有无未报经税务机关批准，擅自将盘亏和毁损金额计入费用或营业外支出，在申报应纳所得税时，在税前作了扣除的问题。

四、周转材料的检查

"周转材料"科目主要核算企业周转材料的计划成本或实际成本，包括包装物、低值易耗品，以及企业（建造承包商）的钢模板、木模板、脚手架等。企业的包装物、低值易耗品，也可以单独设置"包装物"、"低值易耗品"科目进行核算。税务检查主要根据有关企业的具体业务情况进行。

（一）低值易耗品的检查

因低值易耗品管理的特殊性，会计制度对其作了某些特殊规定。低值易耗品是指不作为固定资产核算的各种用具物品及在经营过程中周转使用

的包装容器等。低值易耗品收入的成本构成，与原材料相同。企业领用的低值易耗品，可根据具体情况采用一次或者分次的方法摊销。对在用低值易耗品按使用车间、部门进行数量和金额明细核算的企业，也可采用五五摊销法核算。

1. 检查"周转材料——低值易耗品"明细账借方发生额，审核有无将固定资产混入低值易耗品，或为了多计增值税进项税额，将购进的固定资产记入低值易耗品账，挤占成本费用。检查时，首先通过审核"低值易耗品"明细账借方记录的品名、数量及金额发现疑点，如属于整套的配件，或连续几张发票开具同一设备的配件，或单位价值较大，或使用时间超过 12 个月等问题，应通过核对购货发票和入库单等有关凭证，核实有无将购入固定资产错按低值易耗品入账；经查实如有固定资产，再进一步审核"低值易耗品"明细账贷方记录，并与对应的"制造费用"、"管理费用"、"其他业务成本"等账户和有关凭证相互核对，核实将购入固定资产作为低值易耗品领用、摊入生产成本费用的问题。

2. 检查"周转材料——低值易耗品"明细账贷方发生额，核实低值易耗品摊销和报废的处理是否正确。对采用一次摊销法的，应参照对"原材料"账贷方发生额的检查方法；对采用分次摊销法的，应检查"周转材料——低值易耗品"明细账的贷方及其对应的"制造费用"等账户，根据所领用低值易耗品的预计使用期限，核实有无提前摊销的问题；对采用五五摊销法的企业，应将"周转材料——在库低值易耗品"明细账贷方发生额，与"周转材料——低值易耗品摊销"明细账的贷方发生额相核对，如领用当月的摊销额与在库低值易耗品数额相等，说明提前一次摊入到成本费用中，如摊销总额大于在库低值易耗品贷方发生额，应进一步查对有关凭证，核实有无领用时一次全部摊销，报废时又重复摊销，造成多计成本费用的问题；对采用计划成本核算的，应将"材料成本差异"明细账贷方发生额，与"制造费用"、"管理费用"、"其他业务成本"等明细账借方金额和"材料成本差异分配表"进行核对，核实差异率计算是否正确，有无故意多摊超支差、不分摊节约差的问题。

3. 审核低值易耗品的报废情况，收回的残料价值处理是否正确。应检查"低值易耗品备查簿"和"低值易耗品报废单"，与"原材料"、"制造费用"、"管理费用"、"其他业务成本"明细账户核对，对将收回的残料未作价计入材料账，也未冲减有关成本费用的，应重点核实企业有无将报废的残料作为账外财产，事后销售时将其作为"小金库"，或转入往来账户长期挂账，隐瞒应税收入的情况。所以在检查时，应注意核查报废低值易耗品的去向。

（二）包装物的检查

包装物是指为了包装本企业产品而储备和耗用的各种包装容器和用品。包装物的购入、自制、加工、领用等业务核算与原材料、低值易耗品的处理方法基本相同，可比照前述对原材料、低值易耗品的检查方法进行检查。在此，主要介绍对出租包装物的检查。

1. 出租包装物摊销的检查

会计准则规定，出租包装物的成本在"其他业务成本"账户核算。

对出租包装物的摊销，主要检查有无重复计算摊销额或提前摊销的问题。

检查时，对采用一次或分次摊销法核算出租包装物的，应将"周转材料——包装物"明细账贷方发生额，与"其他业务成本——出租包装物"账户借方发生额核对，核实结转的成本是否正确。结合对"包装物——库存已用包装物"明细账借方发生额的检查，对收回已使用过的出租包装物重新作价入账后，又继续出租而重复列支成本的，核实后应予剔除，调增利润。

2. 出租包装物报废处理的检查

对于不能继续使用而报废的包装物，其残值收入应冲减相应的费用账。所以应重点检查其残料价值的处理是否正确。对出租包装物业务量较大的企业，应检查"包装物"明细账贷方发生额，核实包装物发出数量和使用周期，向财务人员查询报废包装物的处理情况，并结合对"原材料"、"银行存款"、"其他业务成本"和"管理费用"、"生产成本"等账户的检查，核实报废的残值收入是否冲减了有关费用支出，有无将其转入往来账户或记入"小金库"。

企业成本及相关项目的稽查难点分析

投资人从事投资活动，目的是要取得良好的投资回报，也就是说，希望取得良好的投资收益。这里的投资收益就是税后的净利润。所以，人们通常所说的税收筹划，所得税的筹划才能最终给投资人带来实实在在的好处。纵观企业的生产和经营活动，无一不是在增加收入，减少支出上下功夫。而通过筹划，增加企业当期的成本、费用和损失，通常也是人们反复思考的主要环节。

目前的问题是，在绝大多数情况下，许多人在做着事与愿违的事情，这就是说，他们所进行的活动不是税收筹划，或者暂时自以为是税收筹划，而从税务稽查的角度讲，对纳税人成本和费用的稽查也是一个重点内容。

每当笔者提出这个问题的时候，就会有人建议，您能否举一个实例，然后对这个实例分析一下，好让人们从中吸取教训？其实，这样的案例还需要笔者来列举吗？笔者在税务机关从事税务稽查和评估十多年，在处理的近千个案例中，几乎50%与所得税有关，而在这些案例中，纳税人有意无意地增加成本，增加费用的税前列支的，又要占到相当大的比重。为了聚焦大家的视线，我们在这里还是拿名人说事吧。

所得税，特别是个人所得税是最近几年来税务机关强化管理的一个重要切入点。一提到名人税案，人们自然就会将其与刘晓庆、毛阿敏联系起来。在网上搜索相关的资料也十分容易。

刘晓庆税案回放

中国著名电影演员刘晓庆因其所办公司涉嫌偷税，于2003年7月24日经北京市人民检察院第二分院批准，被依法逮捕。此前，刘晓庆已于6月20日被北京市公安局依法刑事拘留。根据公安、税务机关侦查及调查证实，刘晓庆作为其所办公司的法定代表人，其个人行为已涉嫌偷税犯罪。

据介绍，2002年2月2日，北京市地税局第一稽查分局对北京晓庆文化艺术有限责任公司、北京刘晓庆实业发展公司和北京晓庆经典广告公司涉嫌偷税立案调查。后来经调查证实北京晓庆文化艺术有限责任公司1996年以后就采取不列、少列收入，多列支出、虚假申报等手段偷逃巨额税款，已涉嫌偷税犯罪。

2003年4月4日，北京市地税局将此案依法移送北京市公安局。北京市

公安局于4月5日立案侦查。4月24日，根据获取的证据，依法对涉案责任

人、该公司总经理靖军（刘晓庆的妹夫）和前任会计方利刑事拘留，5月30日，上述二人经北京市人民检察院第二分院批准，被依法逮捕。6月18日对该案责任人冉一红（又名刘晓红，刘晓庆的妹妹）刑事拘留。

北京市地税局于2003年5月9日依法将北京晓庆文化艺术有限责任公司银行存款196万元解缴入库，同时，对已查明其所偷税款余额，税务、公安机关已经追缴。

刘晓庆自1976年在《南海长城》中以出演甜女崭露头角开始，三十多年来在电影及电视上扮演过50多个角色，被誉为"中国影后"。后又进军商界，以房地产、化妆品等生意致富。近来更投资拍摄电视剧，长袖善舞，成为女富豪。美国《福布斯》杂志1999年公布的中国内地50大富豪榜中，刘氏以7,000万至9,000万美元身家，名列第45位，风头一时无双。

但是，据有关人士透露，税务机关通过对刘晓庆所办公司进行税务检查，已查实北京晓庆文化艺术有限责任公司自1996年以来采取不列或少列收入、多列成本、虚假纳税申报等手段进行偷税，偷税的税种涉及营业税、城市维护建设税、企业所得税和应代扣代缴的个人所得税等。

至于刘晓庆个人，除从其所办公司取得工资薪金收入外，还通过参加营业性演出、拍摄广告、提供肖像权及出租个人房产等途径取得收入，但都未申报纳税，还采取了一些与支付方签订虚假收入合同的手段隐瞒收入；同时，对于未依法纳税的收入，在税务机关通知申报的情况下她仍拒不申报纳税。

据人民网北京2004年4月6日讯记者石国胜报道：北京市朝阳区人民法院今天对北京晓庆文化艺术有限责任公司偷税案作出一审判决，以偷税罪判处北京晓庆文化艺术责任有限公司罚金人民币710万元，以偷税罪判处被告人靖军有期徒刑三年。

经法院审理查明，北京晓庆文化艺术有限责任公司作为纳税义务人，于1996年至2001年期间，违反税收征管规定，偷逃各种税款共计人民币6,679,069.6元。被告人靖军于1996年9月至2001年在被告单位任总经理的职务，主管财务工作，对任职期间单位实施的偷税行为负有直接责任。作为代扣代缴义务人，北京晓庆文化艺术有限责任公司在1997年、1998年、2000年拍摄电视连续剧《逃之恋》、《皇嫂田桂花》过程中，将已代扣的演职人员个人所得税共计人民币 418,574.43 元隐瞒，不予代为缴纳。

法院认为，被告单位北京晓庆文化艺术有限责任公司作为纳税义务人、代扣代缴义务人，无视国家税收征管法规，采取伪造记账凭证，在账簿上多列支出或不列、少列收入，进行虚假的纳税申报的手段，不缴或少缴应纳税款，且各年度的偷税数额占当年度应纳税额的比例均在百分之三十以上，被告单位的行为已构成偷税罪。被告人靖军作为单位直接负责的主管人员，参与实施被告单位大部分偷税行为亦构成偷税罪。鉴于被告单位晓庆文化艺术有限责任公司已在法院判决前将偷税款全部补缴之情节，故对被告单位予以从轻处罚，对被告人靖军可酌情予以从轻处罚。依照《中华人民共和国刑法》第二百零一条、第二百一十一条、第三十一条、第六十一条、第五十二条、第五十三条，遂作出以上判决。

案例分析：

刘晓庆税案曾经在社会上搞得沸沸扬扬，影响很大。刘晓庆税案已经过去多年，但是，如果从税务稽查和管理的角度来分析这个税案，仍然具有启发意义。

首先，要提醒纳税人应当正确认识和把握税收法规的分寸。目前我国的法制建设正在进行当中，税收法律建设不完善仍是一个突出的问题，所以我国的纳税人目前还缺乏一个良好的税收法律环境。况且，制度具有滞后性的缺陷，任何法律无法预见现实中可能出现的所有情况，不可能预先在有限的规则条文中一次性罗列所有需要遵循的条款。而且事实上，再完美的制度也只不过是一堵透风的墙，可以挡住门外汉，但是防不了有心人。所以从国家立法的角度讲，一方面要修改和完善有关法律法规，提升有关税收法律档次，使其适应社会主义市场经济发展的需要，另一方面在健全税制的同时，还应加强与公检法等部门的联动，对偷税者该重罚的重罚，使偷税者无利可图。而从纳税人的角度讲，也应当正视现实，虽然现行法律存在一些不完善的地方，可以在法律法规放任的范围内进行相关事项的操作，但是，也应当注意对分寸的把握。

其次，强化税务管理的基础工作，防范涉税风险。国家税务总局成功推出"金税工程"之后，税务机关加强了对增值税专用发票的管理，严厉打击了虚开代开增值税专用发票案件，忽视了"四小票"的管理，给不法分子留下可乘之机，"铁本"利用废旧物资销售发票 2,373 份，就偷增值税 1.11 亿元。但是，从纳税人的角度讲，利用逃避纳税作为谋取利益的手段终究不是办法，"铁本"公司的投资者以及其他逃避纳税的投资人最终没有好的下场。企业偷税的手段无非是收入不入账，私设"小金库"，少报销售收入，虚开废旧物资销售发票、虚增成本、多报费用、减少利润以及关联关系等。而要从事这些活动，无论你怎么操作，总还是存在破绽的，所以，纳税人还是要注意防范涉税风险。

最后，正确认识和处理生产经营过程中发生的成本。从纳税人的角度讲，成本控制和管理是一个十分重要的环节，同时也是一道管理难题。企业想方设法压缩成本，堵塞"跑、冒、滴、漏"，其中减少构成成本因素的税收支出也是一个可以操作的因素。但是，如果将企业的具体业务流程展开分析，在企业内部的成本控制和管理环节，如果想通过多结转生产成本的手段达到筹划税收的目的，就存在相当的难度。因为在这个环节进行税收筹划的机会比较少，只有在进行成本管理、提高投入产出率上做文章。所以，在现实咨询服务活动中，通过成本运作帮助纳税人节税的案例十分少见，而更多的则是涉税风险控制的案例。

难点提示：

这里需要提醒税务稽查人员的是，如果纳税人在成本控制方面运作不当导致成本虚增，但是没有形成现实的税前扣除不一定就构成偷税，这也是税务稽查工作中的难点问题之一。这个问题曾经引起过争议，实例如下：

2012 年 8 月份，某县地税稽查局对某公司进行纳税检查时，通过盘存该公司存货，发现其原材料 –A 的实际库存与账面所反映的库存整整短少了 10 吨，金额为 60 万元，出现了明显的"账实不符"现象。检查人员在检查中还发现：该公司在 2011 年 11 月份发生了一笔"货到单未到"的业务，其数量及金额与盘存短少的数量、金额正好一致。会计人员在作该笔业务处理时，在记账凭证上还特地作了备注说明："因购入的原材料 –A 的发票未到，暂估价入账"，同时在会计凭证后面附了原材料入库清单一份。"意外的巧合"引起了检查人员高度的关注。稽查机关通过向发货单位 B 公司所在地税务机关进行"协查"，证实该公司账面所反映的应付B公司的债务并不存在。在事实面前，该公司承认了购进的原材料是"空头支票"，所办理的原材料入库手续也是"假入库"。

检查人员认为：该公司已申报2011年度企业所得税的应纳税所得额为107万元，并已按规定缴纳企业所得税26.75万元。所以，对所查出的2011年虚列的材料成本应作为查增所得额，直接并入公司2011年度的应纳税所得额。由此计算该公司应补缴企业所得税（60×25%）15万元。同时，认为该公司虚列材料成本的行为属偷税，遂向县地税局呈报了《税务行政处罚呈报表》，拟对该公司处少缴税款0.5倍的罚款。县地税局审理后，不仅对公司的处罚不予支持，同时还撤消了稽查局已作出的税务处理决定。

分析：在本案中，如果说该公司的行为是偷税，那么公司采取的手段应当属于《税收征管法》第六十三条中规定的"在账簿上多列支出"。所谓的"多列支出"，应当是指纳税人已在会计上列支并也已在企业所得申报时进行了税前扣除，直接减少的是纳税人的应纳税所得额。多列支出中应当包括成本、费用等支出在内。虽然从大的概念上讲，材料的成本也构成企业的费用支出，但材料的成本支出与企业所发生的财务费用、管理费用、营业费用等期间费用的税前扣除截然不同：期间费用一般是在发生的当期即计入了损益，相应按企业所得税的规定进行了税前扣除，但企业生产产品所耗用的原材料，按照企业的会计制度，在企业购入的原材料时，应当是首先计入原材料的成本，在生产领用时再从原材料成本中计入在产品成本，形成产成品后又从在产品成本中计入产成品成本，只有在产成品销售时，按照"权责发生制"和"收入配比"等原则，确认收入、结转成本，此时产品成本中所包括的原材料成本才计入损益。本案中，该公司虚列材料的成本尚反映在公司的"原材料"账面上，即便是该公司将虚列的材料已计入产品成本或产成品成本，但在未销售的情况下，就没有形成"多列支出"的事实，也就是说，该公司在进行企业所得税申报时，并未将虚列的成本进入所得税税前扣除。同时，纳税人构成偷税还必须具备一个很重要的要件，那就是造成了"不缴或少缴税款"的后果。而该公司并没有造成不缴或少缴税款的后果。

总之，纳税人虚购存货，没有通过销售成本结转或对短少的存货损失直接或骗取税务机关予以税前扣除的，就不构成"在账簿上多列支出"的事实。所以，该公司虽然虚列材料，但不构成偷税。对公司虚列材料的行为税法上没有处罚的法律依据，所以，税务机关不能作任何的行政处罚。但是，上述案例也应当引起纳税人的注意，平时要注意成本核算的正确性，否则容易引起涉税纠纷，这对当事人企业也是不经济的。

管理流程中稽查案例分析

谁不想通过税收筹划降低税收负担？可以这样说，只要是生产和经营者，就没有人不想。但是，如何进行税收筹划？许多企业的负责人认为，税收问题主要在会计和财务环节，与税收有关的一切事项都应当由财务人员来负责。所以，绝大多数企业都将税收问题的解决寄托在本企业的会计和财务人员身上。这种观点目前已经成为社会上的一个共同认识。久而久之，财务人员也认为，一切涉税事项应当由自己来负责，许多财务人员也将有关税收问题全部承担下来。

其实，这是一个需要澄清的认识误区。

财务人员在处理涉税事项的过程中也感觉到无奈，许多涉税事项他们想负责，但是无力负责；他们想处理，但是没有资格来处理；他们想控制，但是没有权力来控制！为什么会出现如此尴尬的状态呢？其实原因很简单，按照会计的工作职能，目前企业财务人员所从事的工作，都是一些事后反映（核算）的经济事项。企业的日常生产和经营管理有"三流"，即货物流、资金流和信息流。在一般情况下，货物流是由其他部门控制的，信息流是由财务部门控制，且通过资金流与其他部门连接。但是，纳税义务往往在物流产生环节就已经发生，只是通过信息流体现出来。也就是说，与经济事项有关的纳税义务在到财务人员手中之前就已经产生了。所以，如果财务想处理与税收有关的经济事项，所能够操作的事项就是按规定计算应纳税款。如果想少缴税，会计人员能够做的往往也只有一个手段——逃避纳税。

炒股的人都知道 S 宁新百的涉税案例。

2007 年 4 月 3 日，S 宁新百的一纸公告使得公司接受、虚开增值税发票问题浮出水面。南京市国家税务局稽查局3月30日向其下达的《税务处理决定书》显示，S宁新百自2002年1月至2004年12月从深圳25家企业共取得虚开的增值税专用发票2231份，价税合计246,003,561.58元，税金35,744,107.18元。同时，在2002年4月至2004年11月期间，公司在没有货物交易的情况下，向三家企业开出49份增值税专用发票，金额为35,879,157.37，税金为6,099,456.77元。南京市国家税务局稽查局随即在决定书中对其做出了处理及处罚决定，即S宁新百补缴增值税35,744,107.18元，并对前述补征税款加收滞纳金12,975,984.93元。同时，拟对公司因非法取得虚开增值税专用发票进行抵扣而造成的少缴增值税税款处0.5倍罚款计17,872,053.59元，并对公司虚开增值税发票处0.5倍罚款3,049,728.39元。

有关资料显示：2002年1月至2005年10月份期间，S宁新百及东方商城在接受南京华润东方投资管理有限责任公司委托从事服装进口业务的过程中，被南京华润东方投资管理有限责任公司所利用，被动接受了其幕后控制非法公司所虚开的增值税发票，并因业务流程被南京华润东方投资管理有限责任公司所控制虚开了部分增值税专用发票，导致公司及东方商城被卷入该增值税案中。公司已于2004年12月主动调整了进出口业务的分管领导，并中断了与南京华润东方投资公司的合作，停止了该项业务；东方商城也于2005年10月调整了主要负责人，并中断了与南京华润东方投资公司的合作，全面停止了该项业务。

S宁新百税案一经公布，该公司的股票一下子就被牢牢地封死在跌停板上！S宁新百在国内虽然算不上大型企业，但是也算得上是一个规模企业了，其管理机制是传统的国有经济模式转化而来的，拥有目前多数国有企业的特点，其管理机制不可谓不完善，但是，就是这样的规模企业，却连续三年在从事着如此严重的犯罪活动！

案例分析：

因为涉税事务在企业实践中的特点是：产生纳税义务的"环节"分布在企业经济活动的各部门和各岗位，而涉税风险防范也就需要各部门信息互相沟通，大家齐心协力，在确保内部物流、资金流和信息流一致的同时，采取有效措施，规避涉税风险。

许多企业的老板认为，只要找一个高水平的财务总监（经理）就可以了，企业的税收问题主要由会计和财务部门解决，其实这是一个认识误区。因为会计的职能是事后反映（核算）经济事项，税收筹划的重点环节主要在企业的生产和经营业务流程中。许多纳税风险在财务环节之前就已经产生了。如果将投资和生产经营的全过程展开分析就不难发现，纳税义务的发生 80% 以上不在会计和财务环节！比如：企业购买原材料接受虚开、代开增值税专用发票的行为属于偷税，企业因此会受到处罚。事实上，问题发生在采购人员那里！再比如，让企业重复缴税的原因多数是业务合同签署得不科学，但是企业对外扩张、资产重组等事项更容易让企业多缴税……而这些事情往往是老板自己在操作。由此可见，税收筹划的重点应当在投资、生产和经营等业务环节。而规避涉税风险也应当从这些环节开始，所以笔者在近年来的讲座中就一再呼吁纳税人，应当强化全员管理税收意识。

第六章 销售业务稽查案例分析

案例 1 应缴消费税收入额确认的检查

2015 年 1 月 18 日，某国税局对香泽化妆制品有限公司进行突击检查，兵分三路：一路收取了该公司的会计凭证、账册、报表和其他财务资料；另一路收取该公司的车间的生产明细账；还有一路到销售部门收取了销售明细账。

◎ 稽查过程

在进行纳税检查时，税务检查人员首先对该企业的会计资料进行了核对和分析，发现该企业的凭证和账册、账册和报表的数据逻辑关系正常；车间的原材料、半成品和产成品的记录十分清楚。但是，将车间记录数据与会计记录数据进行比对时，发现车间记录与会计记录的逻辑关系不正常，2014 年 1 月 1 日至 12 月 31 日，发出的产成品数量与会计的存货入库明细账一致，而包装物则通过销售费用直接结转，全年合计结转包装物 128.5 万元。为什么会出现这种现象呢？企业的财务人员没有给出合理的解释。

于是，检查人员又察看了销售部门的销售合同和其他销售记录。

有关销售合同显示：该企业 2014 年度开展销售产品赠送包装物活动。该企业 2014 年度合计赠送包装物 128.5 万元，但是，该企业没有将该笔包装物作视同销售申报纳税（该企业的产品应征消费税的适用税率为 30%，城建税的适用税率为7%，教育费附加为3%。为了说明方便，计算时保留两位小数）。

该企业应补缴消费税：

128.5/1.17×30%=32.95（万元）；

该企业应补缴增值税：

128.5/1.17×17%=18.67（万元）

（32.95+18.67）×（7%+3%）=51.62（万元）。

结果，根据《税收征管法》第六十三条规定，主管税务机关对其处以一倍罚款处理。

◎ 案例点评

包装物是生产和经营企业的辅助生产资料，因此，纳税人在经营过程中经常遇到如何处理包装物的涉税处理问题。有关包装物计税的处理，会计制度规定与税法上有一定的差别，在实际操作中比较麻烦，也容易出现核算差错，给纳税人造成不必要的损失。对此，纳税人在实际操作中应注意如下几点：

其一，税法规定，价外费用包括了价外向购买方收取的包装费和包装物租金。因此，对于纳税人随同产品销售并向购买方收取的包装物租金和包装费，应作为"价外费用"处理，换算成不含税价格后，根据所售产品的适用税率计算缴纳增值税和消费税。

其二，对于随货物销售并单独计价的包装物，应按所售货物的适用税率计算纳税。

其三，对于随货物销售且不单独计价的包装物，如包装物是产品的组成部分，应按产品的实际销售收入计算纳税，如在销售产品时，将包装物无偿赠送给购货方的，应按视同销售处理。金银首饰连同包装物销售的，无论包装物是否单独计价，也无论会计上如何核算，均应并入金银首饰的销售额计征消费税。

其四，纳税人为销售货物而出租出借包装物收取的押金，单独记账核算的，不并入销售额征税。但对不单独记账核算、因逾期未收回包装物不再退还的时间超过一年的押金，应并入应税销售额，按照适用税率征收税款，这里应注意，将押金作为计算依据征收税款时，应将其换算成不含税价格。同时还应注意，从 1995 年 6 月 1 日起，对酒类产品企业销售酒类产品而收取的包装物押金，无论押金是否返还与会计上如何核算，均需并入酒类产品销售额中依酒类产品适用税率征收税款（啤酒、黄酒除外）。

其五，对于随货物销售既单独计价，又收取押金的包装物，应按上述的规定计算纳税。

其六，对于不随产品销售而单独销售的包装物应按适用税率计算纳税。

其七，包装物使用期限有新规定。国税函发〔1995〕288 号文件规定包装物周转期间较长的，如有关购销合同明确规定了包装物押金的返还期的，经主管税务机关核准，包装物押金确认为收入的期限可适当延长。但是，根据国家税务总局《关于取消包装物押金逾期期限审批后有关问题的通知》（国税函〔2004〕第 827 号）规定，自 2004 年 7 月 1 日起，纳税人为销售货物出租出借包装物而收取的押金，无论包装物周转使用期限长短，超过一年（含一年）以上仍不退还的均并入销售额征税。

其八，纳税人在进行会计核算时还应注意核算口径：对于逾期未退回的包装物的押金，将计算缴纳增值税后的差额，计入"其他业务收入"的贷方，对逾期未退回包装物没收的加收押金，将计算缴纳增值税、消费税之后的差额，记入"营业外收入"的贷方，两者不能搞错，否则将影响企业所得税的计算。

在处理包装物的问题方面，还有一个押金的会计核算问题，这看似简单的业务，在实务过程中人们就很容易搞错，对于出借包装物并收取一定的押金的会计与税务处理，应按以下规定执行：

会计处理方面，根据《企业会计制度》规定，收到出租、出借的包装物押金，借记"现金"、"银行存款"等科目，贷记"其他应付款"科目，退回押金作相反分录。对于逾期未退包装物而没收的押金，借记"其他应付款"科目，按应缴的增值税，贷记"应交税金——应交增值税（销项税额）"科目，按其差额，贷记"其他业务收入"科目。

◎ 筹划建议

以上企业的涉税风险本来是可以规避的，其方法也十分简单，只要注意几个政策节点的操作。国家税务总局《关于取消包装物押金逾期期限审批后有关问题的通知》（国税函〔2004〕827号）规定，自2004年7月1日起，纳税人为销售货物出租出借包装物而收取的押金，无论包装物周转使用期限长短，超过一年（含一年）以上仍不退还的均并入销售额征税。

所谓"逾期未返还"，是指在买卖双方合同或书面约定的收回包装物、返还押金的期限内，没有返还的押金。考虑到包装物属于流动性较强的存货资产，为了加强应税收入的管理，企业收取的包装物押金，从收取之日起计算，已超过一年（指12个月）仍未返还的，原则上要确认为期满之日所属年度的收入。

企业向有长期固定购销关系的客户收取的可循环使用包装物的押金，其收取的合理的押金在循环使用期间不作为收入。

对于包装物的处理，就目前的情况来看，政策性很强。这里的关键问题就是要掌握是否逾期。但是，在具体操作过程中，其主动权掌握在纳税人手上。如果企业有关人员注意包装物的分别核算，将税收问题放在工作流程之上，同时与有关客户及时签署合同，问题就可以迎刃而解。

由于有关业务比较琐碎，有关企业委托涉税中介部门去代检查，从而规避涉税风险。比如，某市怡春园化妆制品厂生产系列化妆品和护肤护发品，上海普誉财务咨询公司的注册税务师2014年6月受托对该厂进行纳税审计时，在抽查部分记账凭证、原始凭证，核对该厂销售收入过程中，发现一张记账凭证的会计分录如下：

借：银行存款	70,200
贷：主营业务收入	60,000
应交税金——应交增值税	10,200

同时：

借：营业费用	20,000
贷：包装物	20,000

这两个分录在同一份记账凭证上，引起了注册税务师的疑惑，通过检查原始凭证及"包装物"账户，发现企业在销售化妆品时按扣除包装盒（该包装盒实际上已构成产品的实体）成本后的差额作为销售收入，因而出现上面

的分录。

经询问财务主管人员才知道其实际情况。原来该厂当年化妆品销路不佳，利润有所下降，该厂经理李某授意财务人员将应作为产品组成部分的包装盒记入"包装物"账户，生产领用时不按规定转入生产成本，而在销售时一次计入营业费用，以此少计收入，减少应纳税款。经进一步检查，共查出上半年用类似做法少记销售收入 12.5 万元。

化妆品所用的包装盒是产品的组成部分，其化妆品在销售时不应以扣除包装盒成本作为销售收入金额计算税金。该厂从销售收入中扣除 12.5 万元应补记销售收入，并补缴消费税 3.21 万元（12.5/1.17 × 30%）（其他税款略）。

另外，注册税务师在核对"包装物"明细账时，还发现企业发出包装物 30 万元收取包装物租金 5 万元，全部按护肤护发品 8% 的税率计算消费税，化妆品销售却没有发生包装物转出，财务人员解释已全部打入了"生产成本"。但通过核对"其他业务收入"明细账和"主营业务收入"明细账，发现包装物中有 15 万元属于销售化妆品取得的，包装物租金中有 2 万元是随化妆品销售取得的，企业利用税率差少缴了消费税。

该厂将随同化妆品销售的包装盒和包装盒租金，按护肤护发品计算纳税，少计了税款，应按化妆品的税率补缴消费税，其应补税款 3.74 万元（17 × 30%–17 × 8%）（其他税款略）。

综上所述，该厂共应补缴税款 6.95 万元，在注册税务师的提醒下，该厂主动向税务机关进行了申报，补缴了税款、滞纳金，从而避免了税务处罚。

◎ 筹划难点

包装物处理是工商企业日常处理的一个具有普遍性的问题，其中既涉及增值税，又涉及企业所得税。但是，在税务稽查实践中却发现，包装物的涉税问题很普遍，仅靠企业的会计和财务人员是无法解决的。需要将包装物的涉税问题与企业的材料管理、成本管理和现场管理结合起来。

包装物属于低值易耗品，部分企业将包装物放在辅助材料中进行会计核算，成本核算也不按业务流程操作，现场管理没有形成完整的管理体系，这就容易导致销售环节忽视税收问题。

◎ 政策链接

《中华人民共和国消费税暂行条例》第六条规定应纳税消费税的销售额，为纳税人销售应税消费品向购买方收取的全部价款和价外费用。

《中华人民共和国消费税暂行条例实施细则》第十四条规定：条例第六条所说的"价外费用"，是指价外收取的基金、集资费、返还利润、补贴、违约金（延期付款利息）和手续费、包装费、储备费、优质费、运输装卸费、代收款项、代垫款项以及其他各种性质的价外收费。但下列款项不包括在内：

一、承运部门的运费发票开具给购货方的；

二、纳税人将该项发票转交给购货方的。

其他价外费用，无论是否属于纳税人的收入，均应并入销售额计算征税。

财政部、国家税务总局《关于酒类产品包装物押金征税问题的通知》（财税字〔1995〕第 053 号）

从 1995 年 6 月 1 日起，对酒类产品生产企业销售酒类产品而收取的包装物押金，无论押金是否返还与会计上如何核算，均需并入酒类产品销售额中，依酒类产品的适用税率征收消费税。

《国家税务总局关于印发〈消费税问题解答〉的通知》（国税函〔1997〕第 306 号）

问：为了堵塞税收漏洞，财政部、国家税务总局下发了《关于酒类产品包装物押金征税问题的通知》（财税字〔1995〕第 053 号），规定从 1995 年 6 月 1 日起，对酒类产品生产企业销售酒类产品而收取的包装物押金，无论押金是否返还和在会计上如何核算，均需并入酒类产品销售额中，依据酒类产品的适用税率计征消费税。这一规定是否包括啤酒和黄酒产品？

答：根据《中华人民共和国消费税暂行条例》的规定，对啤酒和黄酒实行从量定额的办法征收消费税，即按照应税数量和单位税额计算应纳税额。按照这一办法征税的消费品的计税依据为应税消费品的数量，而非应税消费品的销售额，征税的多少与应税消费品的数量成正比，而与应税消费品的销售金额无直接关系。因此，对酒类包装物押金征税的规定只适用于实行从价定率办法征收消费税的粮食白酒、薯类白酒和其他酒，而不适用于实行从量定额办法征收消费税的啤酒和黄酒产品。

财政部国家税务总局《关于明确啤酒包装物押金消费税政策的通知》（财税〔2006〕第020号）

财政部和国家税务总局《关于调整酒类产品消费税政策的通知》（财税〔2001〕84号）规定啤酒消费税单位税额按照出厂价格（含包装物及包装物押金）划分档次，上述包装物押金不包括供重复使用的塑料周转箱的押金。

本文自2006年1月1日起执行。

案例2 "联营扣点"销售商家怎么纳税?

◎ 企业情况

中联商厦是某市一家大型综合零售企业，主要经营服装、家电和其他百货等商品。在具体经营过程中，该公司一方面实行自营，即自己组织商品，自己组织销售；另一方面，将部分柜台出租给生产厂家，由他们派人组织销售活动，该公司只负责现场管理。

◎ 稽查过程

2015年1月28日，当地主管国税局稽查局的税务人员对该公司2014年度的经营情况进行了检查，他们发现该公司2014年度的"其他业务收入"存在问题，认为公司从10月份开始通过"联营扣点"形式取得的租金收入8,750万元，应当计算缴纳增值税。

◎ 税企争议

对此该公司很不理解，明明是出租柜台而取得的收入。在具体操作过程中，他们采用了如下操作模式（以某笔租赁业务为例）：商场与生产厂家签署租赁合同，规定了如下内容：一是商场出租100平方米的柜台给厂商作为销售产品的场地；二是厂商自派员工到商场销售和管理自己的商品；三是厂商每月向商场支付按销售额的 18.5%（但是不得低 20 万元）的租金；四是厂商的销售额由商场统一收取，月末结算时租金直接在销售额坐扣；五是商场向厂商每月收取 8 万元的进场费和宣传费。

根据现行税收法规，应当按租金收入计算缴纳营业税，为什么要我们缴纳增值税呢？要知道，两者相差 12 个百分点，对于该企业来说，可是一个不小的数字啊！

◎ 业务分析

为了帮助该企业解决有关问题，笔者对"联营扣点"、"联营返点"等部分特殊的销售和合作方式进行了深入的研究和分析，就其纳税问题形成可操作性意见：

随着市场经济的进一步发展，在商品流通环节不断出现一些新的生产方式和经营形式，"联营扣点"、"联营返点"就是最近才出现的一种新型经营合作方式。"联营扣点"、"联营返点"等合作经营方式一般在生产商与零售店之间进行。根据上海荣业东兴财务咨询公司的税务专家所进行的市场调查，目前"联营扣点"、"联营返点"的操作形式很多，但从实质上讲，不外乎以下三种基本形式：

其一，零售店给生产厂商提供柜台或者其他经营场所，零售店仅在生产厂商将商品入店时进行核查和登记数量，统计其销售价格，销售和收款等经营活动都由生产厂商自己负责，生产厂商的商品销售结束后，零售店按一定的比例，计算收取柜台或者其他经营场所的租金。

其二，双方的业务运行流程与上述相同，但在租金的收取上，零售店实行"保底定额加扣点（返点）"或"定额与扣点孰高确定租金"的形式，即零售店出租柜台或者其他经营场所时，先收取一定数额的租金，期末再根据厂商的销售额计算收取一定的租金；或者先行确定一个定额基数，如果期末按销售额乘以一个商定的比例（扣点）计算出来的结果小于先行确定的基数，厂商则按先行确定的基数向零售店支付租金，如果根据扣点计算的结果高于基数，厂商则按扣点计算的结果支付租金。

其三，零售店给生产厂商提供柜台或者其他经营场所，零售店在生产厂商将商品入店时不核查和登记数量，生产厂商派人参与商品的销售，但销售活动由商场统一管理，商品销售的款项也由商场统一收取，生产厂商的商品销售结束后（或者双方约定一个结算期间），零售店按一定的比例，计算收取柜台或者其他经营场所的租金。

◎ **政策指导**

对于"联营扣点"和"联营返点"合作方式的征税问题，应当根据具体情况作具体分析。就上述第一种和第二种合作模式，从交易过程和交易实质来分析，实际上是一种柜台（场地）出租行为。《国家税务总局关于增值税几个业务问题的通知》（国税发〔1994〕第186号）第一条明确，对承租或承包的企业、单位和个人，有独立的生产、经营权，在财务上独立核算，并定期向出租者或发包者上缴租金或承包费的，应作为增值税纳税人按规定缴纳增值税。在具体操作过程中存在两种情况，一是如果生产厂商从企业生产经营所在地主管税务机关开具了《外出经营许可证明单》，并经经营地主管税务机关确认的，厂商的销售额可以回企业所在地申报纳税；二是厂商在经营地领取了营业执照，并进行税务登记，厂商在零售商场的经营行为属于自营行为，其实现的纳税义务应当由其自己申报纳税。在以上两种模式下，零售商场所取得的租金收入应通过"其他业务收入"科目核算，按租赁业务收入计算缴纳营业税。

对于第三种情况，即生产厂商提供商品或派人参与商品的销售，而销售活动由商场统一管理，商品销售的款项也由商场统一收取的行为，事实上是商场的一种销售行为，从具体的运作过程来分析，其运行活动是一种代销行为。仅以该公司的业务运作情况为例作如下分析：

从生产厂商的角度来分析：厂商将货物运至商场，但具体商品由厂商负责管理，在这个环节其商品的所有权没有发生转移，商场对商品没有所有权。但是，如果该商品实现销售，由商场为其开票并收取货款，商场在月底（或者双方约定的其他结算期限）则按"销售清单"（实现销售的部分）记载的数量与厂商进行销售结算，厂商的纳税义务也在同时发生，这个过程事实上就是一个完整的委托代销售的过程。

而从另一个纳税人商场的角度来看，厂商通过商场完成了销售的过程，其商品销售收入成为商场销售收入的组成部分，从业务合同（形式）上看，商场取得的收入是场地使用权价值的实现，而从实际经济运行过程（内容）上看，商场取得的收入却是商品销售的差价，也就是商品在流转环节的增值额。对于这样的经营业务，商场应当按销售收入额计算缴纳增值税，而不是按租赁收入计算缴纳营业税。

当然，对于属于增值税一般纳税人的零售商而言，在具体运作过程中应当规范操作手段，在具体结算的过程中，应当向厂商按其收入额索取增值税专用发票，否则，商场没有增值税的进项抵扣，就会多缴税。

此外，对该商场收取的进场费等，如果合同中明确是与销售没有直接关系而收取的服务性费用，则应当按《关于商业企业向货物供应方收取的部分费用征收流转税问题的通知》（国税发〔2004〕136号）的规定计缴营业税。

案例3 "营联返点"厂商如何缴税？

"联营扣点"、"联营返点"等新兴的商业营销模式涉及商业企业与制造企业双方。在具体的操作过程中，存在许多政策争议，一旦有关业务事项规划得不规范，比如对有关业务的操作流程、资金结算方式等问题在合同中约定不清，就可能给有关企业带来不少麻烦，这不，某市振华制衣有限公司就出现了这样的问题。

◎ 税务稽查

2014年5月6日，税务稽查机关发现，自2014年2月开始，该企业与当地的一家大型商业企业签订了"联营扣点"、"联营返点"协议，"商场提供柜台等经营设备和场地，厂商将自己生产的产品在商场销售，销售款由商场统一收取，然后按双方协商的比例返还"。

◎ 税企争议

振华制衣有限公司 2014 年度与本市区内的 12 家大型商场签订了类似的联营协议，按最终销售价格计算合计 6,480 万元的货物，企业取得返还款 5,180 万元（增值税专用发票也是按此开具的）。对于该企业的销售额的确认问题，当地主管税务机关与企业产生了争议：

企业是按 5,180 万元计入收入并按该数据计算缴纳增值税的，而税务机关则认为应当将 6,480 万元作为企业的收入，因此，企业应当就其差额 1,300 万元补缴增值税 221 万元。

◎ 行政复议

在无法达成统一意见的情况下，企业只好按当地主管税务机关的要求缴纳了相应的税款。但是，当他们将税款入库后，就向上一级税务机关提出了行政复议。

那么，这两个意见哪个正确呢？上一级税务机关将对这个问题作出怎样的决定呢？

回答这个问题需要对有关问题作具体分析。对于联营返点的合作经营问题，正如前面的分析，目前"联营扣点"、"联营返点"的操作形式主要有三种基本形式：

一是生产厂商只是利用零售商提供的柜台或者其他经营场所，销售和收款等经营活动都由生产厂商自己负责，生产厂商的商品销售结束后，零售店按一定的比例，计算收取柜台或者其他经营场所的租金。

二是生产厂商按"保底定额加扣点（返点）"或"定额与扣点孰高确定租金"的形式，即生产厂商在获取零售店出租柜台或者其他经营场所一定时期的使用权时，先向零售商支付一定数额的租金，期末再根据其销售额计算收取一定的租金（返点）；或者先行确定一个定额基数，如果期末按销售额乘以一个商定的比例（扣点）计算出来的结果小于先行确定的基数，厂商则按先行确定的基数向零售店支付租金，如果根据扣点计算的结果高于基数，厂商则按扣点计算的结果支付租金。而具体的销售和收款等经营活动都由生产厂商自己负责。

三是生产厂商利用零售商提供的柜台或者其他经营场所销售货物，具体的销售活动由生产厂商派人进行组织，但是接受商场统一管理，商品销售的款项也由商场统一收取，商品销售结束后（或者双方约定一个结算期间），零售店按一定的比例，计算收取柜台或者其他经营场所的租金。生产厂商以扣除"返点"以后的金额给零售商开具增值税专用发票。

前两种方式，实际上是租赁经营的形式，而第三种从业务流程的角度来分析，可以认定为委托（买断式）代销售行为。

◎ 复议结果

对于振华制衣有限公司而言，其计税依据应当按合同额还是应当按发票开具额呢？从经济业务的具体情况来分析，显然，振华制衣有限公司与商场的合作协议对双方形成买断式委托代销售进行了具体规定，而最终的销售额，应当以振华制衣有限公司向商场开具的发票金额来确定。由此可见，当地主管税务机关对这个问题的理解存在偏差。

当然，对"联营扣点"、"联营返点"等销售方式在具体涉税鉴定的时候应当注意其操作的具体内涵。因为在实践过程中，平销、委托代销、进场服务等业务事项的涉税政策存在很大的差异，有关企业应当注意谨慎操作，否则，就容易产生涉税风险。

案例 4　境外服务是否要缴营业税？

2014 年 11 月 2 日，税务机关在对长江投资实业公司 2014 年 1 月 1 日至 2014 年 6 月 30 日的营业税纳税进行检查的过程中，发现该企业存在一笔金额为 1,000 万元的境外服务费用未申报缴纳营业税的问题。于是责令该公司补缴相关的营业税及滞纳金。这是怎么回事呢？

◎ 业务情况

长江投资实业公司在 2014 年 1 月初与中原路桥公司签订了两份有关沥青加工的生产技术服务合同，合同执行地点都在欧洲，合同内容是为中原路桥公司在欧洲的高速公路工程所用乳化沥青产品的生产现场，提供加工技术服务，合同期限为 3 个月，服务费用为 1,000 万元，并于 2014 年 1 月 26 日取得了这笔收入。

对于这笔收入的涉税处理，当时公司没有把握，就向当地的税务师事务所进行了咨询。税务师事务所的注册税务师到企业现场，对该公司承接的境外服务合同的内容以及相关业务流程进行了全面的分析和考察，从而给出筹划意见和建议书。税务师事务所的《筹划建议书》认为：公司提供的技术服务发生在境外，属于来源于中国境外的所得，不属于营业税的纳税范畴。

鉴于上述意见，公司一直没有申报缴纳营业税。

◎ 税务稽查

但是，2014 年 11 月 2 日税务检查人员对该企业上半年纳税情况进行检查时，发现了这个问题。通过检查，稽查人员认定这笔境外服务收入需要缴纳营业税。公司对此表示不理解，为了说明问题，公司还将税务师事务所的筹划建议书交给了税务机关。

◎ 案件审理

税务稽查意见和税务师事务所的筹划建议书一并移送到该局的审理部门，审理人员对此进行了认真的审理和分析。关于营业税，境内劳务认定有了新标准。自 2009 年 1 月 1 日起施行的新《营业税暂行条例实施细则》第四条规定，在中华人民共和国境内提供条例规定的劳务、转让无形资产或者销售不动产，指的是以下几方面：1. 提供或者接受条例规定劳务的单位或者个人在境内；2. 所转让的无形资产（不含土地使用权）的接受单位或者个人在境内；3. 所转让或者出租土地使用权的土地在境内；4. 所销售或者出租的不动产在境内。

而原实施细则第七条规定，在中华人民共和国境内提供应税劳务、转让无形资产或者销售不动产，包括如下几个方面：1.所提供的劳务发生在境内；2.在境内载运旅客或货物出境；3.在境内组织旅客出境旅游；4.所转让的无形资产在境内使用；5.所销售的不动产在境内。

通过上述新旧实施细则的对比可以看出，有关营业税境内劳务的界定，原实施细则以应税行为发生地为主要认定标准，而新实施细则除包括劳务发生地标准外，还增加了纳税主体（单位或个人）所处的位置，即纳税主体所在地和收入来源地原则。本案发生在 2014 年，因为要按照新实施细则的标准加以重新认定，而提供和接受应税劳务者均为境内企业，故应认定为境内劳务，按新实施细则的规定征收营业税。长江投资实业公司应纳的营业税为：

1,000 × 5%=50（万元）

应缴纳的城建税及教育费附加（假设该企业城建税的适用税率为 7%，教育费附加 3%）为：

50 ×（7%+3%）=5（万元）

以上两项共计应当缴纳 55 万元。

◎ 筹划思路

对于上述业务而言，如果要想规避流转环节的税收，还是可以通过筹划实现的。

如果长江投资实业公司不直接与中原路桥公司发生业务联系，而是由其设在香港的子公司长江路桥工程研究所出面，让长江路桥工程研究所与中原路桥公司签订设计合同。业务终了之后，中原路桥公司付给长江路桥工程研究所技术服务费用 1,000 万元。依据有关规定，在这种情况下长江投资实业公司以及其子公司就不负有营业税纳税义务。

◎ 案例点评

利用分支机构在集团公司内部进行交叉运作，以取得非常规的超额利润，是企业集团进行财务运筹的重要手段。比如在购销环节的"转让定价"，通过高进低出、低进高出将货物的增加值在不同税收负担的地区之间转移；通过专有技术和专利权等无形资产的受让以及管理费用的摊销等转移有关企业的利润等，都是跨区域集团公司获取超额利润的有效途径。

在我国的流转税中都有关于征收范围的规定，这里的范围可以从两个层次来理解：

其一，从地域范围来理解。我国的增值税、消费税、营业税等流转税法规都规定"在中华人民共和国境内"发生税法规定的应税项目的，应当根据有关税法的规定，计算缴纳某种税。如果在所规定的地域范围内没有发生规定的应税项目，或者所规定应当缴纳某种税的项目发生在税法规定的区域之外，就不用缴纳相应的流转税。

其二，征税项目的具体范围。我国征税项目的具体范围，也就是税目，是由相应税种的法律法规具体规定的。税法对税目的规定有概括法和列举法两种。如在中华人民共和国境内从事销售货物或者提供加工、修理修配劳务以及从事进口货物的单位和个人都是增值税的纳税人，在这里就是采用概括的办法，将在国内从事销售货物或者提供加工、修理修配劳务以及从事进口货物的行为，都纳入增值税的征收范围，没有从事货物销售等活动，而是从事文化娱乐、交通运输等活动的，就不是增值税的纳税人。而税法对生产烟、酒及酒精、化妆品等11种产品规定应当缴纳消费税，则是采用列举法规定了消费税的征收范围。

针对这种情况，我们就可以获得与此有关的销售项目的税收筹划思路：尽可能规避税法规定的征税范围。

在具体的税收筹划活动中，使所进行的项目落实在税法所规定的范围之外，是比较简单的策划方法。我们可以利用境外公司对境内某一具体业务进行策划，从而使所涉及的应税项目发生在规定的范围之外。比如，根据国税发〔1994〕214号文件规定：外商除设计开始前派员来我国进行现场勘察、搜集资料、了解情况外，设计方案、绘图等业务全部在中国境外进行，将图纸交给中国境外企业的，对外商从我国取得的全部营业收入不征收营业税。无疑，这一规定有助于税收筹划的进行。

◎ 背景资料

《中华人民共和国营业税暂行条例》规定：在中华人民共和国境内提供条例规定的劳务、转让无形资产或者销售不动产的纳税人，应当依照条例缴纳营业税。

按国税发〔1994〕214 号文件规定：外商除设计开始前派员来我国现场勘察、搜集资料、了解情况外，设计方案、绘图等业务全部在中国境外进行，设计完成后，将图纸交给中国境外企业。在这种情况下，对外商从我国取得的全部营业收入不征收营业税。

2009 年 1 月 1 日以后实施的《营业税暂行条例》第一条　在中华人民共和国境内提供本条例规定的劳务、转让无形资产或者销售不动产的单位和个人，为营业税的纳税人，应当依照本条例缴纳营业税。

2009 年 1 月 1 日以后实施的《营业税暂行条例实施细则》第四条　条例第一条所称在中华人民共和国境内（以下简称境内）提供条例规定的劳务、转让无形资产或者销售不动产，是指：

（一）提供或者接受条例规定劳务的单位或者个人在境内；

（二）所转让的无形资产（不含土地使用权）的接受单位或者个人在境内；

（三）所转让或者出租土地使用权的土地在境内；

（四）所销售或者出租的不动产在境内。

案例 5　把握税法内涵诊断涉税问题

◎ 企业情况

明珠粮食加工有限公司是一家面粉生产企业，2013 年度收入总额为 15,000 万元，其中征税项目收入 13,080 万元、免税项目收入 1,920 万元。2014 年 7 月 18 日，当地主管税务局对该企业 2013 年度企业所得税情况进行了检查。

◎ 稽查过程

明珠粮食加工有限公司对征税项目与免税项目的收入及成本费用分开进行了核算，检查人员冯志军顺利获取了有关数据：在 2013 年度，明珠粮食加工有限公司收入总额为 15,000 万元，其中征税项目收入 13,080 万元，免税项目收入 1,920 万元。可扣除的成本费用共计 14,360 万元，其中征税项目 11,960 万元，免税项目 2,400 万元。征税项目盈利 1,120 万元，免税项目亏损 480 万元，净盈利 640 万元（明珠粮食加工有限公司无以前年度结转的应弥补亏损）。

获取上述数据后，冯志军对明珠粮食加工有限公司企业所得税纳税申报表中相关内容的填报情况逐项进行了核对，没有发现异常情况。

稽查人员对明珠粮食加工有限公司按照所得税申报表列示的收入减成本及费用的顺序重新进行了填列和计算，表上的利润总额仍与账面的利润总额 640 万元一致。

在结算企业所得税时，该公司考虑到免税项目所得应作为所得税申报表中纳税调整减少额栏目下的内容填列，又将免税项目的亏损额 480 万元（此处应为所得额）填列在相应的"免税收入"栏目中，经过纳税调整后的计税所得额为 1,120 万元（不考虑其他调整因素），明珠粮食加工有限公司按照 25% 的税率计算缴纳了企业所得税 280 万元。

◎ 疑难问题

这样的做法是否正确呢？为了进一步验证申报表的填报和计算是否正确，冯志军查阅了《企业所得税法》第五条对应纳税所得额规定的计算过程的规定，即企业每一纳税年度的收入总额，减除不征税收入、免税收入、各项扣除以及允许弥补的以前年度亏损后的余额，为应纳税所得额。对照此规定，冯志军将有关数据代入公式重新进行了计算，发现盈利仍为 1,120 万元。从该结果可以看出，明珠粮食加工有限公司仅就征税项目实现的利润计算缴纳了企业所得税。

由于两次计算的结果均为 1,120 万元，冯志军觉得没有问题。但张金方经理提出，如果企业当年度的征税项目发生亏损，而免税项目有盈余，税法规定必须用免税项目的盈余弥补征税项目的亏损，但为何不可以用征税项目的盈余弥补免税项目的亏损呢？

这把冯志军问住了。检查小组主查杨开明分析说，《企业所得税法》实行的是法人所得税制度，因而同一法人在同一年度内的应税项目所得与免税项目所得发生的盈亏应该可以相互弥补，即不仅征税项目的亏损可以用免税项目的利润弥补，而且免税项目的亏损也可以用征税项目的利润弥补，用征税利润弥补后如果还有余额，再计算缴纳企业所得税。但需要注意的是，当免税项目发生亏损时，由于其亏损额可以用征税利润弥补，在填写申报表时，不应将免税项目的亏损与免税项目的盈利一样作为纳税调整减少额填列到免税收入一栏。因为当免税项目盈利时，将免税项目的盈利作为纳税调整减少额，是为了执行对免税项目实现利润不征税的规定。但是，如果免税项目亏损，再将免税项目的亏损作为纳税调整减少额从计税所得额中减少，表面上看是为了执行对免税项目实现利润不征税的要求，但实际上此时免税项目根本没有实现利润，也谈不上对免税项目征收企业所得税的问题，结果只是将免税项目的亏损从计税所得额中减除（实际减少的是一个负数），从而造成免税项目的亏损无法得到征税项目盈利的弥补。上述公司申报及冯志军复核之所以出现错误，就是由于该原因造成的。所以，明珠粮食加工有限公司被检查年度的计税所得额应为 640 万元（1,120–480）。

◎ **案例分析**

这是一个引用案例，由于该案例显示的问题具有一定的典型性，所以，我们利用这个资料与读者进行交流。

上述案例暴露了企业所得税纳税申报中存在的一个普遍性问题，即在填报申报表时，许多企业仅机械地领会填报要求，不能从税法的基本原理和本质内涵上理解填报的要求并正确分析和判断填报内容。检查人员冯志军与明珠粮食加工有限公司张金方经理对《企业所得税法》理解上的错误，正是一些税务检查人员经常出现的问题。因此，税务检查人员必须从基本原理和本质内涵上去理解和掌握税法精神，切忌一知半解和教条主义。同时，在日常纳税检查过程中，不能将检查中遇到的问题简单化，更不能对被检查单位提出的问题敷衍了事。

那么，在具体操作过程中，纳税人和税务稽查人员应当注意什么问题呢？笔者认为，企业进行所得税汇缴时，除了需要注意上述特殊规定以外，还需要注意有关政策执行口径。

所谓政策执行口径，是指税务机关具体执行某项税收政策的标准和要求。由于一些税收政策的规定过于原则和宽泛，或者存在多种理解，各地税务机关往往会依据当地的实际情况，提出比税收政策本身更加细致、具体的执行标准和要求。这种具体执行标准和要求有的通过公告发布，比如某些政策的具体操作办法，有的则只由税务机关内部掌握，当纳税人的处理不符合标准和要求时，税务机关会要求纳税人改正。对于一些税收政策，不仅各地的执行标准会有所不同，有的即使在同一省市，国税局和地税局的执行标准也会存在差异。

比如对企业发放的 12 月份工资的税前扣除，北京市国税局和地税局执行的标准就不同。北京市国税局要求，企业在 12 月份计提但实际在次年发放的工资，在当年度不能税前扣除，需要作纳税调整。而北京市地税局规定，企业在 12 月份计提的工资，只要在当年度企业所得税汇算清缴结束前实际发放，就可以在当年度税前扣除，不需要作纳税调整。在实际操作中，其他省市也存在类似标准不统一的问题，纳税人只有按照主管税务机关的要求操作才行。

案例 6 房地产开发产品未及时作销售

房地产开发企业的产品销售以及收入实现在税收方面存在特殊性，如果不了解这一点，涉税风险也就会接踵而至。这里有一则案例：

◎ 企业情况

A 公司是 2011 年 1 月 8 日设立的房地产开发企业，2011 年 8 月开发一个楼盘，2012年9月开始对外销售，根据公司经理的要求，销售部将所收房款大部分都放在预收账款里（公司卖楼盘没有开具体发票，只是开了收款收据），只有业主需要时公司才给开发票，截至2013年7月8日，有80套竣工证明已报房地产管理部门备案。由于这个楼盘的整体工程没有结束，所以，有关资料就没有转到财务部门。

◎ 税务稽查

2013年8月20日当地主管税务机关的税务人员发现该企业开业之后很久没有发生销售，而且大街上广告满天飞，于是就让税务稽查部门对该企业进行纳税检查。稽查人员通过与有关部门交换信息，并到该企业现场进行核查，发现80套价值4,800万元的商品房既未申报缴纳营业税，又未申报缴纳企业所得税。于是责令其缴纳相应的税款，同时对其进行相应的处罚。

◎ 政策分析

该企业对此很不理解，于是向税务专家进行咨询。税务专家针对企业的具体情况作出如下指导意见：

其一，《中华人民共和国营业税暂行条例》第一条规定，在中华人民共和国境内提供本条例规定的劳务（以下简称应税劳务）、转让无形资产或者销售不动产的单位和个人，为营业税的纳税义务人（以下简称纳税人），应当依照本条例缴纳营业税。《中华人民共和国营业税暂行条例实施细则》第四条明确，条例第一条所称提供应税劳务、转让无形资产或销售不动产，是指有偿提供应税劳务、有偿转让无形资产或者有偿转让不动产所有权的行为（以下简称应税行为）。《中华人民共和国营业税暂行条例实施细则》第二十八条同时明确，纳税人转让土地使用权或者销售不动产，采用预收款方式的。其纳税义务发生时间为收到预收款的当天；纳税人有本细则第四条所称自建行为的，其自建行为的纳税义务发生的时间，为其销售自建建筑物并收讫营业额或者取得索取营业额的凭据的当天；纳税人将不动产补偿赠与他人的，其纳税义务发生时间为不动产所有权转移的当天。

由此可见，按税法规定，企业收到预收房款时就应该确定收入，不管有没有开具发票，同时也要按规定结转有关成本。所以，该公司的做法是不合法的。

其二，国家税务总局《关于房地产开发业务征收企业所得税问题的通知》（国税发〔2009〕31号）第二条关于完工开发产品的税务处理问题明确，符合下列条件之一的，应视为开发产品已经完工：一是竣工证明已报房地产管理部门备案的开发产品（成本对象）；二是已开始投入使用的开发产品（成本对象）；三是已取得了初始产权证明的开发产品（成本对象）。

同时明确，开发产品完工后，开发企业应根据收入的性质和销售方式，按照收入确认的原则，合理地将预售收入确认为实际销售收入，同时按规定结转其对应的计税成本，计算出该项开发产品实际销售收入的毛利额。该项开发产品实际销售收入毛利额与其预售收入毛利额之间的差额，计入完工年度的应纳税所得额。开发产品销售收入的范围为销售开发产品过程中取得的全部价款，包括现金、现金等价物及其他经济利益。开发企业代有关部门、单位和企业收取的各种基金、费用和附加等，凡纳入开发产品价内或由开发企业开具发票的，应按规定全部确认为销售收入；凡未纳入开发产品价内并由开发企业之外的其他收取部门、单位开具发票的，可作为代收代缴款项进行管理。凡已完工开发产品在完工年度未按规定结算计税成本，或未对其实际销售收入毛利额和预售收入毛利额之间的差额进行纳税调整的，主管税务机关有权确定或核定其计税成本，据此进行纳税调整，并按《中华人民共和国税收征收管理法》的有关规定对其进行处理。

同时，国家税务总局《关于房地产开发业务征收企业所得税问题的通知》（国税发〔2009〕31号）第八条就开发产品成本、费用的扣除问题明确，开发企业在进行成本、费用的核算与扣除时，必须按规定区分期间费用和开发产品成本、开发产品会计成本与计税成本、已销开发产品计税成本与未销开发产品计税成本的界限。开发企业在结算开发产品的计税成本时，按以下规定进行处理：一是开发产品建造过程中发生的各项支出，当期实际发生的，应按权责发生制的原则计入成本对象；当期尚未发生但应由当期负担的，除税收规定可以计入当期成本对象的外，一律不得计入当期成本对象；二是开发产品必须按一般经营常规和会计惯例合理地划分成本对象，同时还应将各项支出合理地划分为直接成本、间接成本和共同成本；三是开发产品完工前发生的直接成本、间接成本和共同成本，应按配比原则将其分配至各成本对象。其中，直接成本和能够分清成本负担对象的间接成本，直接计入成本对象中；共同成本以及因多个项目同时开发或先后滚动开发而不能分清负担对象的间接成本，应按各个成本对象（项目）占地面积、建筑面积或工程概算等方法计算分配；四是计入开发产品成本的费用必须是真实发生的，除税收另有规定外，各项预提（或应付）费用不得计入开发产品成本；五是计入开发产品成本的费用必须符合国家税收规定。与税收规定不一致的，应以税收规定为准进行调整；六是开发产品完工后应在规定的时限内及时结算其计税成本，不得提前或滞后。如结算了会计成本，则应按税收规定将其调整为计税成本。

附：销售业务稽查难点及方法提示

增值税销售额检查的思路及方法

按照会计制度和增值税暂行条例的规定，企业在销售收入实现后，应及时将销售收入记入"主营业务收入"账户并按规定计提销项税额。如果纳税人将纳税期限内已实现的销售额不入账、少入账或推迟入账，势必会造成漏缴、少缴或延缓税款入库的时间，可能导致企业纳税申报异常，并引起会计核算失真，影响企业经营成果的核算和所得税的缴纳。因此，核实销售额是增值税检查的重要一环。税务检查人员检查的具体内容大致包括销售确认、产品（商品）销售价格、已列销售账户销售额和应列未列销售账户销售额等。

一、销售确认的稽查

《增值税暂行条例》规定，企业销售货物或提供应税劳务，为收讫销售款或者取得索取销售款凭据的当天。由此可见，企业销售的实现，主要有两个明显的标志：一是产品（商品）已经发出或者劳务已经提供；二是价款已经收到或者取得了收取价款的凭据，这就是销售实现的基本条件。也就是说企业销售货物或提供应税劳务，无论采取何种结算方式，都应以此为基础确认销售的实现，并及时将销售收入记入"主营业务收入"账户，同时计提销项税额。检查时，应注意有无迟报计税销售额。按照取得销售收入结算方式的不同，销售确认检查的内容和方法也有所不同。

由此可见，销售的确认是通过不同的销售方式和结算方式来具体进行的。根据这两个要点，在确认增值税纳税义务时，要结合不同的销售方式来进行。

其中特别要注意：

其一，检查销售合同，确定纳税人的销售方式；

其二，检查纳税人所开出的发票金额是否真实；应当将增值税专用发票合计数与当月会计报表数、纳税申报表中反映的销售额以及增值税专用发票使用明细表等多方数据进行核对，如果发现不一致，就要查明原因；

其三，检查记账凭证和原始凭证，确认货物是否发出以及发出的时间等。

（一）直接收款方式下销售确认的稽查

直接收款销售货物亦称提货制。在这种结算方式下，不论货物是否发出，均为收到销售额或取得索取销售额凭据，并将提货单交给对方的当天，确定销售收入的实现。即按照实现的销售收入和按规定收取的增值税额，借记"银行存款"、"应收账款"或"应收票据"等科目，贷记"主营业务收入"等科目，贷记"应交税费——应交增值税（销项税额）"科目。

1. 常见差错

压票现象是这个环节最容易发生的问题。即已经收取货款，并开具发票，提货单和发票账单已交付购货方，仍然没有作销售处理，或者将已经实现的销售收入挂在往来结算账户上，推迟税款入库时间或逃避税收负担。

此外，账外经营也是企业的常见问题。

2. 检查思路

审查报告期末一段时间的发票存根联的开票日期，看有无已经开出发票而未撕下记账联未入账或虽已撕下发票联而误记往来结算账户的情况。对于销售直接消费品（日常用品）的企业，因其消费者购买货物没有索取发票的习惯，有关企业极有可能发生隐瞒销售收入的现象。对于这些企业，税务检查人员一般会通过对企业资金流动情况的检查，来核实企业的经营情况。

3. 具体做法

将"银行存款"账户、"银行对账单"、"主营业务收入"明细账等和发票存根联进行核对，查看当月应实现的收入是否全部入账，有无压票现象；或通过对"应付账款"、"应收账款"等有关明细账的清理，查看有无虚列客户的无主账户或转账异常的情况。凡有核算内容不符合制度规定的，发生额挂账时间较长的，就有隐匿销售收入的可能。

4. 纳税调整

根据未入账或隐匿在往来账户上以及误转其他账户的销售收入额，按不含增值税或含增值税的不同情况，调整销售收入额，核实销项税额，核算销售成本和销售利润。属应税消费品的，还应补缴消费税。

二、预收货款方式下销售确认的稽查

对有的生产周期比较长的产品，企业一般采用预收货款方式销售货物，在发出产品时，作为销售的实现。企业预收购货单位的货款，在"预收账款"账户核算。在发出产品结转销售时，借记"预收账款"科目，贷记"主营业务收入"等科目，贷记"应交税费——应交增值税（销项税额）"科目。

1. 常见差错

企业已经发出产品，仍不结转销售，造成预收的货款长期挂在"预收账款"账户上，推迟了销售收入的入账时间，并影响增值税的及时缴纳。

2. 检查思路

检查时，应以期末"预收账款"明细账为中心，结合预收账款合同确定的交货日期，将"主营业务收入"明细账和"主营业务成本"明细账相关的销售数量与"预收账款"明细账进行核对，查明有无产品已经发出而未及时结转销售的情况。

3. 纳税调整

对已经发出产品而未结转主营业务收入的数额，应按规定调整销售收入，核算销售成本，计缴销售税金，核算销售利润。如税务检查人员于2009年12月份检查某企业当年增值税缴纳情况，进行账簿检查时，发现该企业"预收账款"账户贷方余额624,780元，金额较大。经进一步检查明细账和有关记账凭证、原始凭证及产品出库单，发现产品已经出库，企业记入"预收账款"账户的余额全部是企业分期收款销售产品收到的货款和税款，而没有及时结转主营业务收入。经核实，该批产品生产成本价为450,000元。据此，应作如下调整：

计算调整为：

应计应税收入额 =624,780 ÷（1+17%）=534,000（元）

应补增值税额：534,000 × 17%=90,780（元）

账务调整为：

借：预收账款　　　　　　　　　　　　　　　624,780

　　贷：主营业务收入　　　　　　　　　　　　　534,000

　　　　应交税费——应交增值税（销项税额）　　90,780

借：主营业务成本　　　　　　　　　　　　　450,000

　　贷：库存商品　　　　　　　　　　　　　　450,000

三、托收承付和委托收款方式下销售确认的稽查

采用这种结算方式销售货物，一般是异地之间进行的货物销售，通过银行办理货款结算手续。在这种结算方式下，以货物已经发出或劳务已经提供，并将发票、账单提交银行办妥了托收手续的当天，作为销售收入的实现。在纳税人取得银行办妥托收手续的回单联后，借记"应收账款"科目，贷记"主营业务收入"等科目，贷记"应交税费——应交增值税（销项税额）"科目。

1. 常见差错

货物已经发出，并向银行办妥了货物托收手续后仍不反映销售。或者是向银行办妥了货物托收手续以后，由于货款没有按期收回，部分企业就来不及反映销售收入。

2. 检查思路

这类情况一是企业人为地调节利润指标而造成的错误；二是货款回笼出现问题。检查时，可重点以季末或年末发出商品备查簿为中心，查核商品发运记录资料，审查企业提供的购销合同，结合银行结算凭证回单联及发票开具日期，对照主营业务收入明细账等，查明是否有不及时结转销售收入而推迟收入的入账时间。也可以通过企业的生产和经营的业务流程、相关数据的逻辑分析或者通过掌握和利用企业第三方涉税信息来进行分析，从而找到有关问题的线索。

四、赊销和分期收款方式下销售确认的稽查

采用赊销和分期收款方式销售货物，应以合同约定的收款日期作为销售

的实现，而不是以是否实际收到货款为条件。就是说，只要合同约定收款日期已到，不论是否收取货款，均应确认销售收入实现。采用这种结算方式时，按合同约定的收款日期，借记"银行存款"或"应收账款"科目，贷记"主营业务收入"等科目，贷记"应交税费——应交增值税（销项税额）"科目。同时，按全部销售成本占全部销售收入的比例结转销售成本，核算应缴的消费税和销售利润。

1. 常见差错

往往在合同约定收款日期已到而未及时收到款项时，不结转销售，也不计提销项税额，这样就延误了税款的入库时间。

2. 检查思路

检查时，应以赊销合同为依据，结合"主营业务收入"明细账等，核实到期应转而未转的主营业务收入额和应计提的销项税额。同时审查"分期收款发出商品"账户贷方发生额结转主营业务成本的计算资料，看有无多转或少转分期收款发出商品销售成本的问题。

五、委托销售方式下销售确认的稽查

委托销售商品是当前企业常用的一种销售方式，一般发生在生产企业与商业企业之间。企业采用委托销售方式销售货物，在收到代销单位销售的代销清单的当天核算并确认销售收入实现。

企业一般通过"发出商品"会计科目进行会计核算，采用支付手续费方式委托其他单位代销的商品，也可以单独设置"委托代销商品"科目。企业发出商品时，应按发出商品的实际成本（或进价）或计划成本（或售价），借记"发出商品"科目，贷记"库存商品"科目。发出商品发生退回的，应按退回商品的实际成本（或进价）或计划成本（或售价），借记"库存商品"科目，贷记"发出商品"科目。收到代销单位销售的代销清单时，企业应按规定确认收入，借记"银行存款"或"应收账款"科目，贷记"主营业务收入"等科目，贷记"应交税费——应交增值税（销项税额）"科目。同时结转销售成本，借记"主营业务成本"科目，贷记"发出商品"科目。采用计划成本或售价核算的，还应结转应分摊的产品成本差异或商品进销差价。"发出商品"

的科目期末借方余额，反映企业发出商品的实际成本（或进价）或计划成本（或售价）。

1. 常见差错

往往在收到代销单位销售的代销清单时不结转销售，也不计提销项税额，这样就延误了税款的入库时间。有些生产厂商与销售商串通起来，不及时进行结算，故意拖延提供代销清单的时间，从而免缴或者晚缴增值税。

2. 检查思路

检查时，应以代销合同为依据，结合"主营业务收入"明细账等，核实发出商品应转而未转的主营业务收入额和应计提的销项税额。同时审查"发出商品"或者"委托代销商品"，账户贷方发生额结转主营业务成本的计算资料，看有无多转或少转主营业务成本的问题。

3. 操作策略

对代销业务的纳税检查是目前税务检查人员比较重视的问题，因此，企业应当注意对代销业务流程操作手续的完善。根据原来的税收政策，纳税人通过委托代销商品存在较大的操作空间，即企业可以通过委托代销的方式将商品销售的时间无限期拉长，从而将纳税义务向后推移，但是现行政策解决了这个问题。

六、其他结算方式下销售确认的稽查

所谓其他结算方式，是指以汇票、期票、本票、支票、汇兑及现金等进行结算的结算方式。在这类结算方式下，应以产品（商品）发出或提供应税劳务，同时收讫销售款或取得索取销售款凭据的当天，作为销售的实现。

1. 常见差错

产品（商品）已经发出或劳务已经提供，发票、账单已交付购货方而仍不记销售。

2. 检查思路

应以"库存商品"账户明细账为中心，结合发票及凭证，查核会计分录的对应关系，对照"主营业务收入"明细账，看有无产品（商品）已经发出、劳务已经提供而未列销售的情况。

收入范围确认的稽查

税务人员对纳税人收入范围的检查，主要是检查纳税人对应税收入的确认是否正确。因为新税法引进了不征税收入项目，同时对免税收入的项目范围也进行了调整。因此，纳税人应对纳税检查，也应当在平时发生相关收入项目时，对其进行正确定性并进行正确的核算。

（一）对不征税收入稽查的重点

由于在原政策条件下有些收入是作为价外费用征税的，后来国家考虑到这些收入具有财政扶持性质，所以发文作出例外规定。新企业所得税法统一明确，财政拨款，依法收取并纳入财政管理的行政事业性收费、政府性基金和国务院规定的其他不征税收入应当在应税收入的范围之外。但是，对不征税收入的确认有严格的规定，所以，税务检查会把有关企业所取得的不征税收入是否符合条件作为检查的重点。

根据不同主体确定检查的重点。企业和其他经济组织可能从政府那里取得财政拨款、财政性资金和其他不征税收入，而这些资金的来源和使用都有具体的规定，检查过程中可以根据这些规定作出具体判断。

1. 从政府部门取得的财政拨款的检查

财政拨款一般是经过预算程序对国家机关以及事业单位、社会团体直接拨付的经费，如果企业取得政府拨款，一般会有特定用途。而国家机关以及事业单位、社会团体也可能发生经营性收入。所以对这些部门的检查，应当注意财政拨款和经营性收入的区别。对于某笔业务的具体确认应当注意财政拨款需要具备的条件：一是主体为各级政府，即负有公共管理职责的各级国家行政机关；二是拨款对象为纳入预算管理的事业单位、社会团体等组织，关键在于"纳入预算管理"；三是拨款为财政资金，被列入预算支出的。此外，地方政府为招商引资而给企业的税收返还及各种奖励，就不在不征税收入之列。

2. 从政府部门取得的财政性资金的检查

企业可能取得财政性资金，财政性资金是指企业取得的来源于政府及其有关部门的财政补助、补贴、贷款贴息，以及其他各类财政专项资金，包括直接减免的增值税和即征即退、先征后退、先征后返的各种税收，但不包括企业按规定取得的出口退税款。对企业取得的财政性资金涉税检查可以从以下两个方面进行：一方面检查相关企业取得财政性资金，是否同时有相关财政性资金用途的规定文件；另一方面检查有关企业的账务处理情况：一是企业取得的各类财政性资金，如果属于国家投资和资金使用后要求归还本金的可以作为不征税收入；二是对企业取得的由国务院财政、税务主管部门规定专项用途并经国务院批准的财政性资金，准予作为不征税收入，在计算应纳税所得额时从收入总额中减除；三是单独核算，规范管理。因此，凡同时符合以下条件的，可以作为不征税收入，在计算应纳税所得额时从收入总额中减除：一是企业能够提供资金拨付文件，且文件中规定该资金的专项用途；二是财政部门或其他拨付资金的政府部门对该资金有专门的资金管理办法或具体管理要求；三是企业对该资金以及以该资金发生的支出单独进行核算。

3. 从其他企业和个人取得政府性基金的检查

企业除了可能从政府部门取得不征税收入外，也可能从其产品的购买方取得属于现行税法规定的不征税收入，这就是政府性基金。对企业取得的收入是否属于不征税的检查，可以通过五个方面进行：一是看相关企业是否具有法律、行政法规等有关规定作为依据；二是看其特定的收入项目是否属于企业代政府收取的；三是看特定的收入项目是否具有专项用途；四是看特定的收入项目所取得的收入是否上缴国库，纳入预算管理；五是看特定的收入项目在收取过程中使用的票据，是否是当地财务部门出具的财政收费收据。如果符合上述要求，那么这些收入则为不征税收入。

4. 行政事业性收费的涉税检查

按照现行税法的规定，企业取得的应税收入为销售货物或应税劳务取自于购买方的全部价款。但是，企业按规定收取的行政事业性收费可以例外。对企业取得行政事业性收费作为不征税收入的确认，检查人员应当从以下几个方面进行：一是看企业收取的行政事业性收费是否存在有效的法律法规等有关规定和依据；二是看有关收费项目是否以实施社会公共管理为目的，并是在向公民、法人或者其他组织提供特定公共服务过程中收取的，如果有关收费项目是为社会提供公共服务的企业为补偿其公共服务的成本费用而收取的则可以认定；三是看有关收费项目是否向特定对象收取，即收取对象只限于直接从该公共服务中受益的特定群体，而不是像税收一样对广大纳税人普遍进行征收的费用；四是看有关费用的管理是否纳入财政管理，即执行收支两条线管理，收费上缴国库，不得坐收坐支。

（二）对免税收入稽查的重点

考虑到随着经济的发展，企业的经营范围日益多元化，一家企业涉足多个行业开展经营的情况屡见不鲜，而税法需要给予优惠政策支持的往往只是其中某些项目的所得而非企业的全部所得，因此，新税法将减免税的对象定位于企业从事某些项目的所得，而不是企业本身。这样，即使企业的主业不在优惠范围之内，但其从事了税法规定的优惠项目，也可以享受到相应的优惠政策。所以，在具体的涉税检查过程中，税务人员对免税事项的检查就会加大力度，主要从以下几个方面进行：

1. 对减免税申报手续的检查

企业享受税收优惠需要履行一定的手续，纳税人享受减免税的类型分为备案和报批两种类型。根据国家税务总局《税收减免管理办法（试行）》的规定，纳税人申请报批类减免税的，应当在政策规定的减免税期限内，向主管税务机关提出书面申请，并报送以下资料：（一）减免税申请报告，列明减免税理由、依据、范围、期限、数量、金额等；（二）财务会计报表、纳税申报表；（三）有关部门出具的证明材料；（四）税务机关要求提供的其他资料。纳税人报送的材料应真实、准确、齐全。而备案类减免税不再需要纳税人向税务机关提出申请，不再需要层层审批，只需要纳税人向主管税务机关申报有关资料备案即可。对纳税人享受减免税的检查首先会根据上述规定对企业报送的资料的真实性、完整性和合法性进行检查。

2. 对减免税会计核算的检查

《税收减免管理办法（试行）》第六条明确，纳税人同时从事减免项目与非减免项目的，应分别核算，独立计算减免项目的计税依据以及减免税额度。不能分别核算的，不能享受减免税；核算不清的，由税务机关按合理方法核定。这就对纳税人树立依法纳税的观念和提高纳税核算水平提出了更高的要求。享受税收减免对企业的纳税核算要求非常严，如果企业账务核算不清，不能正确进行收入与费用的账务处理，或者无法达到查账征收的要求，就无法享受减免税。事后，税务检查人员也会对纳税人减免税的账务处理情况进行检查。

（1）流转税减免的账务处理

企业发生税收减免，应当作相应的会计处理，从税收的角度讲，企业应当根据不同的情况，对照有关政策进行具体操作。企业收到减免或者返还流转税时，有以下几种情况的会计处理：

其一，企业实际收到即征即退、先征后退、先征税后返还的增值税记借记银行存款，贷记补贴收入；

其二，直接减免增值税时，借记应交税金——应交增值税（减免税款），贷记补贴收入；

其三，企业实际收到即征即退、先征后退、先征税后返还的消费税、营业税时，借记银行存款，贷记主营业务税金及附加；

其四，直接减免的消费税、营业税不作账务处理。

（2）流转税减免的企业所得税处理

流转税减免的企业所得税处理比较复杂。一般情况下应当作为财政补贴纳入企业所得并计算缴纳企业所得税。财政部、国家税务总局《关于减免及返还的流转税并入企业利润征收所得税的通知》（财税字〔1994〕74号）规定，纳税人享受减免或返还的流转税，以及取得的国家财政性补贴和其他补贴收入，除国家另有文件指定专项用途的，都应并入纳税人经营所得，计算缴纳所得税。一是即征即退、直接减免的，应并入企业当年利润缴纳企业所得税；二是对先征税后返还或先征后退的，应并入企业实际收到退税或返还税款年度的企业利润缴纳企业所得税。

但是，对一些特殊项目或者业务所产生的流转税又有例外的规定。如：国家税务总局《关于企业出口退税款税收处理问题的批复》（国税函发〔1997〕021号）规定：其一，企业出口货物所获得的增值税退税款，应冲抵相应的"进项税额"或已交增值税税金，不并入利润征收企业所得税。其二，生产企业委托外贸企业代理出口产品，凡按照财政部《关于消费税会计处理的规定》〔（93）财会字第83号〕，在计算消费税时做"应收账款"处理的，其所获得的消费税退税款，应冲抵"应收账款"，不并入利润征收企业所得税。其三，外贸企业自营出口所获得的消费税退税款，应冲抵"商品销售成本"，不直接并入利润征收企业所得税。

财税字〔2000〕25号文件规定：自2000年6月24日起至2010年底以前，对增值税一般纳税人销售其自行开发生产的软件产品，按17%的法定税率征收增值税后，对其增值税实际税负超过3%的部分实行即征即退政策。所退税款由企业用于研究开发软件产品和扩大再生产，不作为企业所得税应税收入，不予征收企业所得税。

按照《财政部、国家税务总局关于宣传文化所得税优惠政策的通知》（财税〔2007〕24号）规定，对宣传文化企事业单位按照《财政部、国家税务总局关于宣传文化增值税和营业税优惠政策的通知》（财税〔2006〕153号）有关规定，取得的增值税先征后退收入和免征增值税、营业税收入，不计入其应纳税所得额，并实行专户管理，专项用于新技术、新兴媒体和重点出版物的引进和开发以及发行网点和信息系统建设。

3. 免税收入范围的检查

2008年1月1日实施的《中华人民共和国企业所得税法》（以下简称新税法）在税收优惠的内容和方法上进行了较大的改革。新税法从统一内、外资企业所得税入手，对部分税收优惠政策进行了重大调整。新税法确定的税收优惠的主要内容包括：促进技术创新和科技进步、鼓励基础设施建设、鼓励农业发展及环境保护与节能、支持安全生产、促进公益事业和照顾弱势群体，以及自然灾害专项减免税优惠政策等。这些优惠贯穿于企业的整个生产和经营流程之中，而在主营收入确认环节，主要抓住了下述两个方面：

对于企业来说，能够作为主营业务经营免税产品的，主要有两种情况，一是生产和销售农、林、牧、渔业项目的产品，二是进行综合利用资源，生产相关产品。而这两种产品的免税方式却不同——农、林、牧、渔业项目为免税或者减半征税优惠，而综合利用资源是减计收入。纳税人如果不当，就会形成涉税风险。税务检查人员在纳税检查过程中也会对此进行重点检查，其主要思路为：

（1）重点检查享受免税优惠的农、林、牧、渔业项目的具体范围

目前税法规定能够免税的为部分基础性农、林、牧、渔业项目；中药材的种植；林木的培育和种植；牲畜、家禽的饲养；林产品的采集；农、林、牧、渔服务业项目；远洋捕捞。

（2）检查享受减半征税优惠的农、林、牧、渔业项目的具体范围

目前享受减半征税优惠的农、林、牧、渔业项目的具体范围包括部分经济作物的种植和养殖两个方面。而部分经济作物的种植是指花卉的种植、茶及其他饮料作物的种植和香料作物的种植。养殖是指海水养殖和内陆养殖等。

纳税人在具体确认农、林、牧、渔业项目具体范围的过程中应当注意，根据《企业所得税法》及其实施条例的规定，财政部、国家税务总局发布了《享受企业所得税优惠政策的农产品初加工范围（试行）》（财税〔2008〕149 号），自 2008 年 1 月 1 日起执行。在财政部、国家税务总局《关于国有农口企事业单位征收企业所得税问题的通知》（财税字〔1997〕49 号）中，仅对"国有农口企事业单位从事种植业、养殖业和农林产品初加工业取得的所得暂免征收企业所得税"作出规定而这次新《企业所得税法》将享受免税的纳税人群体扩大到所有企业，享受农产品初加工的行业项目品目更加细化。财税〔2008〕149 号文件将享受企业所得税优惠政策的农产品初加工范围划分为种植业、畜牧业、渔业等三大类，列举粮食初加工等 30 多项农产品初加工类别，涉及若干个产品 200 多道工艺流程，覆盖了除"烟草初加工"外我国大部分地区的农业产品初加工业。

（3）检查综合利用资源企业的具体范围

这里的检查重点主要是综合利用资源情况和企业享受税收优惠操作情况。综合利用资源，是指企业以国家主管部门发布的《资源综合利用目录》内的资源作为主要原材料，生产符合国家产业政策规定的产品。对于生产国家产业政策限制或禁止生产的产品，则不应享受税收优惠。税收优惠操作情况主要是指减计收入的申报和具体计算情况。减计收入是指按照税法规定准予对

企业某些经营活动取得的应税收入，按一定比例减少计入收入总额，进而减少应纳税所得额的一种税收优惠措施。

（4）检查过渡期政策及相关业务处理情况

从2008年1月1日开始执行新的企业所得税法，新、旧所得税法律在企业所得税优惠政策方面的变化较大，为了维护相关政策的连续性，国务院出台了《关于实施企业所得税过渡优惠政策的通知》（国发〔2007〕第039号），对企业所得税优惠政策过渡问题作出规定：自2008年1月1日起，原享受企业所得税"两免三减半"、"五免五减半"等定期减免税优惠的企业，新税法施行后继续按原税收法律、行政法规及相关文件规定的优惠办法及年限享受至期满为止，但因未获利而尚未享受税收优惠的，其优惠期限从2008年度起计算。享受上述过渡优惠政策的企业，是指2007年3月16日以前经工商等登记管理机关登记设立的企业；实施过渡优惠政策的项目和范围按《实施企业所得税过渡优惠政策表》执行。有鉴于此，在具体的检查过程中，税务检查人员会将这些作为检查的重点环节。

原税法的税收优惠有两个特点，一是税收政策导向主要体现在区域优惠，如经济特区税收优惠、"老、少、边、穷"地区税收优惠等；二是强调企业个案优惠，如原内资企业所得税法的税收优惠注重企业个案的处理，如新办企业减免等等，大量的新办企业都能享受到税收减免优惠。而新企业所得税法则取消了这些优惠，转向产业优惠为主。因此，税务检查应当注意对新旧税差异的检查，主要包括以下两个方面：

一是确定免税收入应注意条件。比如新办企业减免优惠政策取消了，所以，新办企业所产生的销售额不再是免税收入，但是，新企业可能生产新税法规定的可以享受税收优惠的项目和产品，因此，检查人员应当注意一般与个别的关系，针对企业的具体情况作出具体分析，并对相关业务进行具体界定。再比如按照原政策已经被认定为高新技术企业的，其产品应当按相应的税收优惠政策确认其减免税销售额，但是，该企业按新政策规定是否还能够享受相应的税收优惠？因为，高新技术企业的认定标准已经发生了很大的变化，在此情况下，检查人员一般会结合新的认定条件对该企业的生产和经营情况进行重新衡量。

二是确认免税收入应注意认定手续是否齐全。一般企业都希望获得减免税，但是，部分纳税人往往用习惯性的思维方式处理日常涉税事项，从而导致企业产生涉税风险。

第七章 其他业务稽查案例分析

案例 1 企业"三角恋"税务如何稽查和定性

一般而言，从事商业贸易活动都是一一对应的关系，交易双方一手交钱，一手交货，交易的结果是钱货两清。但是，随着生产和经营活动范围的不断扩大，社会经济生活的内容也越来越复杂，反映到交易活动方面，多角交易普遍存在，交易时所考虑的内容也越来越复杂，与此同时，也伴随着各种各样的问题的出现。

A 企业（一般纳税人）江苏省苏南某服装有限公司，接受 B 企业订单生产短裤；B 企业（一般纳税人）上海市一家外贸公司，具有出口经营权，享受国家出口退税政策。该企业经营的主要业务是购买 A 企业短裤出口，同时购买 C 企业布料供给 A 企业生产短裤；C 企业（一般纳税人）浙江省某市布厂，生产布料，负责将 B 企业购买的布料发送给 A 企业，并按 B 企业要求向 A 企业开具增值税专用发票。A、B、C 企业之间的权利、义务关系均通过书面合同加以约束。

◎ 稽查案例

2014 年 2 月，B 企业预付 200 万元货款给 C 企业用于购买布料，2014 年 3 月，B 企业向 A 企业下 160 万元短裤采购订单，根据合同约定，2014 年 4 月，

A 企业向 B 企业电传 100 万元布料采购清单，B 企业收到 A 企业电传后，当即以电传形式通知 C 企业向 A 企业发送布料，C 企业收到通知后于 2014 年 5 月按 B 企业要求安排车辆将布料发送给 A 企业，并按合同约定向 A 企业开具增值税专用发票。2014 年 6 月，A 企业按 B 企业订单生产短裤 10 万条，价值 160 万元，当月全部按 B 企业要求发送到某海关仓库，A 企业向 B 企业开具增值税专用发票后，B 企业向 A 企业支付货款 60 万元，另外从 A 企业货款中扣除 100 万元布料款，财务上作冲减往来处理。

◎ 问题性质

根据现行政策，我们可以判定上述模型中的 B、C 两个企业均是虚开增值税专用发票，A 企业是偷税行为。具体来说：

就 B 企业而言，B 企业采取预付货款的方式从 C 企业购买布料提供给 A 企业生产短裤，让 C 企业直接向 A 企业开具布料增值税专用发票，属于让他人为自己虚开增值税专用发票的行为。

就 C 企业而言，向 B 企业销售布料却将增值税专用发票开具给 A 企业，属于为他人虚开增值税专用发票的行为。

就 A 企业而言，向 B 企业购买布料却取得 C 企业开具的增值税专用发票，在货物交易中，购货方从销售方取得第三方开具的专用发票，且从销货地以外的地区取得专用发票，属于受票方非善意取得增值税专用发票并利用他人虚开的专用发票，向税务机关申报抵扣税款进行偷税的行为。

◎ 争议焦点

但是，在日常操作过程中，人们往往认为这是一个代购行为。认为是 B 企业为 A 企业从 C 企业代购布料。

◎ 问题分析

那么究竟应当如何认定 B 企业的行为呢？我们再回头看看模型中已提供的情况：2014 年 2 月，B 企业预付 200 万元货款给 C 企业用于购买布料。

2014 年 4 月，A 企业向 B 企业电传 100 万元布料采购清单，B 企业当即通知 C 企业向 A 企业发送布料。

2014 年 6 月，A 企业向 B 企业销售短裤，价值 160 万元，向 B 企业开具增值税专用发票，B 企业向 A 企业支付货款 60 万元，另外从 A 企业货款中扣除 100 万元布料款，财务上作冲减往来处理。

上述情况表明，B 企业从 C 企业购买布料供给 A 企业生产短裤，由于 B 企业在交易过程中已经垫付 200 万元货款，不符合税法所规定的"代购货物"的要件，所以笔者认为 B 企业为 A 企业从 C 企业代购布料的说法不能成立。B 企业为 A 企业提供布料的行为应认定为 B 企业向 A 企业销售布料，增值税专用发票理应由 B 企业向 A 企业开具。

另外，从模型中反映的情况来看，C 企业与 A 企业之间不存在货物购销关系，但是，C 企业却按 B 企业要求向 A 企业开具销售布料增值税专用发票，因此，根据税法规定，我们可以认为 C 企业的行为构成了虚开增值税专用发票罪的"为他人虚开增值税专用发票"的要件。

同样，由于在应向 A 企业开具"布料"增值税专用发票的 B 企业的要求下，C 企业按合同约定直接将其所购"布料"的增值税专用发票开具给 A 企业，因而，B 企业的行为也构成了虚开增值税专用发票罪的"让他人为自己虚开增值税专用发票"的要件。

另外，就 A 企业而言，向 B 企业购买布料却取得 C 企业开具的增值税专用发票，在货物交易中，购货方从销售方取得第三方开具的专用发票，且从销货地以外的地区取得专用发票，属于受票方非善意取得增值税专用发票并利用他人虚开的专用发票，向税务机关申报抵扣税款进行偷税的行为。

◎ **检查点评**

为什么会出现以上案例所描述的行为呢？通过对有关案例的具体分析我们可以发现，导致 A、B、C 三个企业发生上述问题的原因不外乎以下几个方面：

1. 现行税收政策的可选择性为有关企业提供了条件。众所周知，国家对外贸企业出口货物实行退税，其退税公式为：应退税款 = 外购货物的工厂成本 × 适用退税率。对照税收政策规定，B 企业如果采取委托 A 企业代加工短裤出口，仅取得 A 企业开具的"加工费"增值税专用发票的话，是不能申报办理出口退税的，这样的"傻事"B企业当然不会干，B企业只有取得A企业开具的销售给B企业短裤的增值税专用发票向税务机关申报，才能达到获取出口退税的目的。这样一来，为了解决A企业的税款抵扣问题，B企业让C企业直接向A企业开具由其购买的并提供给A企业的"布料"增值税专用发票，也就可以理解了。

2. B企业追求高额利润。在这个案例中，B企业一直处于主导地位。B企业购买A企业短裤出口的同时，通过购买C企业布料供给A企业生产短裤来控制A企业的生产成本，因此，该业务本质上属于A企业为B企业代加工短裤。

3. 企业对国家税收政策的理解不深不透。B企业没有深入领会税法中"代购"的内涵，片面认为自己只是负责为A企业订购"布料"、通知销货方C企业向购货方A企业发送布料，销售布料增值税专用发票理所当然应由C企业直接向A企业开具。

◎ 政策链接

《中华人民共和国增值税暂行条例》第一条规定：在中华人民共和国境内销售货物或者提供加工、修理修配劳务以及进口货物的单位和个人，为增值税的纳税义务人，应当依照本条例缴纳增值税。《中华人民共和国增值税暂行条例实施细则》第二条第二款又规定：条例第一条所称加工，是指受托加工货物，即委托方提供原料及主要材料，受托方按照委托方的要求制造货物并收取加工费的业务。

1. 国家税务总局转发《最高人民法院关于适用〈全国人民代表大会常务委员会关于惩治虚开、伪造和非法出售增值税专用发票犯罪的决定〉的若干问题的解释》的通知（国税发〔1996〕第210号）第一条规定，虚开增值税专用发票的，构成虚开增值税专用发票罪。具有下列行为之一的，属于"虚开增值税专用发票"：（1）没有货物购销或者没有提供或接受应税劳务而为他人、为自己、让他人为自己、介绍他人开具增值税专用发票；（2）有货物购销或者提供或接受了应税劳务但为他人、为自己、让他人为自己、介绍他人开具数量或者金额不实的增值税专用发票；（3）进行了实际经营活动，但让他人为自己代开增值税专用发票。

2. 国家税务总局《关于纳税人取得虚开的增值税专用发票处理问题的通知》（国税发〔1997〕第 134 号）：最近，一些地区国家税务局询问，对纳税人取得虚开的增值税专用发票（以下简称专用发票）如何处理。经研究，现明确如下：

一、受票方利用他人虚开的专用发票，向税务机关申报抵扣税款进行偷税的，应当依照《中华人民共和国税收征收管理法》及有关规定追缴税款，处以偷税数额五倍以下的罚款；进项税金大于销项税金的，还应当调减其留抵的进项税额。利用虚开的专用发票进行骗取出口退税的，应当依法追缴税款，处以骗税数额五倍以下的罚款。

二、在货物交易中，购货方从销售方取得第三方开具的专用发票，或者从销货地以外的地区取得专用发票，向税务机关申报抵扣税款或者申请出口退税的，应当按偷税、骗取出口退税处理，依照《中华人民共和国税收征收管理法》及有关规定追缴税款，处以偷税、骗税数额五倍以下的罚款。

三、纳税人以上述第一条、第二条所列的方式取得专用发票未申报抵扣税款，或者未申请出口退税的，应当依照《中华人民共和国发票管理办法》及有关规定，按所取得专用发票的份数，分别处以一万元以下的罚款；但知道或者应当知道取得的是虚开的专用发票，或者让他人为自己提供虚开的专用发票的，应当从重处罚。

四、利用虚开的专用发票进行偷税、骗税，构成犯罪的，税务机关依法进行追缴税款等行政处理，并移送司法机关追究刑事责任。

3. 国家税务总局《关于纳税人取得虚开的增值税专用发票处理问题的通知》的补充通知（国税发〔2000〕第 182 号）为了严格贯彻执行《国家税务总局关于纳税人取得虚开的增值税专用发票处理问题的通知》（国税发〔1997〕134 号，以下简称 134 号文件），严厉打击虚开增值税专用发票活动，保护纳税人的合法权益，现对有关问题进一步明确如下：

有下列情形之一的，无论购货方（受票方）与销售方是否进行了实际的交易，增值税专用发票所注明的数量、金额与实际交易是否相符，购货方向税务机关申请抵扣进项税款或者出口退税的，对其均应按偷税或者骗取出口退税处理。

一、购货方取得的增值税专用发票所注明的销售方名称、印章与其进行实际交易的销售方不符的，即134号文件第二条规定的"购货方从销售方取得第三方开具的专用发票"的情况。

二、购货方取得的增值税专用发票为销售方所在省（自治区、直辖市和计划单列市）以外地区的，即134号文件第二条规定的"从销货地以外的地区取得专用发票"的情况。

三、其他有证据表明购货方明知取得的增值税专用发票系销售方以非法手段获得的，即134号文件第一条规定的"受票方利用他人虚开的专用发票，向税务机关申报抵扣税款进行偷税"的情况。

4.财政部、国家税务总局《关于增值税、营业税若干政策规定的通知》（财税字〔094〕026号）中明确规定，代购货物行为，凡同时具备以下条件的，不征收增值税；不同时具备以下条件的，无论会计制度规定如何核算，均征收增值税：

（1）受托方不垫付资金；

（2）销售方将发票开具给委托方，并由受托方将该项发票转交给委托方；

（3）受托方按销售方实际收取的销售额和增值税额（如系代理进出口货物则为海关代征的增值税额）与委托方结算货款，并另外收取手续费。

国家税务总局《关于纳税人对外开具增值税专用发票有关问题的公告》（国家税务总局公告2014年第39号）

纳税人通过虚增增值税进项税额偷逃税款，但对外开具增值税专用发票同时符合以下情形的，不属于对外虚开增值税专用发票：

一、纳税人向受票方纳税人销售了货物，或者提供了增值税应税劳务、应税服务；

二、纳税人向受票方纳税人收取了所销售货物、所提供应税劳务或者应税服务的款项，或者取得了索取销售款项的凭据；

三、纳税人按规定向受票方纳税人开具的增值税专用发票相关内容，与所销售货物、所提供应税劳务或者应税服务相符，且该增值税专用发票是纳税人合法取得、并以自己名义开具的。

受票方纳税人取得的符合上述情形的增值税专用发票，可以作为增值税扣税凭证抵扣进项税额。

本公告自 2014 年 8 月 1 日起施行。此前未处理的事项，按照本公告规定执行。

案例 2 通过业务模式分析揭示经营真相

"纳税评估"是最近几年来，税务机关为了强化纳税服务而采用的一种管理手段。而让"纳税评估"产生作用的，则是大数据手段的支持。随着网络技术在税务管理上的具体运用，税务机关通过"金税工程"汇集了所属企业的财务、税收、用电、用水等各方面的资料，从而利用技术手段分析有关企业可能存在的涉税风险。这里有一则资料比较好地反映了目前税务管理的新特点：

◎ 企业情况

长城工贸实业有限公司成立于 2010 年 2 月 29 日，经济性质是私营有限责任公司，行业类别为 H6364 金属及金属矿批发，注册资本 500 万元，经营范围为铝锭的批发销售。2010 年 3 月 13 日被认定为增值税一般纳税人，企业所得税由国税机关征管。该公司 2013 年实现销售收入 54,866.95 万元，缴纳增值税 28.47 万元，税负率 0.05%，低于 2013 年当地金属及金属矿批发业平均税负及预警下限（2013 年该省平均税负为 0.37%，预警下限为 0.22%），且公司自成立以来连续亏损，2013 年亏损达 243.27 万元。

◎ 案头分析

评估人员于 2014 年 5 月份将该公司列入纳税评估对象，对其近年来的涉税情况开展纳税评估。

在将该公司列入纳税评估对象后，评估人员对其 2010 年 ~2013 年的财务数据、申报数据进行了采集与分析：

2010 年~2013 年销售收入分别为：8,887.68 万元、8,965.54 万元、32,048.16 万元、54,866.95 万元，年均增长 83.41%。

2010 年~2013 年实缴增值税分别为：9.42 万元、1.37 万元、24.73 万元、28.47 万元，年均增长 44.54%。

2010 年~2013 年利润总额分别为：−31.54 万元、−0.67 万元、−58.46 万元、−243.27 万元。其中，财务费用分别为 −17.09 万元、−10.49 万元、559.37 万元、850.34 万元。

2010 年~2013 年期末存货分别为 0、44.84 万元、466.86 万元、1,016.76 万元。

2010 年~2013 年预收账款分别为 0、24.99 万元、1,926.72 万元、6,333.58 万元。

从以上数据分析：该公司实缴增值税的年均增幅低于销售额的年均增幅，且幅度逼近 50%；随着销售额的增长，亏损也巨幅增长，其中主要影响因素是财务费用的巨幅增长；2011~2013 年期末存货、预收账款同时巨幅增长。通过对该公司财务报表、申报数据的基本分析，评估人员发现了以下几个疑点：

疑点一：该公司自 2010 年成立以来销售收入保持快速增长势头，注册资金也从人民币 100 万元增到 500 万元，但却连续 4 年亏损且亏损呈增长趋势，有违常理。

疑点二：从 2012 年开始财务费用剧增，该现象与经营有什么内在关系？

疑点三：从 2012 年开始公司出现大量存货和预收账款，两者之间有什么关联？有无发出货物未及时确认销售的情况？

◎ 约谈举证

带着以上疑问，评估人员对该公司负责人和财务人员进行了约谈。

针对疑点一，企业解释，近年来铝锭销售的毛利率比较低，加上随着经营规模的扩大导致存货积压，所以实缴增值税增幅低于销售收入的增幅。至于造成连续 4 年亏损的原因，前两年是未上规模，2012 年、2013 年是财务费用的大量增加。

针对疑点二，企业解释，2012年开始和下游厂商之间发生的业务往来是以银行承兑汇票的方式进行结算的，而和上游厂商之间规定结算不能使用票据背书，所以公司必须进行票据贴现，因此产生了大量财务费用，但是公司会向下游厂商收回银行承兑汇票贴现利息。根据双方约定，该贴息作为价外费用计入铝锭销售单价中，由该企业在以后货物价格中加价收回。但由于贴现和销售不同步，在近两年表现为财务费用巨大，利润亏损，以后这种现象会逐步消除，实现盈利。

针对疑点三，企业解释，随着业务规模的扩大，存货增加是行业的普遍现象。由于公司的自有资金不足，必须向下游厂商预收货款，但大量的预收货款也随之预付给了上游厂商，这也是行业的行规。正是因为这种占用他人资金经营的模式，使得公司的毛利率一直比较低。

对于看似合理的解释，评估人员没有轻易相信，而是进一步从企业的经营模式入手查找真相，向企业提出了查阅合同的要求。

◎ 实地核查

通过实地核查和对合同的仔细分析研究，评估人员进一步了解了该公司的经营模式和相关信息。

第一，该公司专营铝锭批发，上游厂商主要是河南省商丘市某铝业有限公司，业务量占企业业务总量的近70%，其余部分则是从无锡、上海等现货市场购进。销售对象基本上是江苏省镇江市某铝业有限公司，占到业务总量的90%以上。该公司与上述两家企业均签订了购销合同。

第二，通过对合同的分析，了解到以下信息：

一是该公司向上游厂商订货需要预付货款，对方则是款到后3日内发货。由于自有资金不足，预付给上游厂商的货款都是通过预收下游厂商的货款来筹集的。

二是由于该公司自身没有仓库，货物都是由上游厂商通过汽车运输直接运至下游厂商。

三是货物数量以下游厂商过磅后确认的数量为准，单价（进、销单价）均以到货日的上海长江现货市场AOO型铝锭现货的日均价为基础通过下浮

30 元 / 吨（进价）和上浮 50 元 / 吨（销价）来确定。

四是上游厂商根据确认的当批货物的数量、单价计算出总价格，并开具增值税专用发票给该公司，该公司计入存货，并认证抵扣进项税。

第三，该公司以开具发票来确认销售收入。

通过以上对合同、客户群的分析、研究，评估人员认为该公司从上游厂商取得增值税专用发票并计入库存、认证抵扣时，货物已送达下游厂商并验收合格，同时由于该公司主要采取预收货款销售方式，其纳税义务发生时间为货物发出的当天，因此截至 2014 年 5 月账面库存 1,558.52 万元的存货中，应有绝大部分应确认收入，但由于未开具发票而未确认收入。

在进一步核实后，评估人员向企业解释了相关税收法律法规和税收政策，企业也意识到了因为对政策的理解有偏差造成销售收入滞后确认的情况，表示将进行自查补报。

◎ 评估处理

该公司经过自查后补缴增值税 205.14 万元，并缴纳滞纳金 1.33 万元，由此企业的增值税税负率在 2013 年 1 月至 2014 年 5 月这个评估区间段内提高到 0.26%，高于 2009 年该公司所在省预警下限。考虑到金属及金属矿石批发行业中金属品种繁多，无法细化，所以评估人员认为该税负是合理的。

由于该公司评估入库税款较大（205.14 万元），且连续亏损（2010 年~2013 年连续亏损 333.94 万元），根据文件规定的要求，评估人员已将该公司移交给稽查部门对其所得税涉税情况作进一步稽查处理。

◎ 评估建议

熟悉并掌握企业经营模式与规律。税源管理人员在日常管理中应积极主动地了解纳税人所属行业的现状和今后的发展趋势，针对整个行业的情况对单个纳税人的生产经营具体情况作出合理性判断和处理，从而将单个纳税人和行业状况两者结合起来，有利于更好地实现税源控管。

重视企业购销合同的作用。作为大宗商品销售企业，签订购销合同是其在日常的生产经营过程中必不可少的一个重要环节，是其享有权利、履行义务的重要保证。企业签订的购销合同往往能够提供有关标的、价格约定、交提货方式、结算方式等大量的涉税信息，为财务数据、申报数据的真实性提供了检验依据，对评估工作的深入开展有着比较重要的作用。因此税务人员应注重对企业购销合同的搜集、分析与使用，通过合同了解企业经营的品种、经营模式、履行情况，为分析数据、查找疑点、确认异常提供线索与依据。

重视对纳税人存货变动情况的监控和管理。纳税人税负偏低的原因中存货影响因素是需要关注的重点，如果纳税人的毛利率与库存增长率相等的话，就会造成长期零税负。因此对于存货不断增加的纳税人，要分析其是否与经营的发展相吻合，对于疑点较大的，应实施现场监盘、抽盘等控管手段；要求纳税人必须建立分品种的明细库存管理台账，实施进出库单据保管备查制度，有效堵塞账实不符的税收漏洞。

案例 3　账外经营的税务稽查

2014 年 7 月 18 日，某市稽查局查处了一起利用账外账隐瞒企业的部份产品销售收入和下脚等收入的案件，查补税款 68.51 万元，有效地堵塞了偷税漏洞，狠狠打击了利用账外账进行偷税的违法行为。

◎ 基本案情

该单位由原某市 ×× 机电制造有限公司改制而来，属某市国税局管辖的增值税一般纳税人，主要经营范围：建筑工程机械、起重运输机械、电动机、变压器、电焊机、电动工具、减速机、输送机、给料机械、电动车及其他机械制造、销售、修理、安装，适用税率 17%，该单位 2008 年 2 月至 2013 年 12 月向税务机关申报销售收入 66,713,462.51 元，已纳增值税 2,753,760.29 元，税收负担率为 4.13%。

据群众举报该单位存在销售部分产品和下脚收入不开票不申报现象，而且金额较大。具体做法是：该单位由门卫收取部分销售款和下脚收入、水电费等其他收入，建立账外现金收支账，收取的钱款存在企业另外以公司股东个人名义开立的储蓄存折上，这些收入绝大部份未开票、未申报销售收入。操作流程：企业账外取得的收入，由于对方不需要发票，一部分通过收取现金然后存入个人储蓄存折、一部分让客户以个人名义直接汇入个人账号，在使用时从个人账号上取出来以股东投资款等名义再转入账内使用，支付企业的日常开支等，然后由财务进行账外核算该部分资金的收支平衡。

◎ 稽查过程

在目前以私营、个人独资企业为主流的情况下，一些企业的依法纳税意识不强，过分追求利润，无视税法的尊严，总是抱有侥幸心理，对缴纳国家税款采取了能偷则偷，能瞒则瞒的办法，利用各种手段偷逃国家税款，在此情况下，传统的、简单的就账查账方法已很难将账外账偷税的问题查清、查透。

1. 分析情况寻找突破口

接到对该企业进行日常检查的任务后，稽查人员通过大征管软件和税收监测分析系统，对该企业的有关数据资料进行了案头分析。该企业 2008 年 2 月至 2013 年 12 月向税务机关申报销售收入 66,713,462.51 元，已纳增值税 2,753,760.29 元，税收负担率为 4.13%。然后又详细了解了该企业的产品结构及销售对象。检查小组对上述情况进行了认真的分析，初步拟定了检查方案，认为该企业的税负率虽说从表面上看还说得过去，但相对于机械行业来讲还是显得略低了一点，而且建筑工程机械和起重运输机械的销售对象多为建筑施工企业，多数不要发票，极有可能存在隐瞒销售的情况，从而确定了对该企业以检查销项税额为主，重点检查企业的账外收入，并且必须对企业的生产经营场所进行彻底详查的现场检查，对现场检查收集的资料与财务会计处的账证进行认真核对，以现场检查发现的问题为突破口，对有疑点的必须顺藤摸瓜，一查到底的办案方案。

2. 初步检查取得第一手资料

2014 年 6 月 26 日，检查人员对该企业进行了现场检查，我们将现场检查的重点放在企业的生产场所上。在对企业生产车间进行现场检查时，发现生产电机过程中会产生大量的矽钢片废料及钢材的边角料等，而且了解到边角下脚料在出售时门卫均要称重后才能放行，于是立即对门卫处进行突击检查。在企业门卫处，发现了几本记录出售边角下脚料的日记本以及一些出门证和欠条。从欠条和日记本记录的内容上来看，我们初步判断这可能是一本账外账。在财务人员处，我们又发现了一张企业财务人员手写的历年销售分析，上面记录了企业的产品销售及下脚收入详细数据，检查人员立即检查了该企业的其他业务收入明细账，发现该单位 2008 年 10 月至 2013 年 12 月申报下脚废料收入合计仅 4 万多元，但是经检查人员初步统计，门卫处记录的出售边角下脚料取得现金收入合计达 240 多万元，一个大要案初露端倪。

在初步核对了部分资料的基础上，我们决定先从询问有关人员入手。该企业财务会计承认取得的下脚收入只有一小部分入账，但是对该部分账外资金的保管使用情况，门卫和财务人员都闪烁其辞、互相推诿，说不出个所以然来。问及企业法人，他却声称收到现金后已经全部用于账外的日常开支了，但偏偏又提供不出日常开支的凭据，而且对具体使用明细情况又患了"健忘症"。面对这种情形，检查人员通过认真分析后认为该企业为股份制企业，取得 240 多万的现金收入不可能没有专人来负责保管使用这部分资金，而且平时使用这部分资金的详细记录不可能不保存，否则股东查询时如何使人信服，所以该企业极有可能存在账外小金库。虽然这部分违法事实比较清楚，而且证据确凿，但是，这部份资金的去向不明、疑点重重，究竟会以什么形式用到什么地方去了呢？出于职业敏感，检查人员觉得这里面大有文章，但是相关人员的不配合使得检查人员束手无策，案情难以取得实质性的突破。

3. 现场普查落实问题

就在案件一度陷于停顿之际，我们检查人员又接到群众来信举报该企业有销售产品及下脚收入不申报的行为。虽然举报信中的内容对查案的帮助不大，但是经过分析更加证实了起初的判断，企业很有可能除了隐瞒下脚收入外还存在着其他重大偷税情况，检查人员果断决定杀个"回马枪"，对账外收入部分查个水落石出，对偷税现象绝不姑息迁就，而是要一查到底。

针对该企业的生产流程和内设部门的职责情况，确定出检查目标，检查人员对该企业进行严密的二次现场检查。现场检查以检查企业的办公场所为主生产车间为辅，检查范围扩大到企业所有的非生产人员的办公地点，查前实行严格的保密措施。在进行详细的分工后检查人员兵分多路，两人一组按照部署迅速到达各个部门，果然在该企业分管销售的副总办公室有了重大突破，发现了一些电脑打印的该企业销售统计表及收款明细表，但是从时间上来看又残缺不全，于是检查人员对该单位的所有电脑进行地毯式检查。财务人员从电脑的历史记录中发现了一部分近期删除的文档，文档名称和已经查获的统计表名称一致，检查人员立即决定对企业财务人员使用的电脑主机进行封存调取，并且叫来计算机专业人员准备对已删文档进行技术恢复。在稽查人员一波接一波的强大的攻势面前，企业的财务人员和法人的心理防线终于全线崩溃，承认了存在利用账外小金库进行偷税的事实并且愿意提供完整的电子文档，还被迫提供了以企业股东名义开设的三个个人储蓄账号。

于是检查人员将电脑中已删文档进行技术恢复并与企业提供的电子文档进行比对，发现两者基本一致，而且在文档中还发现了企业账外小金库的资金收入及使用情况、2012年1月至2013年12月的所有发出货物记录等一系列有价值的内容，通过将电子文档全部打印后进行分类整理，逐一核对，找到了该企业偷税的更为有力的证据。通过分类整理，企业在2008年2月至2013年12月，账外取得的边角下脚料收入有239.26万元、水电费等其他收入13.35万元、零星销售产品7.3万元，2012年1月至2013年12月实际发出货物总额3,524.43万元，剔除各类扣除因素534.34万元后，实际销售货物2,990.09万元，以上各项总计3,250.00万元；而2008年2月至2013年12月企业实际申报的下脚收入只有4.94万元、水电费收入1.71万元，2012年1月至2013年12月实际已申报产品销售总额2,771.86万元，以上合计已申报2,778.51万元。

面对这样的事实，企业无话可说，检查人员对这些数据进行逐一梳理核对，对以股东个人名义开设的个人储蓄账号履行必要的审批手续后到银行进行调查取证，并取得了该单位偷税的相关证人证言，证实了开始的判断的准确性。企业在生产过程中产生大量的边角下脚料销售时大都是现金交易，而且对方很少需要发票，于是就将这部分收入进行账外循环，还有购买建筑工程机械和起重运输机械的客户大都为施工企业，要不要发票无所谓，价格稍微下浮一点就可以不要发票，然后货款再打入账外个人账号上，在使用时再以股东投资款的名义从账外过渡到账上，这部分账外资金披上了一层合法的外衣后，源源不断地流入"其他应付款"科目。至此，一个50万元以上的大要案已经浮出水面。

案例4 税务行政处理结果

根据《中华人民共和国增值税暂行条例》第一条、第二条、第十九条的规定，追缴增值税68.51万元，并按规定对该公司作出了相应的罚款，同时依法加收了滞纳金。

◎ 案例点评

以上案例是一则引用资料，目的是希望给读者朋友们从不同角度分析税务稽查提供一把钥匙。

当前，部分纳税人受经济利益的驱动，偷逃骗税等税收违法行为不断发生，并且逃避纳税的手段呈现出科技化、复杂化和隐蔽化的趋势。更有一些税收筹划人士也参与其中，他们懂一些税收法理和税收筹划原理，但是，缺乏税收工作经验，对税收政策在实践的落实和认定上无法进行具体确认，但是，受利益的驱使帮助一些不法纳税人"打擦边球"，从而形成偷税的法律事实。

在目前的逃避纳税方式中，以设置账外账的方法最为普遍，最具有代表性。所谓账外账，就是不法分子为逃避纳税，私自设立两套账簿：对内账簿真实核算生产经营情况；对外账簿记载虚假的经营收入和利润情况，以虚假的生产经营情况应对各方检查并以此作为纳税申报的依据，通过做假账的手段达到逃避纳税的目的。这里再举一个案例：

S市春风食品有限公司，成立于2007年2月，主要经营饼干、食品等批发及零售业务，法定代表人为李宏鸣，注册地址为S市联合路7号。2011年

2月至2012年2月，该公司为增值税小规模纳税人，税率4%；2012年3月至今，为增值税一般纳税人，税率17%。

◎ **基本案情**

近期，S市国家税务局稽查局根据群众举报，对S市春风食品有限公司2011年2月1日至2014年9月30日的增值税纳税情况及发票使用情况实施了税务检查。

◎ **稽查情况**

检查中发现，该企业与S市副食品采购供应站（注册地在S市某区，已另案处理）为两个牌子、两个法定代表人、一套人马。该企业以其出纳员陆颖的名义在S市交通银行开立了一个银行卡账号，卡上发生了大量存、取款业务，与企业账面记录的经营情况存在很大出入，可能存在账外经营、隐瞒收入问题。据此，税务部门提请公安部门的经侦大队提前介入，协助税务检查人员对该企业进行检查。

通过与公安机关联合调查，税务部门在企业办公场所发现大量商品出库单。根据出库单统计，该企业于2011年9月至2014年9月出库商品数额合计为60,594,041.10元。但企业法定代表人李宏鸣提出，出库数额中含有S市副食品采购供应站出库部分。经核实，S市副食品采购供应站确实与S市春风食品有限公司共用一个库房，货物出库时开具相同样式的商品出库单。检查人员要求企业从出库金额中划分出本企业出库部分。李宏鸣称，货物出库距今时间太久，无法划分。

为了摸清企业进销货物的真实情况，取得企业实施涉税违法行为的有力证据，检查人员分两组对该公司进货情况进行外调。一组与公安人员一道南下G省调查取证，在G省税务机关的全力配合下，从G省所属企业取得了被查企业的进货发票等证据资料；另一组分别从安徽、上海等地取得了被查企业的进货发票等证据资料。经统计，该企业在2011年4月至2014年9月期间自G省进货36,777,045.72元；在2011年12月至2013年6月期间自安徽、上海等地进货3,924,416.36元。综合以上，该企业于2011年4月至2013年11

月期间，从上述三家企业共计进货 40,701,462.08 元。

依据《中华人民共和国税收征收管理法》第三十五条及《中华人民共和国税收征收管理法实施细则》第四十七条第二款的规定，税务检查人员对该企业应纳税额进行了核定，以（税务局掌握的企业实际进货额 − 企业实际库存商品余额）×（1+ 企业成本利润率）推算出企业 2008 年—2010 年的销售收入，核定企业应补交应纳增值税额 2,101,319.87 元；依据《中华人民共和国税收征收管理法》第三十二条规定，对其课征滞纳金；依据《中华人民共和国税收征收管理法》第六十三条第一款规定，对其拒不提供纳税资料、少缴应纳税款的行为定性为偷税，处偷税金额一倍罚款。由于该企业 2013 年度偷税数额超过 1 万元且偷税比例达到 96.38%，税务机关依据《中华人民共和国税收征收管理法》第七十七条第一款规定，将其移交公安机关。

在本案中，S 市春风食品有限公司故意与 S 市副食品采购供应站共用库房存放商品、共用出库单办理商品出库，给税务征管、稽查工作增加难度；采取收付业务不按规定记账、另设私人银行户头存取的手段隐瞒销售收入，进行偷税。

案例 5　企业账外经营偷税案件的查处

◎ 企业情况

华夏宾馆是一家集餐饮、客房、桑拿、休闲、娱乐于一体的国有企业，隶属于市粮油工贸总公司，独立核算，注册资金 500 万元。

2013 年度该企业主营餐饮、客房服务，休闲中心、卡拉 OK 厅租给他人经营，账面反映主营业务收入 1,359,376 元，其他业务收入 205,352.19 元，利润 −9,384.37 元，缴纳地方各税 137,160.50 元（账面收入已全额申报纳税）。

2014 年 9 月上旬的一天接群众举报，称该企业 2013 年度设有两套账，瞒报营业收入偷逃税款，稽查局随即介入了检查。在充分作好查前准备的基础上，仅用不到三天的时间，就将这起较为复杂的偷税案查了个真相大白。

◎ 精心准备

接到举报后，稽查局办案人员联系了举报人，举报人一再声称举报属实，但没有提供相关线索，也没有出具相关的证据资料。稽查局领导听取汇报后很重视，作出了明确指示：没有线索我们自己找，没有证据我们自己取，绝不手软，绝不姑息。当即成立了专案组，配备了精干的稽查力量，进行查前准备：

1. 案头调查

稽查人员认真查询征管信息系统中的信息，详细了解企业税务登记、申报资料、财务资料、发票领购情况及征管分局检查结论表和纳税评估资料，搜集该类行业以及该企业有关经营方面的信息资料，主要了解了行业经营特点以及行业的财务指标，询问行业内从业人员及分管该行业税务人员等对该行业较为了解的有关人员，掌握了第一手资料。

2. 案前分析

专案组在案前进行了充分讨论，根据现有资料分析结果和以往的稽查经验，大家认为，该宾馆隐瞒收入所采用的手段很可能是：

（1）开票部分全部入账，不开票部分不入账；

（2）按比例方式或其他方式截留部分收入不入账；

（3）其他业务收入中反映的收入有部分不入账。

因为该企业是国有企业，所以其隐瞒的收入应当有完整的账外记录。鉴于企业账外经营活动一般比较隐蔽，证据较难获取，为防止稽查陷于被动，专案组初步确定了检查步骤、检查方式、检查方案，决定先低调介入，进行财务审查。

◎ 寻找线索

9月15日稽查人员按法定程序进入企业开展检查，首先不动声色地对财务人员进行了询问，了解该企业经营情况及整个结算流程，得知：该公司使用内部印制的流水单作为部门间传递及流水销售的结算凭证，流水单共设置两联，一联为收银联，一联为对账联，未设置编号，餐厅部、客房部吧台每日向其开户的农行分理处送存当日所收现金，并编制销售日报表连同缴款单分别送餐厅部、客房部负责人签收，吧台负责收银的人员每月 20 日同会计结账，会计据此做账，当被问及企业亏损原因时，财务人员抱怨费用太大，特别是上级主管部门摊派费用太多，这引起了稽查人员的注意。为了不惊动企业相关人员，稽查人员依法将该企业 2013 年的账簿、凭证等纳税资料调回局里。下午，专案组对调回的账簿、凭证资料进行了案头检查，发现该企业财务人员会计业务较为精通，报表、账簿、凭证等记录严谨，会计核算没有明显的漏洞，已按账面如数申报缴纳地方各税。但稽查人员通过将企业的财务指标与了解的行业指标比对，通过对账产、凭证的仔细核查，还是发现了诸多疑点。

疑点一：直接成本与收入不配比，成本占收入比例超过同行业的 30%。

疑点二："其他业务收入"中反映租金收入明显偏低，而且收取卡拉 OK 厅租金精确到角、分，不符合常理。

疑点三：该企业财务人员反映的主管部门（市粮油工贸总公司）摊派的费用在账户中没有反映。

疑点四：该企业所有反映账面的收入和支出都是通过现金结算，没有一笔是通过转账结算。

针对检查情况，专案组连夜召开了一个案情分析会，研究制订了外围调查的方案，从疑点二、三、四着手取证。

◎ 撕开缺口

9 月 16 日，稽查人员兵分三路：第一路找租赁休闲中心的殷某和租赁卡拉 OK 厅的刘某了解租金上缴情况；第二路到某市粮油工贸总公司核对华夏宾馆的上缴管理费情况；第三路对华夏宾馆开具的发票所列客户进行抽查。

第一路：稽查人员找到了租赁休闲中心的殷某和租赁卡拉 OK 厅的刘某，迂回出击，以检查 2013 年度个人所得税为由，在核查费用时，殷某、刘某主动提供了租赁合同及相关收款凭证。殷某提供的合同金额为 18 万元，华夏宾馆开具的收据两份，一份 11 万元，一份 7 万元；刘某提供的合同金额为 16 万元，华夏宾馆开具的收据一份金额 95,352.19 元，另附一沓自制卡拉 OK 消费凭证，封面金额 64,647.81 元，注"局里费用"字样，经询问系 2012 年度粮食局消费清单抵冲的租金，稽查人员对证据进行复制并对两人制作了询问笔录。

第二路：稽查人员在某市粮油工贸总公司 2013 年度"内部往来"科目中发现与华夏宾馆有两笔往来，一笔是华夏宾馆上缴款，金额 3 万元，一笔是华夏宾馆开具的结算单并附一份缴款单，金额 2,800 元，结算单列示：华夏宾馆应上交粮油工贸总公司 12 万元，已交 3 万元，抵交 8.72 万元，下欠 2,800 元。经与粮油工贸总公司交涉，该公司提供了一份与华夏宾馆所订完成各项指标的责任书，其中规定华夏宾馆 2013 年度应上交管理费 12 万元，稽查人员复制了上述证据资料并制作了询问笔录。

第三路：稽查人员抽查了三家华夏宾馆发票上所列的单位，根据所调查单位转账支票所附的进账单，发现了华夏宾馆在中国银行开设的一个账户。稽查人员随即制作《检查存款账产许可证明》，对该账产进行了检查。根据银行提供的对账单，稽查人员发现该账产涉及华夏宾馆 2013 年度大量的资金往来情况，而企业银行存款账户中没有反映。

三路检查使案件取得了关键性的突破，华夏宾馆隐瞒收入的事实已逐渐浮出水面，根据调查取证情况，专案组决定与企业相关人员正面接触，直接摊牌。

◎ **短兵相接**

9 月 17 日上午 8 时，稽查人员通知该单位财务科长朱某到稽查局进行谈话。稽查人员单刀直入，直接就华夏宾馆在中国银行开设账户之事询问朱某，朱某一时措手不及，支支吾吾说不出所以然来，回过神后，朱某又百般狡辩，试图抵赖，在一些关键地方闪烁其词，或模棱两可或一派胡言，拒不承认隐瞒收入的事实；转而又假作镇静，态度蛮横，询问工作开展得异常艰难。当稽查人员向其出示殷某和刘某的合同及相关收据以及从粮油工贸总公司取得的证据时，朱某才哑口无言，默不作声。稽查人员因势利导，政策攻心，朱某最终承认有收入未开票入账事实，并答应提供相关资料，但具体支出她记不清了，详细资料保存在总经理杨某处。

兵贵神速，9 时 30 分稽查人员分两路赶赴华夏宾馆，一路到客房部和餐厅部取证，当场要求吧台人员打开有关柜箱、抽屉，找出了客房部每天报送派出所的住宿登记薄，通过一个个房间的仔细核查，开房间数与房间价格核对，发现明显与账面收入不符，遂要求提供收入流水单，客房部称他们不保管，全部交到了总经理室，在餐厅部只找到了 2013 年的两个月份的销售日报，他们称其余销售日报交到了会计室。另一路随朱某到华夏宾馆财务室，朱某从保险柜内拿出了一沓资料，里面有华夏宾馆客房部未开发票收入支出明细表、华夏宾馆餐厅部未开发票收入支出明细表以及客房部、餐厅部的销售日报。

10 时 30 分，两路人马汇合后走进了总经理杨某的办公室，要求其提供有关资料，杨某同样故作迷惑，百般抵赖，拒不承认隐匿收入的事实，当稽查人员向她说明已查明的相关情况，并出示相关的证据时，杨某连说："想不到、想不到……"，知道了稽查人员已取得铁证，无法抵赖，在稽查人员"不达目的，誓不收兵"的决心面前，她终于无奈地带稽查人员到隔壁一个房间取出了一摞资料，内有华夏宾馆住宿利润表、华夏宾馆餐饮部利润表、华夏宾馆各部经济效益月报表、10 本账外凭证以及一捆捆带汇总封面的流水单。此时，杨某悔恨不已。

真相至此大白，专案组经过两天半的艰苦工作，深挖细查、充分取证，一举查明该企业偷税手段及违法事实：

1. 企业对开具发票的收入全部入账，不开具发票的收入记入账外账，并将开票收入与不开票收入由吧台收银人员每天分别存入不同的银行账户；对收取的租金不按规定开具发票，或部分入账的收入用于账外开支，或冲抵费用支出后入账。企业人为造成了大量资金体外循环，偷逃了营业税及相关税费 54,108.38 元；

2. 将不合法的费用支出全部计入账外凭证，造成账内费用支出全部合法、规范的假象，人为地调节扩大账内成本，造成账面微亏，从而达到不缴企业所得税的目的，偷逃了企业所得税 120,563 元。

稽查人员经过艰苦的调查取证，最终查实该企业在 2013 年度有下列违法行为：

1. 收取殷某休闲中心租金 180,000 元，列入"其他业务收入" 110,000 元，少列收入 70,000 元；

2. 应收取刘某卡拉 OK 厅租金 160,000 元，列入"其他业务收入"95,352.19 元，账外消费冲抵了 64,647.81 元；

3. 客房部收入 225,308.10 元，餐厅部收入 623,832.80 元，合计 849,140.90 元，在账面未列收入，直接在账外抵支。

以上三项共计隐匿应税收入 983,788.71 元，账内、账外应合并调增利润 374,726.80 元。

◎ **案件处理**

1. 该企业 2013 年度申报亏损 9,384.37 元，经审核调增利润 374,726.8 元，实际盈利 365,342.43 元，根据《企业所得税暂行条例》的有关规定，责令该单位补缴了企业所得税 120,563 元。

2. 根据《营业税暂行条例》及相关规定，责令该单位补缴了营业税 49,189.44 元、城市维护建设税 3,443.26 元、教育费附加 1,475.68 元，合计 54,108.38 元。

3. 根据《税收征管法》第 63 条第一款规定，该宾馆不列、少列应税收入少缴税款 173,195.70 元，已构成偷税，处以一倍罚款 173,195.70 元。

4. 根据《发票管理办法》第 36 条规定，对该企业未按规定开具发票、未按规定取得发票分别处以 10,000 元的罚款。

以上四项合计入库税款 173,195.70 元，罚款 193,195.70 元，滞纳金 34,331.84 元。

鉴于该企业偷税 173,195.70 元，全年应纳税款 310,355.75 元，偷税比例达 55.81%，市局依法将其移送至司法机关处理。

◎ **案例点评**

魔高一尺，道高一丈。再狡猾的狐狸也敌不过聪明的猎手，偷税者最终没有逃脱税务人员的"慧眼"，必将受到法律的严惩。

上述案例是一则引用资料，笔者将其写在这里，是希望通过对这个案例的分析，从中总结经验。

在市场经济条件下，人们不断"开放搞活"，而在经营手段上，纳税人采取"飞过海"，收入不入账偷税现象趋多，如何通过税务稽查查出账外账，已成为令税务人员十分棘手的问题。这里提供税务检查的四个思路。

思路一：分析账户的勾稽关系，推算销售收入。纳税人的"原材料"、"生产成本"、"产成品"、"销售收入"等账户存在着一定的勾稽关系，从耗用的原材料，结合生产成本可以推算出产值，从产成品减少可以推算出销售收入，将推算值与账面数进行核对，看有无短记收入情况。

思路二：从关联单据入手，发现偷税痕迹。主要查"一票两单"。"一票"即指运费发票，产品购销与交通运输紧密关联，按税法规定，企业的运费发票都要填写货物的起运地和到达地，结合企业材料采购、货物销售，认真核查产品到达地是否有相应销售发票开出，如没有，则企业可能有账外经营偷税行为发生。"两单"即货物入库单、出库单，看这些单据记载数量与实地购入及销售情况是否吻合。

思路三：核查资金来龙去脉。货物购销与纳税人资金流出、流入是紧密联系的，通过将企业"银行存款"、"现金"科目反映的资金情况与纳税人提供的"银行对账单"核对，从中发现企业是否存有进销货物不入账，瞒天过海私设小金库等账外经营违法事实。

思路四：检查往来结算情况，看收入是否长期挂账。纳税人的"应收账款"、"应付账款"等往来明细账，如长期存在货方余额等异常情况，可能就存有货物已发出，不及时记销售计提销项税金的情况。

检查账外账思路要因"人"制宜，根据不同情况选择突破口，必要时要多种方法并用，通过"审计式"检查，步步紧逼偷税人，最终以大量详尽的事实证据，认定偷税行为成立。

案例6 "亏本"生意为什么还有人做？

新华商贸有限公司是一家商贸企业，主要从事钢材的销售，是增值税一般纳税人。但是，不久前发生了"亏本"生意，这个信息在税务机关的管理平台上反映出来，引起了主管税务机关的注意。

◎ 稽查过程

2015年2月，国税稽查局对该公司2014年度增值税纳税情况进行了稽查。检查人员查阅了该公司的报表及纳税申报表，发现该公司2014年度主营业务收入3,000万元，扣除主营成本2,700万元，实现主营业务利润300万元，销售毛利率10%。2014年度销售基本均衡发生，每月实现的销售在200万元至300万元之间，每月成本也在230万元上下。

但是通过稽查发现该公司2014年12月份结转的成本存在明显的异常，当月实现销售320万元，而成本则结转了350万元，销售利润为-30万元。

对于这笔亏损，公司经营人员解释：是年末清理库存的存货，对部分"残次冷背"库存商品进行处理，便按低于进价的价格亏本销售了。

税务稽查人员并没有简单地接受企业的解释，他们调阅了销售明细账及库存商品明细账，对相关事项进行进一步核实。该企业12月份共发出库存商品800吨计320万元，销售开票数量也是800吨，取得收入只有320万元，但是，销售成本却有350万元。

循着账面提供的情况，稽查人员进一步查阅了该公司12月份的销售业务的明细凭证，发现12月开具给某机械配件厂的三份增值税专用发票上注明的销售单价明显低于进价，三份发票合计价款70万元，销售数量为200吨，销售单价3,500元/吨，而正常销售单价则是4,000元/吨，平均进价也有3,600元/吨，这笔亏本买卖引起了检查人员的怀疑。

稽查人员遂对该公司12月跟某机械配件厂的具体业务合同进行了调查，同时到对方对有关业务情况进行了核对。调查发现某机械配件厂实际验收入库钢材175吨，而非发票所列的200吨。

◎ 事实真相

由于检查人员掌握了实际情况，企业负责人也不得不说实话。原来，该公司平时有小部份销售因购买方不需要开具发票，取得的收入没有在账面记录反映，年末盘点发现库存商品账面数比实物少，于是在 12 月底向购货单位开具增值税专用发票时，通过虚开货物数量，降低了销售单价，表面上亏本销售，实际上达到了降低商品库存，掩盖不开票销售部分商品的目的。检查认定该公司虚开钢材数量 25 吨，销售钢材没有开具发票取得收入 10 万元，应补缴增值税 1.45 万元。

检查人员根据税法规定，认定该公司的上述行为属于偷税，决定追缴增值税 1.45 万元，按规定加收滞纳金，并处所偷税款 1 倍的罚款。

◎ 案例分析

一些商贸企业长期低税负、零税负，已经成为当前税收征管工作的一个难点、热点问题，其主要的症结是部分纳税人不报、少报、隐瞒应税收入，他们偷税的常用手法有以下几种：

一是利用"往来账户"将从销售方所取得的补差收入直接冲减"主营业务成本"，不作"应交税费——进项税额转出"处理，造成多抵扣进项税额。例如：某家电连锁店属增值税一般纳税人。2014 年 3 月群众举报，该店有偷税行为，但没有列举事实依据。我们初步查阅纳税人资料档案和 CTAIS 相关信息，了解到该纳税人经营范围主要是五金交电、家具、日用杂品、电脑及耗材、电子音响、通讯器材等。2013 年度纳税资料反映该纳税人主营业务收入 1,252.63 万元，销项税额 212.95 万元，进项税额 223.95 万元，上期留抵 1.20 万元，进项转出 8.17 万元，已纳税额 1.30 万元，期末未缴税额 -3.26 万元，期末留抵 5.32 万元，增值税实际税负为 0.10%，较为异常。为此，我们首先与法人进行约谈，了解该户的经营情况，再采取详查法对其会计报表、账簿、凭证及有关资料进行核查，发现该户"往来账户"往来金额异常，从其对应科目"营业费用"中发现 1 月到 12 月共有 6 笔购货时从销售方收取补差收入直接冲减"营业费用"，未计销售收入 20.69 万元，偷税额 3.52 万元。

二是利用商贸促销活动，将实物赠送消费者，直接冲减"库存商品"，不计提"应交税费——销项税额"，不作"销项税额"账务处理。例如：某商场为增值税的一般纳税人，购货均取得增值税专用发票。为开展促销，购满 10,000 元商品，赠予 3,000 元的商品。该商场 2014 年度将促销活动赠送实物

20,377 元作为商业折扣销售处理，未计销项税额 3,810.52 元。税法规定，对于折扣销售，假如销售额和折扣额在同一张发票上分别注明，可按折扣后的余额作为销售额，计算增值税；假如将折扣额另开发票，不论其在财务上如何处理，均不得从销售额中减除折扣额。另外，税法还规定，假如虽在同一张发票上开具，但折扣属于实物折扣，则该所赠实物款额不能从销售额中扣除，且该实物应按增值税条例"视同销售"中"赠予他人"计算征收增值税。也就是说，在常见的"买一赠一"的方式下，除了对售出商品按规定征税外，对赠予的商品应按同期同类商品的售价计征增值税。

三是取得销售收入不入账、不申报纳税。由于商贸企业在购销活动中，现金交易和不开发票销售占有一定的比例，部分企业为了达到偷税目的，仅就开具发票的收入申报纳税，对未开具发票或实行现金交易的收入不入账。采用"机内分流法"，在机内设立两套应用程序，将收入部分，特别是大量现金交易等不易被税务机关监管的收入，直接从机内分流，设立"账外账"，实行体外循环，逃避纳税和偷税。

四是接受虚开代开发票抵扣进项税额。由于农产品收购发票抵扣管理较为薄弱，尚未纳入增值税防伪税控系统管理，部分商贸企业在收购农产品时自行填开收购发票申报抵扣，存在擅自改变货物名称、数量、单价、金额，多开、虚开、多抵进项税额的问题。

上述问题在部分中小企业中普遍存在，他们对于需要开票的销售业务才在账面记录反映，才申报纳税，对于不需要开票的销售而取得的收入，则不在账面反映，也就谈不上去申报纳税了。甚至有些小型商贸企业，连基本的库存商品明细账、销售明细账、现金日记账、银行存款日记账等账册都不设置，使得有关数据无法进一步核实，查账无法深入。

附：集团企业涉税风险提示

对于企业集团而言，如何处理子公司（分公司）与集团公司的税收利益，是企业涉税管理中的一个重要问题。几十年来，许多企业集团或者集团性企业都在纳税方法方面用足了智慧。于是，"合并纳税"（合并到总公司纳税）与"就地征收"成了部分企业与当地税务机关争论的焦点问题。新的企业所得税法实施以后，法律明确子公司在当地纳税，而分公司则按一定的比例预缴，但是在总公司统一结算，从而有效地解决了地方财政利益与企业整体运作的矛盾。

我们在这里提出集团利益的处理，主要是想在更大的范围内讨论税收问题，因为对企业而言，当其发展到一定时期和规模，就会考虑对外投资，或者多角经营，从而形成企业集团，或者是集团性企业。在这样的情况下，母公司与子公司或者分公司之间因利益流动而形成的涉税问题很自然地存在，而新企业所得税的《特别纳税调整》规定，又将为企业集团在大市场条件下处理税收利益的看出了一个难点问题。因此，我们在这里提醒纳税人注意企业集团在其业务运作活动中所表现出的自身的特点：

1. 涉及的政策面比较广

由于企业集团内部企业之间的业务一般都是综合性业务，所以涉及的政策和业务技术非常复杂。比如，有些酿酒企业集团对下属的生产企业与销售公司相关业务进行筹划，从消费税的角度讲可能是有道理的，但是，从企业所得税的角度讲又可能缺乏政策依据。从整体的角度分析，虽然相关业务流程的整合存在可操作性，但是缺乏政策的支持，所以，这样的筹划客观上就不可能成功。再比如进行企业的机构整合性重组，首先要受到《公司法》的规范，因为对公司的整合必然涉及对投资人利益的调整，要对股权进行调整和变更，就需要进行具体操作的人员按照《公司法》的规定承办相关事宜；其次要受到《合同法》的规范，只有参与重组各方意思表示一致的意见，才能够在重组活动中得到落实，否则，再美妙的重组方案也只能是纸上谈兵；第三要受到《会计法》和相关税收法律法规的规范，如果是上市公司，还要受到有关证券法律法规的规范等等。所以说，进行资产重组，是一个系统工程，需要操作人员将相关法律和法规系统、有机地结合起来运用。

2. 侧重于生产要素的整合和相关业务流程的筹划

对于企业集团的税收筹划而言，重点环节是企业生产要素的组合和经营业务流程的调整。实际操作都是由其他职能部门完成的，财务人员只对有关业务运行过程中产生的信息进行核算和归集。

但是，许多企业的负责人却认为，与税收有关的一切事项都应当由财务人员来负责。在此观点影响下，财务人员也认为一切涉税事项应当由自己来负责。但是，这些财务人员在处理涉税事项的过程中也感觉到，许多涉税事项他们想负责，但是无力负责；他们想处理，但是没有资格来处理；他们想控制，但是没有权力来控制！为什么会出现如此尴尬的状态呢？其实原因很简单，这些事项的处理都超越了他们的工作职能。

按照会计的工作职能，目前企业财务人员所从事的工作，都是一些事后反映（核算）的经济事项。而与该经济事项有关的纳税义务在到财务人员手中之前就已经产生了。所以，如果财务人员想处理与这个经济事项有关系的涉税事项，唯一的工作就是按规定计算应纳税款。如果想少缴税，在多数情况下会计人员能够做的也只有一个手段——逃避纳税。

有没有在合法的前提下可供操作的环节呢？当然是有的，但多数情况下不在企业的财务环节，而是在业务操作环节，比如采购环节、生产环节和销售环节等等。而企业集团的业务运作就更是如此了，除了一般性的债务重组业务以外，几乎所有的筹划事项都需要筹划人站在战略的高度来审视相关业务与企业发展之间的关系，而不能只考虑一事和一时的利益得失。因此，有些人就走向另一个极端，认为在企业的资产重组过程中，主要操作点是企业生产要素的组合和经营业务流程的调整，跟税收没有关系，这就是实务过程中的矛盾。

3. 集团企业之间的业务比较复杂

集团企业或者同一个投资人下属若干个子公司之间发生的业务，从法律上讲构成关联业务。如果再涉及其他业务，从机构调整的角度讲，有企业的设立、合并、分立、清算和企业集团的业务整合等；从具体资产调整的角度讲，有对外投资、资产出售、资产置换等；从其他角度还可以分析出其他相关业务如非货币性交易、债务重组以及关联业务的处理等等。在这些事项中，往往都是若干的涉税事项交织在一起，而现实中，税收政策只对单个事项作出规范。这就是企业集团性业务容易产生涉税风险的根本原因。

在具体实务过程中，企业集团业务，比如资产重组等，并不是单项业务的简单操作，一般情况下，一个资产重组业务往往伴随着几个经济事项同时操作，这就要求进行资产重组筹划和决策者具有综合业务能力，对相关业务的涉税事项作出正确的判断，并进行全面而系统的操作，否则就可能给企业带来不必要的损失。

第八章　纳税检查的账务调整

案例 1　纳税检查的账务调整

　　税务检查结束后，税务机关会及时督促纳税人调整账户，不然的话，虽然纳税人当期补缴了税款，但随着时间的推移，补缴的税款又有可能被抵回，从而使纳税检查流于形式。而从纳税人的角度讲，如果不能将相关涉税事项作正确处理，又将产生新的涉税风险。但是，对于税务检查后的账务调整应当如何进行，目前作全面介绍的著述很少，所以，许多财务人员对此感到很棘手，我们在这里对纳税检查账务调整的相关业务问题作一个相对系统的分析和介绍。

一、汇算清缴的涉税账务调整

　　企业所得税汇算清缴，必须做好涉税账务调整。一些企业在企业所得税汇算清缴后因忽视账务调整工作，存在成本费用多计或少计，或用其他方式人为地虚列利润等现象，增加或减少下年度或以后年度利润，使得已作纳税处理的已税利润在以后年度又出现继续征税的情况，增加企业不必要的负担，还会使企业财务状况和反映的会计信息失真。

　　企业所得税汇算清缴一般涉及两方面的调整：一是账务调整，二是纳税调整。账务调整只是针对违反会计制度规定所作账务处理的调整，纳税调整则是针对会计与税法差异的调整。前者必须进行账内调整，通过调整使之符合会计规定；后者只是在账外调整，即只在纳税申报表内调整，通过调整使之符合税法规定。由于应纳税所得额的计算应该建立在会计利润总额基础之上，所以账务调整的结果也必然在纳税申报表中得以体现。企业不仅要根据调整后的数额正确填列《企业所得税年度纳税申报表》及其相关附表，而且要根据账务调整数字调整报告年度会计报表相关项目的数字和本年度会计报表相关项目的年初数。

调整方法主要有以下几种：

1. 日常审核中发现错账的调整方法

企业会计人员在定期结算过程中一般会对有关账务情况进行自查。对日常审核中发现的问题，其错误的账项往往尚未影响到其他后续事项的核算。如审核当期材料采购成本，发现将采购基建材料的运杂费记入原材料成本，该材料尚未领用。对这类错误，可采取会计记账中错账的更正方法，直接进行调整，一般有红字更正法和补充登记法两种。

2. 年终结账前查出错误的调整方法

企业会计人员如果在年终结账前进行审核，对于查出的错误要根据具体情况直接在当期有关账户中进行调整。如涉及实现利润数额的，可以直接调整"本年利润"账户的数额，使错误得以纠正。如补缴上年度的所得税属于税前不予扣除项目，按照会计制度的规定，补缴上年度的所得税，应调整上年度的所得税费用。汇算后通过以前年度损益调整科目，期末转入本年利润，在下一年度的汇算清缴时，不作为税前扣除项目，这样会造成"纳税调整前所得"与企业的利润表的"利润总额"不完全一致。如果为了两者一致，则先做费用扣除，然后再作为其他纳税调增项目填报也可，或者按会计制度规定，以前年度损益调整直接计入未分配利润科目。

3. 以前年度影响损益项目的调整方法

纳税人在计算应纳税所得额时，其会计处理办法同国家税收规定不一致的，应当依照国家有关税收的规定计算纳税。依照税收规定予以调整，按税收规定允许扣除的金额，予以扣除。会计制度及相关准则在收益、费用和损失的确认、计量标准与企业所得税法规的规定上存在差异。对于因会计制度及相关准则就收益、费用和损失的确认、计量、记录和报告，按照会计制度及相关准则规定的确认、计量标准与税法不一致的，不得调整会计账簿记录和会计报表相关项目的金额。

企业在计算当期应缴所得税时，应在按照会计制度及相关准则计算的利润总额（即利润表中的利润总额）的基础上，加上（或减去）会计制度及相关准则与税法规定就某项收益、费用或损失确认和计量等的差异后，调整为应纳税所得额，并据以计算当期应缴所得税。企业在年度中间发现以前年度会计事项影响损益的调整，涉及补退所得税的，应对以前年度的利润总额（或亏损总额）进行调整，通过"以前年度损益调整"科目进行账务处理。对上年度一些属消耗性费用（企业生产经营已实际支付的如不涉及产品成本核算的工资、工会经费、捐赠、招待费、罚款等费用）的开支，就其应补退的所得税数额作"以前年度损益调整"账务调整。

二、补、退增值税的账务调整

进行增值税的纳税检查，就可能发现企业在增值税的税务处理方面的问题：少缴税或者多缴税。对于少缴税，一般的情况下即为偷税，这就存在既补又缴的账务处理问题，而如果是多缴税，就需要向主管税务机关申报退税。

（一）补交增值税的账务调整

按照《会计准则》的规定，纳税人在补交增值税后应及时进行账户处理。实际交纳增值税时，应借记"应交税费——应交增值税（已交税金）"，贷记"银行存款"。同时区分不同情况作进一步处理：

1. 少记销项税额而补交税款处理

对于纳税人少记销项税额而补交的税款，应借记（或用红字贷记）有关科目，贷记"应交税费——应交增值税（销项税额）"。

2. 多记进项税额而补交税款处理

对于纳税人记账时因多记进项税额而补交的税款，应借记（或用红字贷记）有关科目，贷记"应交税费——应交增值税（进项税额转出）"。

3. 将不允许抵扣的进项税额作抵扣而补交税款的处理

对于纳税人将不允许抵扣的进项税额作抵扣而补交的税款，应用红字借记"应交税费——应交增值税（进项税额）"；贷记（或用红字借记）相关科目。

4. 少记销售额而少交税款的处理

对于纳税人少记销售额而少交的税款，应借记有关科目，贷记"主营业务收入"，贷记"应交税费——应交增值税（销项税额）"科目。

（二）退增值税的账务调整

对于纳税人多交的增值税，只须做如下账务调整：

1. 对于纳税人多计销项税额而多交税款的，用红字借记（或贷记）有关科目，用红字贷记"应交税费——应交增值税（销项税额）"科目。

2. 对于纳税人记账时因少记进项税额而多交税款的，用蓝字补记，借记"应交税费——应交增值税（进项税额）"科目，贷记（或用红字借记）有关科目。

3. 对于误记已交税金而多交的税款，用红字借记"应交税费——应交增值税（已交税额）"科目，用红字贷记（或用蓝字借记）有关科目。

（三）根据税务机关的《税务处理决定书》补缴增值税的账务处理

例：税务稽查人员于 2014 年 2 月份稽查某企业当年增值税缴纳情况，发现该企业"预收账款"账户贷方余额 624,780 元，金额较大，经进一步深入稽查细账和有关记账凭证、原始凭证及产品出库单，查明产品已出库，企业记入"预收账款"账户的余额全部是企业分期收款销售产品收到的货款和税款，而没有及时结转产品销售收入。经核实，该批产品的生产成本价为 450,000 元，据此，应作如下调整：

应计应税收入额 =624,780÷（1+17%）=534,000（元）

应补增值税：534,000×17%=90,780（元）

相关企业的账务处理方法为：

借：预收账款 6,247,800

　贷：主营业务收入 534,000

　　　应交税费——增值税检查调整 90,780

借：主营业务收入 450,000

　贷：库存商品 450,000

假如上例是对 2013 年进行纳税检查，则相关企业应当作如下账务处理：

借：预收账款　　　　　　　　　　　　　　　　　　624,780

　　贷：以前年度损益调整　　　　　　　　　　　　534,000

　　　　应交税费——增值税检查调整　　　　　　　　90,780

借：以前年度损益调整　　　　　　　　　　　　　　450,000

　　贷：库存商品　　　　　　　　　　　　　　　　450,000

三、补、退消费税的账务调整

（一）因多计或少计销售额而退、补消费税的账务调整

1. 因少计销售额而补交消费税的，借记"主营业务税金及附加"科目，贷记"应交税费——应交消费税"科目；同时借记"本年利润"科目，贷记"主营业务税金及附加"科目，转入当期损益。对于少计的销售额，应借记相关科目，贷记"主营业务收入"。

2. 因多计销售额多交的消费税，用红字作与上述相同的会计分录。

（二）纳税人以应税消费品作为股权投资，用于在建工程、非生产机构、抵偿债务等非货币性交易的，无论该非货币性交易是否涉及补价问题，均应以应税消费品的公允价值为计税依据，计算应交纳的消费税额并将消费税额记入换入资产的入账价值。

但是，新会计准则对此用了调整，根据《企业会计准则——非货币性交易》的规定：

纳税人发生非货币性交易，未涉及补价或支付补价的，其换入资产的入账价值等于换出资产的账面价值与所支付的相关税费（含增值税）的和。计算公式如下：

换入资产的入账价值 = 换出资产的账面价值 + 所支付的相关税费（含增值税）

纳税人发生非货币性交易，并收到补价的，可按下列公式计算换入资产的入账价值：

换入资产的入账价值 = 换出资产的账面价值 -（收到的补价款 ÷ 换出资产的公允价值）+ 所支付的相关税费（含增值税）

纳税人因非货币性交易补交消费税的，应比照下列规定进行账务调整：

1. 纳税人因将应税消费品作为股权投资而补交消费税的，应借记"长期投资"科目，贷记"应交税费——应交消费税"、"库存商品"等科目。账务调整后应注意，补交的消费税不得从以后各期应纳消费税税额中抵扣。

2. 纳税人因将应税消费品用于在建工程所需补交消费税的，应借记"在建工程或固定资产（不需要安装）"科目，贷记"应交税费——应交消费税"、"库存商品"等科目。账务调整后应注意，补交的消费税也不得从以后各期的应纳消费税税额中抵扣。

3. 纳税人因将应税消费品用于非生产机构、抵偿债务而补交税款的，应借记"营业外支出"、"营业费用"、"应付账款"等科目，贷记"应交税费——应交消费税"、"库存商品"等科目；同时将相关损益类科目转入当期损益，借记"本年利润"科目，贷记"营业外支出"、"营业费用"等损益类科目。

（三）对于纳税人因随同产品出售但单独计价的包装物或逾期未退还的包装物押金而补交消费税的，借记"其他业务支出"科目，贷记"应交税费——应交消费税"、"营业外收入"等科目；同时将损益类科目转入当期损益。

（四）对于因委托加工物资收回后，直接销售的应税消费品而补交消费税的，将受托方代收代交的消费税，计入委托加工物资的加工成本，借记"委托加工物资"科目，贷记"应付账款"、"银行存款"等科目；委托加工物资收回后，用于连续生产且规定可以抵扣消费税的，纳税人应按受托方代收代交的消费税额，借记"应交税费——应交消费税"科目，贷记"应付账款"、"银行存款"等科目。

（五）对于纳税人需补交进口消费品应纳消费税的，其缴纳的消费税应计入该项消费品的成本，借记"固定资产"、"物资采购"、"库存商品"等科目，贷记"银行存款"科目。应注意缴纳的消费税不得从销售应税消费品的应纳税税额中抵扣。

（六）纳税人将应税产品自营出口应纳消费税的，在报关出口后申请退税时，借记"应收补贴款"科目，贷记"主营业务成本"；当收到退回的消费税时，应借记"银行存款"科目，贷记"应收补贴款"科目。

（七）纳税人将应税产品委托外贸企业代理出口，应计算交纳消费税，借记"应收补贴款"科目，贷记"应交税费——应交消费税"科目；交纳税款时，借记"应交税费——应交消费税"科目，贷记"银行存款"。当收到退回的消费税时，应借记"银行存款"科目，贷记"应收补贴款"科目。

四、补、退缴营业税的账务调整

营业税业务相对比较简单，但是，营业税涉及很多行业，由于不同的行业具体的业务流程可能不同，其纳税义务实现的情况也存在差异，就使营业税的核算复杂起来。这里对补计营业税的情况作一个简要归纳。

（一）补计营业税的账务处理

无论是何种原因导致补交营业税，都应在实际交纳时，借记"应交税费——应交营业税"科目，贷记"银行存款"等科目。但所补交的营业税应分别不同的原因，计入相关科目：

1. 对于少计业务收入或少计算营业税额导致补交营业税的，应借记"主营业务税金及附加"等科目，贷记"应交税费——应交营业税"科目。

对于多提、多交营业税的，用红字作与上述相反的会计分录。

2. 对于金融企业接受其他企业委托发放贷款，少计代扣代缴营业额的，借记"应付账款——应付委托贷款利息"科目，贷记"应交税费——应交营业税"科目。

3. 对于建筑安装业务实行转包或分包形式，总承包人少计代扣代缴营业税的，借记"应付账款"科目，贷记"应交税费——应交营业税"科目。

4. 对于纳税人销售不动产少交营业税的，应按销售额计算营业税，借记"固定资产清理"科目，贷记"应交税费——应交营业税"。

5. 纳税人销售无形资产少交营业税的，按销售额计算的营业税，借记"其他业务支出"等科目，贷记"应交税费——应交营业税"科目。

（二）营业税查补业务举例

在实际工作中，有些企业在往来账方面经常做税收筹划文章，比如有些企业应作收入而没有作收入，从表面上看是收入没有做，成本也没有增加，企业损益没有受到任何影响，但是企业就是利用这一障眼法进行了筹划，表面上收入成本都不做，实际上却减少了流转税的计税依据，从而达到少缴税款的目的，但实际上并不可行。税务人员在检查工作中，已经重点注意对往来账的检查，特别是善于对不按现行会计制度规定记账的账户、对冲往来账以及长期挂账的往来账户检查中发现疑点。

上海市某运输公司是一家有限责任公司，注册资本 200 万元，主要从事集装箱货物运输业务等。2014 年度实现主营业务收入 9,868,548.50 元，实现利润总额 245,335 元，2013 年申报缴纳地方各税 816,897 元。税务检查人员在检查该企业往来账业务时，通过查看记账凭证发现一笔会计分录如下：

借：运输支出　　　　　　　　　　　　　140,000
　　贷：其他应付款——应付车辆费用　　　　　　　140,000

税务检查人员进一步查看所附原始凭证发现为单位自制"应付运费计算单"单据，内容为：应付驾驶员运输费用 148,000 元，应收取驾驶员管理费 8,000 元。

通过对记账凭证和原始凭证进行分析，以及同该公司会计人员及驾驶员座谈了解，检查人员查清了该业务的来龙去脉。

由于近年来经营形式发生变化，该运输公司将部分车辆租赁或承包给驾驶员经营，方法是运输公司统一对外承揽运输业务，并负责同发货方结算运输收入，然后根据运输收入的一定比例向驾驶员支付承包费并计入运输成本，同时向驾驶员收取管理费。如上述凭证，运输公司应向驾驶员支付 148,000 元承包费，全部计入运输成本；同时应向驾驶员收取 8,000 元管理费，计入企业其他收入。

通过以上分析发现，该公司将收取的管理费直接冲减运输成本，该业务处理方法虽然对损益没有影响，但收取的管理费未计入其他收入，漏缴了营业税金及附加。经详细统计，该公司 2014 年收取的管理费直接冲减运输成本共计 600,000 元，应补缴营业税 30,000 元、城建税 2,100 元、教育费附加 900 元。

根据《中华人民共和国税收征收管理法》第六十三条第一款规定，该公司隐匿管理费收入偷逃营业税金的行为应定性为偷税，主管税务机关对其少缴的税款及附加责令限期补缴入库，并按规定加收滞纳金，同时还对所偷税款处以一倍罚款。

该公司在查补税款之后的账务处理如下：

1. 补提税款及附加

借: 以前年度损益调整   33,000

   贷: 应缴税金——应缴营业税   30,000

       ——应缴城建税   2,100

     其他应缴款——应缴教育费附加   900

2. 缴纳税金及罚款

借: 应缴税金——应缴营业税   33,000

     ——应缴城建税   2,100

     其他应缴款——应缴教育费附加   900

     营业外支出——罚款支出   32,100

   贷: 银行存款   65,100

3. 结转以前年度损益调整

借: 利润分配——未分配利润   33,000

   贷: 以前年度损益调整   33,000

五、查补税业务的一般处理方法

个别企业为了追求利益最大化，达到少缴税款的目的，在成本核算中，千方百计地少计收入，多列费用。尽管有的企业在年度汇算清缴中对部分费用作了调整，但也只是在企业所得税纳税申报表中体现，补缴完企业所得税后，并不作增加企业资产、所有者权益等相关账务调整。

因此，税务机关在对纳税人进行检查或对企业所得税纳税申报表进行审核时，如果发生补税和其他调整项目，应注意跟踪管理，看有关企业的账务处理是否涉及企业利润的核算。关注应调增应纳税所得额的项目，是否同时调增了企业利润。此外，如果有关企业将利润用于分配，还要关注其是否增加了企业资产和所有者权益，是否代扣代缴了个人所得税等等。这里我们举一个实例来说明一般查补税业务的账务处理方法。

2014年6月，某公司在接受其主管地方税务机关的纳税检查时，被发现其在2013年11月底（企业所得税适用25%税率）有一笔下脚料变卖收入40,000元未入账，但其成本已计入主营业务成本。税务机关据此责令该企业补缴企业所得税 10,000 元，并处以 5,000 元的罚款。该公司缴纳了相应的税款，并作如下会计分录（本例中滞纳金核算省略）：

借：以前年度损益调整　　　　　　　　　　　　　10,000
　　贷：应交税费——所得税　　　　　　　　　　　　　10,000
借：营业外支出　　　　　　　　　　　　　　　　5,000
　　应交税费——所得税　　　　　　　　　　　　10,000
　　贷：银行存款　　　　　　　　　　　　　　　　　15,000

分析：

该公司的做法实际上是冲减了 15,000 元的利润，由此带来的问题是未正确核算相关税金，账务处理也存在问题。40,000 元下脚料的变卖收入，属于国税部门征收的增值税的含税收入，地税机关在查补企业所得税时，应通报国税部门补征增值税。

正确的做法是：企业将 40,000 元的含税收入，换算为不含税收入后计算缴纳企业所得税。并且，如果企业的投资人将这部分收入据为己有，则要视同利润分配，补征个人所得税。

具体的处理方法是：

该笔下脚料的变卖收入应补缴增值税：40,000÷（1+17%）×17%=5,811.97 元，应补缴企业所得税：40,000÷（1+17%）×25%=8,529.51 元。在此情况下，如果主管地方税务机关对其处以 50% 罚款即 4,264.76 元，则企业的会计分录如下：

借：其他应收款　　　　　　　　　　　　　　　5,811.97
　　贷：应交税费——应交增值税（销项税额）　　　　　5,811.97
借：以前年度损益调整　　　　　　　　　　　　8,529.51
　　贷：应交税费——所得税　　　　　　　　　　　　8,529.51
借：营业外支出　　　　　　　　　　　　　　　4,264.76
　　应交税费——所得税　　　　　　　　　　　8,529.51
　　贷：银行存款　　　　　　　　　　　　　　　　12,794.27
借：其他应收款　　　　　　　　　　　　　　　34,188.03
　　贷：以前年度损益调整　　　　　　　　　　　　34,188.03

对于投资人来说，如果把这部分收入用来归还销售款，则作如下分录：

借：现金　　　　　　　　　　　　　　　　　　40,000

　贷：其他应收款　　　　　　　　　　　　　　　　　40,000

如果视同利润分配，则要代扣代缴个人所得税：

借：其他应收款——代缴个人所得税　　　　　　8,000

　贷：银行存款　　　　　　　　　　　　　　　　　8,000

借：应付利润　　　　　　　　　　　　　　　　48,000

　贷：其他应收款　　　　　　　　　　　　　　　　48,000

六、补缴所得税的账务调整

企业在接受检查后，不能忽视对有关账目的调整。例：2014 年 6 月 5 日对某纳税人进行企业所得税检查，发现该企业将 10,000 元的电脑一次性列入管理费用，税务机关认为该电脑应作固定资产。假设当年可提折旧 2,000 元，则应调增应纳税所得额为 8,000 元，税务机关对纳税人作出处理后，纳税人对补缴所得税作借记"所得税"，贷记"应交税费"科目，而对资产类科目不作调整。

如果纳税人对资产类科目不作调整，也不设置"递延税款备查登记簿"，将使 8,000 元的支出无法通过折旧方式逐年在税前扣除。

正确的账务调整为：

借：固定资产　　　　　　　　　　　　　　　10,000

　贷：以前年度损益调整　　　　　　　　　　　　　8,000

　　累计折旧　　　　　　　　　　　　　　　　　2,000

然后借"以前年度损益调整"，贷"应交税费——应交所得税"。

会计制度和税法在一些成本、费用的扣除范围和扣除标准、扣除时间上存在一定的差异，对暂时性差异造成少缴税款在补税时一般应作账务调整。纳税人存在的结转原材料、生产成本、产成品问题，资产费用的折旧、摊销等问题，只要不是虚列的成本费用，在税务检查补缴所得税的同时，应对资产类科目进行账务调整，详细记录相关的补缴税款原因、金额、转销期限、已转销数额，在以后年度所得税申报中作纳税调减，不然就会造成多缴所得税。

七、利润总额与应纳税所得额产生差异的原因

1.永久性差异

永久性差异是指某一会计期间，由于会计制度和税法在计算收益、费用或损失时的口径不同所产生的税前会计利润与应纳税所得额的差异，这种差异在本期发生，不会在以后各期转回。永久性差异的主要类型有：

（1）按会计制度规定应作为收益，但在计算所得税时不确认为收益。

（2）按会计制度规定不作为收益，但在计算所得税时作为收益。

（3）按会计制度规定作为费用或损失冲减当期损益，但在计算所得税时不得扣减。

（4）按会计制度规定不得作为费用或损失，但在计算所得税时允许扣减当期损益。

（5）永久性差异确认的特殊事项。比如已经享受投资抵免的国产设备在规定期限内出租、转让应补交的所得税，也作为永久性差异处理。

2.暂时性差异

暂时性差异是指由于税法与会计制度在确认收益、费用或损失的时间不同而产生的税前会计利润与应纳税所得额的差异。这种差异在本期发生，但可在以后一期或若干期转回。暂时性差异的主要类型有：

（1）企业获得的某项收益，按照会计制度规定应作为本期收益，但税法规定在计算所得税时应作为以后各期的收益，从而形成差异。

（2）企业获得的某项收益，按照会计制度规定应作为以后各期收益，但税法规定在计算所得税时应作为当期收益，从而形成差异。

上述两种应当增加未来或当期应纳税所得额的暂时性差异称为应纳税暂时性差异。

（3）企业发生的某项费用或损失，按照会计制度规定应作为当期费用或损失，但税法规定应抵扣以后各期应纳税所得额，从而形成差异。

（4）企业发生的某项费用或损失，按照会计制度规定应作为以后会计期间的费用或损失，但税法规定应抵扣当期应纳税所得额，从而形成差异。

这两种应当抵扣未来或当期应纳税所得额的暂时性差异称为可抵减暂时性差异。

八、对所得税账户调整的方法

不执行新会计准则的企业在所得税处理时可采用应付税款法或纳税影响会计法，但是1,500多家上市公司和国资委下属的企业已执行所得税会计准则，它们采用的是资产负债表债务法。

（一）应付税款法

应付税款法是指企业按照税法规定计算当期应纳税所得额，并以此计算确认所得税费用，交纳企业所得税，不再将差异递延。在应付税款法下，当期的所得税费用与应交所得税额相等。企业按应纳税所得额计算应交所得税时，借记"所得税"科目，贷记"应交税费——应交所得税"科目；实际交纳所得税时，借记"应交税费——应交所得税"科目，贷记"银行存款"科目；期末结转所得税费用时，借记"本年利润"科目，贷记"所得税"科目。

例：2013年末，某2,400人的企业，财务利润总额13,600,000元；当年实际发放的工资总额为46,080,000元，假定该市税务机关经过检查核实，确认该企业可以在税前列支的合理的工资为人均月1,100元；企业75,000,000元设备固定资产按照双倍余额递减法计提折旧，当年提取折旧额15,000,000元（不考虑净残值），按照税法规定应按年限法计提折旧7,500,000元；其余内容未发生纳税调整事项。企业所得税的账户处理方法如下：

第一步，计算差异额

暂时性差异额 =15,000,000-7,500,000=7,500,000（元）

永久性差异额 =46,080,000-（24,000,000×0.11×12）=14,400,000（元）

差异总额 = 暂时性差异额 + 永久性差异额

$$= 7,500,000+14,400,000=21,900,000（元）$$

第二步，计算应纳税所得额

应纳税所得额 = 财务利润总额 ± 差异总额

$$= 13,600,000+21,900,000=35,500,000（元）$$

第三步，计算应交所得税额

应交所得税额 = 应纳税所得额 × 适用税率

$$= 35,500,000 \times 25\% = 8,875,000（元）$$

第四步，企业所得税账户处理

（1）按照所计算的应交所得税额

借：所得税	8,875,000
贷：应交税费——应交所得税	8,875,000

（2）结转所得税费用

借：本年利润	8,875,000
贷：所得税	8,875,000

（3）交纳所得税

借：应交税费——应交所得税	8,875,000
贷：银行存款额	8,875,000

（二）纳税影响会计法

纳税影响会计法就是将暂时性差异对本期所得税费用的影响金额递延和分配到以后各期的方法。在纳税影响会计法下，企业首先将当期的纳税暂时性差异或可抵减暂时性差异递延和分配到以后各期，并按应纳税所得额计算出当期所得税费用和应交所得税额；然后计算应由本期承担的前期暂时性差异或可抵减暂时性差异对所得税费用的影响额；最后把当期所得税费用和应由本期承担的前期所得税费用额相加总，以计算确定本期所得税费用的一种方法。

根据企业会计制度的规定，采用纳税影响会计法的企业可以选择采用递延法或债务法具体进行会计核算。

需要指出的是，递延法和债务法之间既存在区别、又有联系。它们的联系表现在这两种方法都是纳税影响会计法下，企业进行所得税会计核算的方法；它们都反映了暂时性差异对企业所得税费用产生的影响。而两者的差异主要表现在对新税收政策和税率变动的反应不同。采用递延法的企业，在开征新税种或税率发生变动时，不对原已确认的暂时性差异所影响的所得税费用进行调整，在转回暂时性差异的所得税影响金额时，按照原所得税税率计算转回；采用债务法的企业，在开征新税种或税率发生变动时，应当对原已确认的暂时性差异所影响的所得税费用进行调整，在转回暂时性差异的所得税影响金额时，按照现行所得税税率计算转回。

使用纳税影响会计法应当注意下列问题：

第一，企业会计制度规定，在暂时性差异产生递延税款借方金额的情况下，为了慎重起见，如在以后转回暂时性差异的时期内（一般为3年），有足够的应纳税所得额予以转回的，才能确认暂时性差异的所得税影响金额，并作为递延税款的借方予以反映；

第二，不符合上述第一条所规定的条件的，应当将其发生的暂时性差异产生的递延税款借方金额，于发生当期视同永久性差异处理，不再递延到以后各期。

第三，企业按规定以交纳所得税后的利润再投资所退回的所得税，以及实行先征后返还所得税的企业，应当于实际收到退回的所得税时，冲减退回当期的所得税费用，也不再递延。

下面介绍递延法和债务法的核算过程：

1. 递延法

采用递延法时，将税前会计利润加减永久性差异额，计算所得税费用，借记"所得税"科目；按应纳税所得额计算应交所得税，贷记"应交税费——应交所得税"科目；将其差额借记或贷记"递延税款"科目。企业转回前期确认的应由本期承担的递延所得税资产（即递延税款借方余额）时，借记"所得税"科目，贷记"递延税款"科目；转回前期确认的应由本期承担的递延所得税收负担债（即递延税款贷方余额）时，应借记"递延税款"科目，贷记"所得税"科目。

例：仍引用上例，同时根据账户反映，"递延税款"账户应由本年承担的借方余额 500,000 元、贷方余额 200,000 元（不受税率变动影响），本期所得税税率由 27% 调为 25%。企业所得税的账户处理方法如下：

第一步，计算差异额

暂时性差异额 =15,000,000–7,500,000=7,500,000（元）

永久性差异额 =46,080,000–（24,000,000 × 0.11 × 12）=14,400,000（元）

第二步，计算应纳税所得额

应纳税所得额 = 财务利润总额 + 永久性差异额 + 暂时性差异额

$$= 13,600,000+14,400,000+7,500,000=35,500,000（元）$$

第三步，计算应交所得税额

应交所得税额 = 应纳税所得额 × 适用税率

$$= 35,500,000 × 25\%=8,875,000（元）$$

第四步，按税前利润与永久性差异的和计算本期应承担的所得税费用

本期所得税费用 =（财务利润总额 + 永久性差异额）× 适用税率

$$=（13,600,000+14,400,000）× 25\%=7,000,000（元）$$

第五步，计算暂时性差异额影响的应交所得税额

暂时性差异额影响的所得税费用 =7,500,000 × 25\%=1,875,000（元）

第六步，确定应由本期承担的递延所得税资产和递延所得税收负担债额

本期承担的递延所得税资产 =500,000 元

本期承担的递延所得税收负担债 =200,000 元

第七步，企业所得税账户处理

（1）按照所计算的应交所得税额和暂时性差异额影响的应交所得税额

借：所得税	7,000,000
递延税款	2,475,000
贷：应交税费——应交所得税	8,875,000

（2）分担应由本期承担的递延所得税资产和递延所得税收负担债额

借：所得税	300,000
递延税款	200,000
贷：递延税款	500,000

（3）结转所得税费用

借：本年利润	7,300,000
贷：所得税	7,300,000

（3）交纳所得税

借：应交税费——应交所得税	8,875,000
贷：银行存款	8,875,000

2. 债务法

采用债务法时，将税前会计利润加减永久性差异额，计算所得税费用，

借记"所得税"科目；按应纳税所得额计算应交所得税，贷记"应交税费——应交所得税"科目；将其差额借记或贷记"递延税款"科目。在未开征新税种、税率未发生变更的情况下，企业转回前期确认的应由本期承担的递延所得税资产（即递延税款借方余额）时，借记"所得税"科目，贷记"递延税款"科目；转回前期确认的应由本期承担的递延所得税收负担债（即递延税款贷方余额）时，应借记"递延税款"科目，贷记"所得税"科目。如果开征了新税种或所得税率发生了变化，企业应根据所计算的由于税率变动或开征新税调减的资产，或调增的负债，借记"所得税"科目，贷记"递延税款"科目；或者，企业应根据所计算的由于税率变动或开征新税调增的资产，或调减的负债，借记"递延税款"科目，贷记"所得税"科目。

例：假定 2014 年为又一个会计期间，上年的数据见两例。本期，工资总额与可在税前列支的合理性工资的差异与上年相同 1,440 万元；本期计提折旧 1,200 万元 [（7,500–1,500）×20%]；本期分担的前期递延税款不变，仍为 50 万元和 20 万元（该部分不受所得税率变动的影响）；同时，本年由于税收政策调整，所得税率降为 15%。其账户处理如下：

第一步，计算差异额

暂时性差异额 =12,000,000–750=4,500,000（元）

永久性差异额 =46,080,000–（24,000,000×0.11×12）=14,400,000（元）

第二步，计算应纳税所得额

应纳税所得额 = 财务利润总额 + 永久性差异额 + 暂时性差异额

= 13,600,000+14,400,000+4,500,000=32,500,000（元）

第三步，计算应交所得税额

应交所得税额 = 应纳税所得额 × 适用税率

= 32,500,000×15%=4,875,000（元）

第四步，按税前利润与永久性差异的和计算本期应承担的所得税费用

本期所得税费用 =（财务利润总额 + 永久性差异额）× 适用税率

=（13,600,000+14,400,000）×15%=4,200,000（元）

第五步，计算暂时性差异额影响的应交所得税额

暂时性差异额影响的所得税费用 =4,500,000×15%=675,000（元）

第六步，确定应由本期承担的递延所得税资产和递延所得税收负担债额

本期承担的递延所得税资产 =500,000 元

本期承担的递延所得税收负担债 =200,000 元

第七步，确定由于税率变动而造成调增、调减以前各期递延所得税资产或递延所得税收负担债调增、调减额的影响

截至本期因税率变动而调减的递延所得税资产，即：

15,000,000 ×（30%–15%）=225,000 元

第八步，企业所得税账户处理

（1）按照所计算的应交所得税额和暂时性差异额影响的应交所得税额

借：所得税	4,200,000
递延税款	675,000
贷：应交税费——应交所得税	4,875,000

（2）分担应由本期承担的递延所得税资产和递延所得税收负担债额

借：所得税	300,000
递延税款	200,000
贷：递延税款	500,000

（3）分担本期因税率减低而调减的递延所得税资产额

借：所得税	225,000
贷：递延税款	225,000

（4）结转所得税费用

借：本年利润	4,725,000
贷：所得税	4,725,000

（3）交纳所得税

借：应交税费——应交所得税	4,875,000
贷：银行存款	4,875,000

九、企业所得税纳税检查调整的特殊事项

税务检查后，对于以下几种情况，一般都将查补应纳税所得额视同直接影响利润的因素而全部作为调增计税所得额：一是查补应纳税所得额较小，影

响当期利润较小；二是查补应纳税所得额发生在上一年度、以往年度，或年终检查时，查补应纳税所得额发生在年初；三是检查期末纳税人在产品结存和库存商品结存都较少，或查补应纳税所得额发生月份至检查期末的中间月份内，存在着产品结存和库存商品结存为零或较少的情况。在这种情况下，可不将查补应纳税所得额分配计算而全部视同查增所得额计税，检查后只补税不调账。

除上述情形外，不将查补应纳税所得额分配计算，将影响计税所得额的准确性并直接影响纳税人财务成果的真实性。因此，应作相应的纳税调整。

（一）调账内容的确定

1.属于多转或少转材料成本、商品进销差价的，应分别调整原材料（或材料成本差异）、在产品成本、库存商品成本、主营业务成本及本年利润等科目；

2.属于多转或少转在产品成本的，应分别调整生产成本、库存商品、主营业务成本及本年利润等科目；

3.属于多转或少转产成品生产（库存商品）成本的，应分别调整库存商品、主营业务成本及本年利润等科目；

4.属于多摊或少摊、多提或少提、多计、少计期间费用的，应首先调整待摊费用、预提费用、营业费用、管理费用、财务费用，然后调整本年利润等科目；

5.属于将在建工程负担的开支挤入成本、费用或营业外支出的，要全部冲回，并调增利润；

6.对于将收入或利润挂在往来账的，应当冲销往来账，并调增利润。

（二）查补应纳税所得额的分配计算

查补应纳税所得额的分配计算一般采取逐步分配法或比例分配法。

1.逐步分配法

逐步分配法就是将需分配的查补额，按原材料、生产成本、库存商品、主营业务成本等核算环节的程序，一步一步地往下分配。逐步分配法的基本分配公式为：

分配给下一程序的查补额＝转出数/（转出数＋结存数）×需分配的查

补额

分配结存程序结存数＝结存数／（转出数＋结存数）× 需分配的查补数

2. 比例分配法

比例分配法就是按应调整的各环节期末数字或累计数字所占比例而进行分配的方法，它只需一次分配，与逐步分配法中需多次分配相比简便很多，因此在检查工作中较为常用。

在材料采购环节和有关材料账户借方发生的查补额要在原材料、生产成本、库存商品、主营业务成本四个环节进行分配。

各环节结存应分配数＝各该环节期末结存数／（材料期末结存数＋征税成本期末结存数＋库存商品期末结存数＋库存商品累计结存转销售成本数）× 需分配查补额

为计算简便起见，我们把式中分母的倒数和需分配的查补额的乘积称为分配比例，则各环节的分配情况如下：

（1）材料结存应分配数＝材料期末结存数 × 分配比例

（2）生产成本结存应分配数＝征税成本期末结存数 × 分配比例

（3）库存商品结存应分配数＝库存商品期末结存数 × 分配比例

（4）销售成本应分配数＝库存商品累计结转销售成本数 × 分配比例

在分配时应注意，需要在几个环节分配的，其分配比例中的分子为该环节的期末结存数，分母为该环节和该环节以前各环节的期末结存数之和。

如在生产成本账户借方以及制造费用账户借、贷方所发生的查补额，只需按（2）、（3）、（4）在生产成本、库存商品和主营业务成本三个环节进行分配；在生产成本账户贷方与库存商品账户借方所发生的查补额，只需按（3）、（4）在库存商品和主营业务成本两个环节进行分配。

商品流通企业在商品采购环节发生的查补额可比照上述公式在商品采购、库存商品和主营业务成本三个环节进行分配；在库存商品账户借方发生的查补额可以比照上述公式在库存商品和主营业务成本两个环节进行分配。

附：账务调整的基本问题

1. 纳税检查后企业需要进行账务调整

根据国家税务总局《增值税日常稽查办法》规定，增值税一般纳税人在税务机关对其增值税纳税情况进行检查后，凡涉及增值税涉税账务调整的，应设立"应交税费——增值税检查调整"专门账户。凡检查后应调减账面进项税额或调增销项税额和进项税额转出的数额，借记有关科目，贷记本科目；凡检查后应调增账面进项税额或调减销项税额和进项税额转出的数额，借记本科目，贷记有关科目；待全部调账事项入账后，应结出本账户余额，并对该余额进行处理，处理之后，本账户无余额。

值得关注的是，按照国家税务总局《关于增值税一般纳税人发生偷税行为如何确定偷税数额和补税罚款的通知》的规定，偷税款的补征入库，应当视纳税人不同情况处理。即：根据检查核实后纳税人当期全部的销项税额与进项税额（包括当期留抵税额），重新计算当期全部应纳税额，若应纳税额为正数，应当作补税处理，若应纳税额为负数，应当核减期末留抵税额。该科目的余额按照以上所述的原则进行处理，不能以税务机关的纳税检查是在企业上年度会计报表决算之后进行的，作为直接补税的依据。

根据应付税款的规定，涉及企业所得税的，还应设立"所得税"科目，该科目借方反映企业根据纳税所得计算出的所得税额，贷方反映税收减免或退回的所得税额。该科目余额在借方，月末应将其借方余额转入"本年利润"科目，结转后该科目无余额。

"以前年度损益调整"科目属于损益类科目。核算企业本年度发生的调整以前年度损益的事项。其借方发生额，反映企业以前年度多计收益、少计费用而调整以前年度损益的数额；贷方发生额反映企业以前年度少记收益、多计费用调整以前年度损益的数额。在处理补缴或退还所得税等有关项目后，企业应将"以前年度损益调整"科目的余额转入"利润分配——未分配利润"

科目，结转后，该科目无余额。

例：某生产机电产品的工业企业上年度8月份售给甲厂A产品200件，售价总额250,000元，成本总额160,000元，企业作如下分录：

借：银行存款 250,000

　贷：其他应付款——甲厂 250,000

借：其他应付款——甲厂 160,000

　贷：库存商品——A产品 160,000

不通过"销售收入"账户，漏缴了增值税（销项税额）42,500元，同时也少实现企业利润47,500元（207,500-160,000）。

第一步：如果税务机关的纳税检查是在企业上年度决算编报之前进行的，因上年度尚未结账，可根据正常的会计核算程序，直接调整上年度账项，应通过"主营业务收入"科目核算产品（商品）的销售收入，通过"主营业务成本"科目核算产品（商品）销售成本，同时结转产品（商品）的销售利润。

其账务调整分录为（250,000元应是含税售价总额，应化为不含税售价）：

1. 计入收入

借：银行存款 250,000

　贷：主营业务收入——A产品 213,675

　　应交税费——增值税检查调整 36,325（213,675×17%）

2. 结转成本

借：主营业务成本 160,000

　贷：库存商品——A产品 160,000

3. 将收入和成本结转入"本年利润"科目

借：主营业务收入 213,675

　贷：本年利润 213,675

借：本年利润 160,000

　贷：主营业务成本 160,000

4. 计算企业所得税

该笔业务实现利润为213,675-160,000=53,675元，应交企业所得税53,675×25%=13,418.75元。

借：所得税   13,418.75

 贷：应交税费——应交所得税   13,418.75

上交时，

借：应交税费——应交所得税   13,418.75

 贷：银行存款   13,418.75

5. 结转"所得税"科目

借：本年利润   13,418.75

 贷：所得税   13,418.75

6. 将"本年利润"科目余额结转到"利润分配——未分配利润"科目

借：利润分配——未分配利润   40,256.25

 贷：本年利润 40,256.25（213,675－160,000－13,418.75）

第二步：如果税务机关的纳税检查是在企业上年度决算后进行的，且影响上年利润的项目，由于企业上年度已结账，所有的损益账户在当期都结转至"本年利润"账户，凡涉及调整会计利润的，不能通过正常的会计核算程序对"本年利润"科目进行调整，而应通过"以前年度损益调整"科目进行调整。

1. 依该例红字冲销分录不变，调整分录如下：

借：银行存款   250,000

 贷：以前年度损益调整   213,675

  应交税费——增值税检查调整 36,325（213,675×17%）

借：以前年度损益调整   160,000

 贷：库存商品——A 产品   160,000

2. 计算企业所得税

借：以前年度损益调整   13,418.75

 贷：应交税费——应交所得税   13,418.75

3. 上交时

借：应交税费——应交所得税   13,418.75

 贷：银行存款   13,418.75

4. 将"以前年度损益调整"科目余额结转到"利润分配——未分配利润"科目

借：利润分配——未分配利润　　　　　　　　　　　　40,256.25

　　贷：以前年度损益调整　　　　　　　　　　　　　　　　40,256.25

企业出现以前期间的重大会计差错，如果影响损益，应将其对损益的影响数调整至发现当期的期初留存收益，会计报表其他相关项目的期初数也一并调整。如查出以前年度增加利润的，即企业少提了法定盈余公积金和法定公益金，应调整期初留存收益，借记"利润分配——未分配利润"科目，贷记"盈余公积"科目；如查出以前年度减少利润的，即企业多提了法定盈余公积金和法定公益金，应借记"盈余公积"科目，贷记"利润分配——未分配利润"科目。

2. 目前纳税检查调账存在的问题

企业接受税务稽查后，有的及时处理账务，进行纳税调整，但也有不少企业没有意识到纳税调整的重要性，补缴税款后就完事，不调整相关账务，有的虽作账务调整，但因财务人员业务不够熟练，会计处理不当，导致会计资料失真。做好账务调整是巩固稽查成果、确保国家税收的重要一环，对企业来说也至关重要，否则可能会造成重复纳税。从目前情况来看，部分企业在纳税检查后账务调整存在的主要问题有：

（1）增值税方面

增值税销项税。①少计或不计收入不作调账处理。主要包括由价外费用、逾期押金、以旧换新销售、还本销售等经济事项引起会计处理上少计或不计收入，少计销项税，税务稽查后不调增销售收入和销项税。②视同销售货物不计销项税，税务稽查后不调增销项税。

增值税进项税。①违规抵扣行为不调账。违反《增值税暂行条例》规定，将不得从销项税额抵扣的进项税额项目违法抵扣，税务稽查后不调减进项税。②超前抵扣行为不调账。未按照国家税务总局《关于加强增值税征收管理的通知》规定的增值税一般纳税人购进货物或应税劳务，其进项税额申报抵扣的时间执行，提前抵扣进项税额，税务稽查后不调减进项税。

2014 年 3 月 12 日，某市国税局稽查局的稽查员在对该市长江贸易有限公司 2008 年~2012 年的账簿进行检查时，企业 2012 年凭证上一笔会计分录引起他们的注意。该分录为：

借：应交税费——应交增值税   4,000

 贷：银行存款   4,000

  经询问企业会计了解到，该企业在2011年曾因将用于职工福利的外购货物抵扣进项税款被税务机关作出补缴增值税4,000元的处理决定，接到处理决定书后，企业及时补缴了税款，并作出了上述会计分录。

  根据国家税务总局《关于增值税日常稽查管理办法的通知》，增值税一般纳税人在税务机关对其增值税纳税情况进行检查后，凡涉及应缴增值税账务调整的，应设立"应交税费——增值税检查调整"专门账户；凡检查后应调减账面进项税额或调增销项税额和进项税额转出的，借记有关科目，贷记"应交税费——增值税检查调整"；凡检查后应调增账面进项税额或调减销项税额和进项税额转出的，借记"应交税费——增值税检查调整"，贷记有关科目；全部调账事项入账后，应对该账户余额进行处理，处理后该账户无余额。

  该企业接到处理决定书后，正确的账务调整应为：

借：应付福利费   4,000

 贷：应交税费——增值税检查调整   4,000

  如果"应交税费——应交增值税"账户无余额，则还应：

借：应交税费——增值税检查调整   4,000

 贷：应交税费——未交税金   4,000

  而这家企业不仅没有设立"应交税费——增值税检查调整"专门账户，还只作缴税会计分录而未作提取会计分录，这样就造成"应付福利费"科目会计失真。

  （2）企业所得税方面

  一是对已查企业既有查补税前可扣除税金（营业税、房产税、印花税、土地增值税、城建税、教育费附加），又有查补企业所得税问题的，账务调整差错率较高，被查企业在进行账务处理时，对税前可扣除税金又进行了重复列支，造成少缴当年度企业所得税。

  二是查补企业所得税，加收罚款、滞纳金，企业在转账时先通过"以前年度损益调整"科目列支后，又从"以前年度损益调整"科目转入"本年利润"借方，列为当年支出，轧抵了当年度的利润总额（年度企业所得税申报未作纳税调整）。

例：某电子实业有限公司，查补企业所得税58,261.50元。企业接到《税务处理决定书》后，作了如下会计分录：

借：以前年度损益调整 58,261.50
　　贷：应交税费——应交所得税 58,261.50
借：本年利润 58,261.50
　　贷：以前年度损益调整 58,261.50

三是对房地产开发企业查补的未按预收账款申报缴纳的营业税、城建税、教育费附加，被查企业在作账务调整时，直接列入"主营业务税金附加"，轧抵当年的应纳税所得额。

（3）个人所得税方面

一是检查中有的企业仅按照《税务行政处罚决定书》上的罚款金额按时解缴入库，对《涉税联系单》上应补缴的个人所得税税款，不仅未向纳税人追缴，也未到有关税务机关申报缴纳。

二是由单位代缴个人所得税的企业，在计算缴纳时没有按税法规定将不含税收入换算为应纳税所得额计算个人所得税，同时在账务调整中存在问题。如将查补的利息、红利项目，工资薪金项目的个人所得税，直接列入"利润分配"、"应付福利费"、"预算外支出"（事业单位）科目，少缴个人所得税。

3. 账务调整有哪些原则

（1）要与法律、法规、制度相结合

账务调整应符合国家税收法律法规和财务会计制度的规定。目前企业理财环节相关的法律法规较多，从大的方面讲有税法和会计法规等，从操作层面上讲，有税收法规、财务制度、会计准则等。在进行具体的业务处理时，应当注意有关政策的具体运用，如果出现政策差异，则需要注意对差异的处理。

（2）要保持纳税人账载计税所得额和实际征收的计税所得额的一致性

检查后，在材料、生产成本、库存商品等环节发生的查补额，要根据影响程度进行分配，并把分配给销售环节的查补额，连同"销售"、"利润"、"利润分配"三个环节应分配的查补额，作为检查期查增的计税所得额，并据以进行账务调整。否则，势必造成明补暗退或重复征税情况的发生。

（3）保持会计核算资料的真实性

这要求查补额影响到哪一个环节，就要分配到哪一个环节，并把账务调整到哪一个环节。即使查补额不影响当期利润，也要进行调账。

本年度错漏账目的调整。本年度发生的错漏账目，只影响本年度的税收，应按正常的会计核算程序和会计制度，调整与本年度相关的账目，以保证本年度应缴税金和财务成果核算真实、正确。对流转税、财产税和其他各税检查的账务调整，一般不需要计算分摊，凡查补本年度的流转税、财产税和其他税，只需按照会计核算程序，调整本年度相关的账户即可。但对增值税一般纳税人，应设立"应交税费——增值税检查调整"专门账户核算应补（退）的增值税。凡检查后应调减账面进项税额或调增销项税额和进项税额转出的数额，借记有关科目，贷记本科目；凡检查后应调增账面进项税额或调减销项税额和进项税额转出的数额，作与上述相反分录。全部调账事项入账后，应结转出本账户的余额，并对该余额进行处理。

以前年度错漏账目的调整。对属于以前年度的错漏问题，因为财务决算已结束，一些过渡性的集合分配账户及经营收支性账户已结账轧平无余额，错漏账目的调整，不可能再按正常的核算程序对有关账户一一进行调整，一般在当年的"以前年度损益调整"科目、盘存类延续性账目及相关的对应科目进行调整。若检查期和结算期之间时间间隔较长的，可直接调整"以前年度损益调整"和相关的对应科目，盘存类延续性账目可不再调整，以不影响当年的营业利润。对查补（退）的以前年度增值税，为不致混淆当年度的欠税和留抵税额，应直接通过"应交税费——未交增值税"科目进行调整。

例：某企业年终甲产品少留在产品成本10,000元，而12月份甲产品未发生销售收入，此时虽然没有影响到当期利润，但为了保持"库存商品"与"生产成本"两个环节的账面数额与实际数额一致，也应作如下调账分录：

借：生产成本——甲产品　　　　　　　　　　　　　　　10,000

　　贷：库存商品——甲产品　　　　　　　　　　　　　　　　10,000

假定甲产品单价为200元，12月份销售30台，库存20台，则应先将查补额进行分配，然后作如下的调账分录：

借：生产成本——甲产品　　　　　　　　　　　　　　　10,000

贷：库存商品——甲产品　　　　　　　　　　　　　　　　4,000

　　主营业务成本——甲产品　　　　　　　　　　　　　　6,000

（4）要保持总账和明细分类账的一致性

企业在会计核算中，记账要进行平行登记。在调整总分类账时也应对该明细分类账户进行调整，这样才能保持总账对明细账的平衡关系，使总账与明细账同步变动。如果遇到应该分配调账的明细账不明确或涉及账户较多的情况，也可以从简调整到关系最直接或金额较大的一个或几个明细账户中。

（5）一般从简原则

在年度中间检查的查补额，如果余额较小，距检查期时间较长，影响各核算环节的程度较小，可以直接调整到"本年利润"账户。

对上年度的所得税进行检查时，查出的属于材料、在产品等环节的数额较小的问题也可不调账。但对于直接影响本期利润的问题，可全部调整到"本年利润"科目，对中间的核算环节可不分配计算，也不调整账户。

明细账户调整时，一般可从简调整到一个或几个主要明细账户上。

4. 纳税调整的协调方法

每年1月~4月，是我国企业所得税汇算清缴期。在此期间笔者经常接到纳税人的咨询，其中一个突出的问题就是财务人员不清楚在什么情况下需要调账，什么情况下需要作纳税调整。

实际上财政部、国家税务总局关于印发《关于执行〈企业会计制度〉和相关会计准则有关问题解答（三）》的通知（财会字〔2003〕29号）已经对这个问题进行过明确。文件规定，对于因会计制度及相关准则就有关收益、费用或损失的确认、计量标准与税法规定的差异，其处理原则为：企业在会计核算时，应当按照会计制度及相关准则的规定对各项会计要素进行确认、计量、记录和报告，按照会计制度及相关准则规定的确认、计量标准与税法不一致的，不得调整会计账簿记录和会计报表相关项目的金额。企业在计算当期"应交所得税"时，应在按照会计制度及相关准则计算的利润总额（即"利润表"中的"利润总额"，下同）的基础上，加上（或减去）会计制度及相关准则与税法规定就某项收益、费用或损失确认和计量等的差异后，调整为应纳税所得额，并据以计算当期"应交所得税"。据此，在税收与会计工作的实践中，我们根据纳税调整是否与账务调整相关联，可以将纳税调整业务分为两种情况：不需要调账，即只是调整应纳税所得额，也就是仅在年度汇算表上进行调整而与账无关；需要调账，即纳税调整与调账同时并存。

不需调账，只作纳税调整。

这种做法的前提是会计记账科目使用正确，登记数字也无错误，只是按照税收规定需要进行纳税调整的事项，这类业务在进行纳税调整的时候，是不涉及账务调整的。对这类事项作出判断的依据，是企业会计处理按会计制度的规定进行，只要符合会计制度的规定就是正确的，如罚款支出、滞纳金支出应在"营业外支出"列支，无论税收是怎样的规定，会计上不存在账务调整的问题。我们可以把这一类业务的特点简明地归纳为：纳税申报按税法规定，会计账务按会计制度，各走各的道。

我们以计税工资的纳税调整为例。某企业全年已计入应付工资科目的数额是 200 万元，按计税工资的要求，超出限额扣除标准 20 万元。检查该企业与工资有关的各个账户的记录，发现无论会计科目的运用还是依据原始凭证计入的数字，都是正确无误的。在这种情况下，所作的纳税调整，就是把 20 万元作为调增事项，填入申报表中的调增栏目中就行了。

在进行纳税调整的同时，必须进行会计账务调整。

这类业务之所以产生了会计调账的需要，则必然存在一个前提条件，那就是，在作纳税调整之前，会计记录就产生了一定的错误，或者是会计科目运用不当，或者是账户记录数字有误。这样，一方面，会计利润本身就可能不正确；另一方面，可能造成少缴所得税。在处理这类事项时，一定要账务调整与纳税调整同时进行，严格地讲应先作账务的调整，然后再进行正常的纳税调整。我们也把这一类业务的特点总结归纳为：会计记账已有错，纳税调整必改错。

仍以上例来作进一步分析。假如在汇算清缴期内，财会人员发现该企业将 6 万元本该计入工资总额之内的发放津贴没有计入"应付工资"账户，而是记在了"其他应付款"账下。会计分录为：借记其他应付款 6 万元，贷记银行存款 6 万元。原始凭证为：职工领取岗位津贴的签名表。这样，该会计处理就影响到了两个方面：

第一，应计入成本费用的工资支出没有计入，年底的会计利润就虚增 6 万元，造成会计报表数据不实。

第二，纳税调整时，按计税工资的标准，实际上已超出限额 26 万元而不是账面上的 20 万元。

对此，应首先进行会计账务的调整。调整分录如下：借记以前年度损益调整 6 万元，贷记其他应付款 6 万元。然后进行纳税调整：根据计算，该企业全年实际超出计税工资标准为 26 万元，应对这 26 万元做纳税调整的调增处理。

通过以上的实例分析，对纳税调整与会计调账之间的区别和联系可以概括为：会计账务记录有错才进行调账处理，没有错误就不做任何调整，应不应该调账是会计处理范围内的事。纳税调整只按税收规定进行处理，有些与调账有联系，有些与调账没联系。而无论有没有联系，都不能影响纳税调整应税所得额的正确计算。

5. 应交税费的核算范围

本科目核算企业按照税法规定计算应交纳的各种税费，包括增值税、消费税、营业税、所得税、资源税、土地增值税、城市维护建设税、房产税、土地使用税、车船使用税、矿产资源补偿费等。

企业计提消费税、营业税、资源税、城市维护建设税、教育费附加时，借记"营业税金及附加"、"其他业务成本"等科目，贷记"应交税费（消费税、营业税、资源税、城市维护建设税、教育费附加）"科目。

企业计提房产税、土地使用税、车船使用税、矿产资源补偿费时，借记"管理费用"科目，贷记"应交税费（房产税、土地使用税、车船使用税、矿产资源补偿费）"科目。

企业计提土地增值税时，借记"营业税金及附加"、"固定资产清理"等科目，贷记"应交税费（土地增值税）"科目。

企业（保险）按规定应交纳的保险保障基金，也通过本科目核算。

企业代扣代交的个人所得税等，也通过本科目核算。借记"应付职工薪酬"科目，贷记"应交税费（应缴个人所得税）"科目。

企业不需要预计应交数所交纳的税金，因为不存在与税务机关的结算关系，如印花税、耕地占用税等，所以不在本科目核算。

应交税费的明细核算：

本科目应当按照应交税费的税种进行明细核算。

应交增值税还应分别"进项税额"、"销项税额"、"出口退税"、"进项税额转出"、"已交税金"等设置专栏进行明细核算。

6. 应交税费的主要账务处理

（1）应交增值税

企业采购物资等，按可抵扣的增值税额，借记本科目（应交增值税——进项税额），按应计入采购成本的金额，借记"材料采购"、"在途物资"或"原材料"、"库存商品"等科目，按应付或实际支付的金额，贷记"应付账款"、"应付票据"、"银行存款"等科目。购入物资发生的退货，做相反的会计分录。

销售物资或提供应税劳务，按营业收入和应收取的增值税额，借记"应收账款"、"应收票据"、"银行存款"等科目，按专用发票上注明的增值税额，贷记本科目（应交增值税——销项税额），按实现的营业收入，贷记"主营业务收入"、"其他业务收入"科目。发生的销售退回，做相反的会计分录。

实行"免、抵、退"的企业，按应收的出口退税额，借记"其他应收款"科目，贷记本科目（应交增值税——出口退税）。

企业交纳的增值税，借记本科目（应交增值税——已交税金），贷记"银行存款"科目。

小规模纳税人以及购入材料不能取得增值税专用发票的，发生的增值税计入材料采购成本，借记"材料采购"、"在途物资"等科目，贷记"银行存款"等科目。

（2）应交消费税、营业税、资源税和城市维护建设税

企业按规定计算应交的消费税、营业税、资源税、城市维护建设税，借记"营业税金及附加"等科目，贷记本科目（应交消费税、应交营业税、应交资源税、应交城市维护建设税）。

出售不动产，计算应交的营业税，借记"固定资产清理"等科目，贷记本科目（应交营业税）。

交纳的消费税、营业税、资源税、城市维护建设税，借记本科目（应交

消费税、应交营业税、应交资源税、应交城市维护建设税），贷记"银行存款"等科目。

（3）应交所得税

企业按照税法规定计算应交的所得税，借记"所得税"等科目，贷记本科目（应交所得税）。

交纳的所得税，借记本科目（应交所得税），贷记"银行存款"等科目。

（4）应交土地增值税

企业转让的国有土地使用权连同地上建筑物及其附着物一并在"固定资产"或"在建工程"等科目核算的，转让时应交的土地增值税，借记"固定资产清理"科目，贷记本科目（应交土地增值税）。

交纳的土地增值税，借记本科目（应交土地增值税），贷记"银行存款"等科目。

（5）应交房产税、土地使用税和车船使用税

企业按规定计算应交的房产税、土地使用税、车船使用税，借记"管理费用"科目，贷记本科目（应交房产税、应交土地使用税、应交车船使用税）。

交纳的房产税、土地使用税、车船使用税，借记本科目（应交房产税、应交土地使用税、应交车船使用税），贷记"银行存款"等科目。

（6）应交个人所得税

企业按规定计算的应代扣代交的职工个人所得税，借记"应付职工薪酬"科目，贷记本科目（应交个人所得税）。

交纳的个人所得税，借记本科目（应交个人所得税），贷记"银行存款"等科目。

（7）应交的教育费附加、矿产资源补偿费

企业按规定计算应交的教育费附加、矿产资源补偿费，借记"营业税金及附加"、"其他业务支出"、"管理费用"等科目，贷记本科目（应交教育费附加、应交矿产资源补偿费）。

交纳的教育费附加、矿产资源补偿费，借记本科目（应交教育费附加、应交矿产资源补偿费），贷记"银行存款"等科目。

（8）应交税费的贷方反映

本科目期末贷方余额，反映企业尚未交纳的税费；期末如为借方余额，反映企业多交或尚未抵扣的税金。

7. 一般账务调整方法

与会计的其他业务处理方法一样，也存在一定的账务调整方法。具体有三种：红字冲销调整法、补充调整法和综合调整法。

（1）红字冲销调整法

红字冲销调整法，就是会计账务借贷方科目或金额发生错误，先用红字编制一套内容与错误分录内容完全相同的调整分录，冲销原有错误记录，然后再用蓝字编制一套正确的调整分录，重新调整账务。

例：某生产机电产品的工业企业 2014 年 2 月 18 日在接受主管税务机关的纳税检查过程中，发现上年度 9 月份售给甲厂 A 产品 200 件，售价总额 250,000 元，成本总额 160,000 元，企业作如下分录：

借：银行存款	250,000
贷：其他应付款——甲厂	250,000
借：其他应付款——甲厂	160,000
贷：库存商品——A 产品	160,000

不通过"销售收入"账户，漏缴了增值税（销项税额）42,500 元，同时也少实现企业利润 47,500 元（207,500–160,000）。

账务调整分两步进行：第一步，先用红字编制一套相同的调整分录，冲销原错误记录，即：

借：银行存款	250,000（红字）
贷：其他应付款——甲厂	250,000（红字）
借：其他应付款——甲厂	160,000（红字）
贷：库存商品——A 产品	160,000（红字）

第二步，再用蓝字编制一套正确的调整分录。

如果税务机关的纳税检查是在企业上年度决算编报之前进行的，就应该按照会计核算的程序调整上年度账务，要通过"销售收入"账户核算产品销售收入与产品销售成本，同时又要结转产品销售利润。其账务调整分录如下：

借：银行存款	250,000

```
        贷：主营业务收入——A 产品                                207,500
            应交税费——应交增值税（销项税额）                    42,500
        借：主营业务成本——A 产品             160,000
        贷：库存商品——A 产品                                   160,000
        借：产品销售收入——A 产品             47,500
        贷：本年利润                                            47,500
```

同时将与该笔"主营业务收入"相对应的"主营业务成本"转入"本年利润"。

如果税务机关的纳税检查是在企业上年度决算编报之后进行的，应将上年度少报的增值税 42,500 元，通过本年度"应交税费"账户直接上缴。将上年度少实现的利润 47,500 元，直接记入"本年利润——上年利润调整"账户，与本年度利润合并计征所得税。即：

```
        借：以前年度损益调整                  42,500
        贷：应交税费——应交增值税（销项税额）                    42,500
        借：主营业务成本——A 产品             160,000
        贷：库存商品——A 产品                                   160,000
        借：主营业务收入——A 产品             47,500
        贷：本年利润——上年利润调整                             47,500
```

查出以前年度增利或减利时，将金额借记"盈余公积"，贷记"利润分配——未分配利润"科目；计算所得税时，将金额借记"所得税"，贷记"应交税费——应交所得税"科目；上交时，借记"应交税费——应交所得税"，贷记"银行存款"科目。

例：某企业以银行存款缴纳消费税 50,000 元，缴纳拖欠消费税的滞纳金 1,000 元。

原会计分录为：

```
        借：产品销售税金及附加               50,000
            营业外支出                        1,000
        贷：银行存款                                             51,000
```

更正时，用红字冲销：

借：产品销售税金及附加　　　　　　　　　　50,000（红字）

　　营业外支出　　　　　　　　　　　　　　1,000（红字）

　　贷：银行存款　　　　　　　　　　　　　51,000（红字）

用蓝字编制如下正确的分录：

借：应交税费——应交消费税　　　　　　　　50,000

　　利润分配　　　　　　　　　　　　　　　1,000

　　贷：银行存款　　　　　　　　　　　　　51,000

这种方法适用于会计科目用错，或会计科目虽未错，但实际记账金额大于应记金额的错误账项。

（2）补充调整法

补充调整法既可以对会计遗漏的经济事项，按照会计核算程序，用蓝字编制调整分录，进行补充调整，也可以针对会计账务借、贷科目无错误，但金额少记，按差额用蓝字编制一套正确的调整分录，补充调整原来账务。

例：漏记退休人员工资800元，补记：

借：营业外支出　　　　　　　　　　　　　　800

　　贷：应付工资　　　　　　　　　　　　　800

（3）综合调整法

综合调整法是红字冲销调整法与补充调整法的综合运用。在实际工作中，错用会计科目往往又表现为，一方面使用了不该使用的科目，另一方面应该使用的科目没有使用。运用综合调整法，对前者用反向登记方式予以冲销，对后者用蓝字金额补充登记，两者综合使用，构成一套调整分录。一般在错用会计科目时使用这种方法。

例：企业购入基建物资2,000元计入"管理费用"账户。

原分录为：

借：管理费用　　　　　　　　　　　　　　　2,000

　　贷：银行存款　　　　　　　　　　　　　　　　2,000

更正时，只需作如下分录：

借：在建工程　　　　　　　　　　　　　　　2,000

　　贷：管理费用　　　　　　　　　　　　　　　　2,000

例：某工业企业购进甲材料一批，买价 100,000 元，外地运费 1,000 元，以银行存款支付。企业作如下分录：

借：原材料——甲材料　　　　　　　　　　　　　　　　100,000

　　管理费用　　　　　　　　　　　　　　　　　　　　　1,000

　　贷：银行存款　　　　　　　　　　　　　　　　　　101,000

企业分录的错误表现在两个方面，一是错用了"管理费用"科目，二是漏记了"原材料"科目，实质上是少记了材料采购成本，虚增了管理费用。其调整分录如下：

借：原材料——甲材料　　　　　　　　　　　　　　　　　1,000

　　贷：管理费用　　　　　　　　　　　　　　　　　　　1,000

资料索引

1.《中华人民共和国企业所得税法实施条例》立法起草小组：《中华人民共和国企业所得税法实施条例释义及适用指南》，中国财政经济出版社 2007年版。

2. 庄粉荣：《纳税筹划实战精典百例》，机械工业出版社出版 2006 年版，2014 年版。

3. 庄粉荣：《纳税筹划大败局》，机械工业出版社 2010 年版。

4. 庄粉荣：《增值税检查应对技巧》，机械工业出版社 2011 年版。

5. 庄粉荣：《企业所得税检查应对技巧》，机械工业出版社 2011 年版。

6. 庄粉荣：《企业涉税风险的表现及规避技巧》（第二版），机械工业出版社 2014 年版。

7. 庄粉荣：《所得税纳税筹划案例精选》，机械工业出版社 2012 年版。

8. 庄粉荣：《投融资业务财税筹划演练》，机械工业出版社 2013 年版。

9. 庄粉荣：《经营管理财税筹划演练》，机械工业出版社 2013 年版。

10. 庄粉荣：《房地产企业财税筹划演练全集》，机械工业出版社 2013 年版。

11. 庄粉荣：《纳税筹划实例全集》，机械工业出版社 2013 年版。

12. 庄粉荣：《谁动了老板的钱包？》，中华工商联合出版社 2014 年版。

13. 庄粉荣：《中国税务报》2014 年 10 月至 2014 年 12 月 31 日部分文章。

图书在版编目（CIP）数据

税务稽查案例分析与点评 / 庄粉荣，王忠汉著. —北京：中国法制出版社，
2015.6

（中国税收与法律智库·财税实战与案例系列）

ISBN 978-7-5093-6454-3

Ⅰ.①税… Ⅱ.①庄… ②王… Ⅲ.①税务稽查—案例—中国

Ⅳ.①F812.423

中国版本图书馆CIP数据核字（2015）第127202号

策划编辑：潘孝莉（editorwendy@126.com）

责任编辑：周庠宇（zxy7676@126.com）　　　　　　　　　　　封面设计：周黎明

税务稽查案例分析与点评

SHUIWU JICHA ANLI FENXI YU DIANPING

著者 / 庄粉荣　王忠汉

经销 / 新华书店

印刷 / 三河市紫恒印装有限公司

开本 / 710×1000毫米　16　　　　　　　　　　　　印张 / 18　字数 / 275千

版次 / 2015年7月第1版　　　　　　　　　　　　　2015年7月第1次印刷

中国法制出版社出版

书号ISBN 978-7-5093-6454-3　　　　　　　　　　　　　　　定价：46.00元

值班电话：010-66026508

北京西单横二条2号　邮政编码100031　　　　　　　　　传真：010-66031119

网址：http://www.zgfzs.com　　　　　　　　　　　编辑部电话：010-66010406

市场营销部电话：010-66033393　　　　　　　　　邮购部电话：010-66033288

（如有印装质量问题，请与本社编务印务管理部联系调换。电话：010-66032926）